刘誉豪 ◎ 著

组织中的领导-成员关系：
基于矛盾视角的研究

华中科技大学出版社
http://press.hust.edu.cn
中国·武汉

内 容 提 要

本书基于矛盾视角深入探索领导与成员之间的复杂关系。特别关注领导-成员交换关系矛盾体验(LMXA),以及这种体验如何影响员工行为和其背后的机制。本书不仅回顾了国内外的LMXA研究成果,还基于社会交换理论和LMX理论等相关理论,构建了新颖的理论框架,并提出了预测。为进一步验证这些理论观点,本书采用问卷调查方法,收集了大量的实证数据,并利用多种统计手段进行了深入分析。

结构上,本书分为六个章节,包括绪论、文献回顾、实证分析、研究讨论和总结。每一部分都对矛盾视角下的领导-成员关系进行了深入探讨,展现了其复杂性和多面性。

总体来说,本书为领导-成员关系的研究提供了新的视角,对于矛盾体验领域有着重要的理论贡献,在为相关学者提供了宝贵的研究素材的同时,也为管理实践提供了操作性强的管理建议,助力组织更好地理解和应对矛盾关系中的挑战。

图书在版编目(CIP)数据

组织中的领导-成员关系:基于矛盾视角的研究/刘誉豪著.—武汉:华中科技大学出版社,2023.12
ISBN 978-7-5772-0309-6

Ⅰ.①组… Ⅱ.①刘… Ⅲ.①领导行为-研究 Ⅳ.①C933

中国国家版本馆 CIP 数据核字(2023)第 241044 号

组织中的领导-成员关系:基于矛盾视角的研究 刘誉豪 著

Zuzhi Zhong de Lingdao-chengyuan Guanxi:Jiyu Maodun Shijiao de Yanjiu

策划编辑:袁 冲	
责任编辑:黄嘉欣	
责任监印:朱 玢	
出版发行:华中科技大学出版社(中国•武汉)	电话:(027)81321913
武汉市东湖新技术开发区华工科技园	邮编:430223
录 排:华中科技大学惠友文印中心	
印 刷:武汉市洪林印务有限公司	
开 本:710mm×1000mm 1/16	
印 张:13.5	
字 数:257 千字	
版 次:2023 年 12 月第 1 版第 1 次印刷	
定 价:39.00 元	

本书若有印装质量问题,请向出版社营销中心调换
全国免费服务热线:400-6679-118 竭诚为您服务
版权所有 侵权必究

前言

在组织行为学领域,领导-成员关系一直受到广泛关注。特别是,领导-成员交换关系矛盾体验(leader-member exchange ambivalence,LMXA)构念的引入为这一领域的研究提供了新的独特视角,深化了我们对组织内部关系的理解。LMXA是指员工对自身与领导的关系持有矛盾的态度和认知,即员工同时感受到关系中的积极和消极因素,这种不一致的认知和态度使得员工无法对关系质量做出简单的"好"或"不好"的评断,从而引发矛盾体验。LMXA的概念扩展了传统的领导-成员交换(leader-member exchange,LMX)理论对关系质量的评价维度,帮助研究者将组织中普遍存在且对组织和员工发展都有着重要影响的矛盾关系识别和区分出来。由于目前针对LMXA的实证研究较少,因此对LMXA进行系统深入的研究具有较强的紧迫性和重要的理论与实践价值。本书的宗旨在于围绕LMXA进行系统性的探讨,进一步拓宽领导-成员关系理论的研究范畴,并进一步深化这种特殊的组织交换关系理论。期望本书的研究结论能够为组织行为学领域带来理论上的创新,并为实际的组织管理实践提供有价值的指导。

本书聚焦于组织情境下的LMXA这一构念,通过三个子研究设计分别针对LMXA的前因因素,以及LMXA对不同类型的员工行为的影响作用及相关机制进行了系统探讨。具体而言,子研究一主要从领导行为的角度探究双元领导行为一致性和LMXA的关系。根据矛盾关系的特性以及社会交换理论和LMX理论,本书提出员工感知到的领导威权行为水平和领导仁慈行为水平的一致性将会促使员工对其与领导的关系产生矛盾的态度和认知。子研究二旨在揭示LMXA对员工角色外行为的影响。基于社会交换理论、LMX理论和矛盾不适感模型(model of ambivalence induced discomfort,MAID),本书认为由于角色外行为不属于组织正式规定的工作职责内行为,因此当员工对自身和领导的关系持有矛盾态度时,为了减少对关系的认知不一致以及决策不确定引起的不适感,会采用聚焦情绪应对策略,进而对角色外行为产生负向影响。另外,该子研究从情绪和文化视角,探讨了员工情绪调节策略和权力距离导向作为边界条件起到的调节作用。子研究三主要针对 LMXA 和员工角色内行为的关系展开研究。根据社会交换理论、LMX 理论和 MAID 模型,由于角色内行为属于组织正式规定的工作职责内的行为,因此当员工对自身和领导的关系持矛盾态度时,为了减少对关系的认知不一致以及决策不确定引起的不适感,员工会同时采用聚焦问题和聚焦情绪的应对方式。据此,本书提出 LMXA 通过认知(工作自我效能感)和情绪(情绪耗竭)双元路径负向影响角色内行为,并且本书进一步探索了工作自主性分别在认知和情绪路径对 LMXA 和角色内行为关系起到的调节作用。通过这三个子研究,本书旨在为领导-成员交换关系的理论研究提供更为深入和细致的见解,同时为组织实践提供有益的参考和建议。

采用问卷调查的方式,本书对三次独立的、不同样本来源的数据进行收集并开展实证研究,利用 SPSS 22.0、Mplus 7.4 和 Origin 等软件进行统计分析,对上述子研究的理论假设进行了验证。其中,子研究一对来自 216 个员工的两阶段数据进行多项式回归和响应面分析,确认了员工感知到的领导威权行为水平和领导仁慈水平一致性对 LMXA 的正向影响。子研究二对来自 292 个领导-员工配对样本的两阶段数据分析,发现 LMXA 负向影响员工角色外行为,并且员工的认知重评情绪调节策略水平会弱化二者的负向关系,表达抑制和权力距离导向则对二者的负向关系起到强化作用。子研究三对来自 261 个领导-员工配对样本的两阶段数据进行了分析,结果表明 LMXA 会通过认知(工作自我效能感)和情绪(情绪耗竭)两条路径间接、负向影响员工的角色内行为,同时工作自主性在认知和情绪路径弱化 LMXA 和员工角色内行为的负向关系。

在本书中,我们深入探讨了 LMXA 的领导行为前因,并详细分析了 LMXA 与员工行为之间的复杂关系、内部机制及其边界条件。此工作进一步丰富了领导-成员关系理论的维度,对这一领域已存在的理论与实证研究提供了有价值的补充,并为 LMX 理论的研究提供了新的视角。针对管理实践,本书基于实证检验结果,从领导行为因素、个体因素及组织情境因素的角度提出了一系列策略和建议,以期在 LMXA 的形成和管理上为实践者提供指导,并尝试削弱 LMXA 对员工行为的潜在消极影响。

  尽管我们付出了巨大的努力,在本书写作过程中倾注了大量的时间和精力,在理论论述、数据采集、分析和解释上都力求精确和深入,但仍需承认,每项科学探索都有其局限性和不可避免的盲点,本书亦不例外。在科学的探索过程中,每一项研究都是对未知的一次尝试,希望本书的出版能够为该领域提供一些新的思路和视角。同时,我们也清楚地意识到,随着研究的深入,后续的研究者可能会在本书的基础上发现更多的细节,有更深入的理解。因此,真诚地欢迎学术界的同仁对我们的研究提供宝贵的意见和建议,以推动该领域的进一步发展。最后,我要深深地感谢本书的所有参与者,本书的完成,离不开你们对科学研究的支持和贡献。

刘誉豪
2023 年于武汉

目录

1 绪论 …… 1
   1.1 研究背景与问题提出 …… 3
   1.2 研究目的与意义 …… 19
   1.3 研究方法与技术路线 …… 25
   1.4 研究主要创新点 …… 27
   1.5 研究框架与内容安排 …… 29

2 国内外研究现状及评述 …… 33
   2.1 LMXA 的概念 …… 35
   2.2 LMXA 的测量 …… 49
   2.3 LMXA 的相关理论基础 …… 50
   2.4 LMXA 的相关研究及评述 …… 53

3 领导威权行为-仁慈行为一致性对 LMXA 的影响研究 …… 59
   3.1 问题提出 …… 61
   3.2 理论分析与研究假设 …… 64
   3.3 二元语义评价法检验 LMXA 测量问卷的有效性 …… 71
   3.4 研究方法 …… 78
   3.5 数据分析结果 …… 81
   3.6 结果讨论 …… 86

4 LMXA 对员工角色外行为的影响研究 …… 91
   4.1 问题提出 …… 93

4.2 理论分析与研究假设 ·· 95
4.3 研究方法 ·· 103
4.4 数据分析结果 ··· 106
4.5 结果讨论 ·· 112

5 LMXA 对员工角色内行为的影响研究 ·························· 115
5.1 问题提出 ·· 117
5.2 理论分析与研究假设 ·· 119
5.3 研究方法 ·· 129
5.4 数据分析结果 ··· 131
5.5 结果讨论 ·· 140

6 研究结论与展望 ··· 143
6.1 总体研究结论 ··· 145
6.2 理论贡献 ·· 149
6.3 管理启示 ·· 154
6.4 研究局限与未来展望 ·· 161

参考文献 ·· 167
附录 ·· 197
    附录 A　LMXA 测量有效性检验的主要量表 ················ 197
    附录 B　子研究一的主要量表 ································ 200
    附录 C　子研究二的主要量表 ································ 203
    附录 D　子研究三的主要量表 ································ 206

1

绪论

1.1 研究背景与问题提出

1.1.1 研究背景

矛盾的概念在中西方文化里古已有之,在哲学中,矛盾被视为存在于事物内部或事物间的对立统一关系。这种对立统一关系是事物发展的动力,也是事物存在和变化的前提。例如在《管子·四时》中提到"阴阳者,天地之大理也",古人认为整个世界由阴阳两种对立属性构成,世界就在阴阳的对立与统一中运行。矛盾,作为一种普遍存在的现象和概念,在东方文化中有着丰富的解读和探讨。从古至今,不论是在文学、哲学还是日常生活中,矛盾都被视为事物发展的动力和普遍存在的本质。东方文化,尤其是中华文化,对矛盾有着深入的理解和认识,对于矛盾的理解和看待往往更为内省。

阴阳学说是中国古代对矛盾的一种基本的哲学理解,也是中国哲学中的核心概念。阴阳代表了事物的两个对立面,但这种对立并不是绝对的,而是相辅相成的。换句话说,它描述了宇宙间的两种对立但又相互依存的力量。在阴阳学说中,阴阳不仅是对立的,还是可以互相转化的,形成一个动态的平衡。阴阳的平衡与和谐被视为事物的正常状态,而任何偏离这种平衡的行为都会导致问题和混乱,并且这种转化并不是线性的或单一方向的,而是一个循环的过程,阴可以转化为阳,阳也可以转化为阴。与阴阳学说相似,另一个重要的哲学概念是五行。五行思想也是对事物关系的另一种解读。五行包括木、火、土、金、水,它们之间既有相生关系,也有相克关系。五行思想同样强调平衡和和谐,五行之间的关系也是一个不断变化的循环,任何一种元素过于强大或过于弱小都会导致不平衡。与阴阳的动态平衡相似,五行学说进一步强调了矛盾的重要性,因为只有通过这些元素之间的相互作用和平衡,才能维持世界的稳定和和谐。五行思想起源于中国古代,作为中华文明中的重要组成部分,它对矛盾的看法和处理方式,尤其是"无为而治"的思想,为人们提供了独特的人生指导和哲学反思。在道家哲学中,矛盾被看作是自然的、必然的。对待矛盾,道家提倡"无为而治",即不采取强制的、对立的方式处理问题,而是顺应自然,追求和谐,矛盾被视为自然的、必然的。它不是一个需要消除的敌人,而是生活和存在的一部分。矛盾、变化和流动是宇宙的基本特性，任何事物的存在和发展都离不开这些基本特性。当然，这并不意味着放任自流或消极懈怠，而是一种顺应自然、不进行多余干预的态度。它鼓励人们在面对问题和矛盾时，不采取强制的、对立的方式，而是寻找最自然、最和谐的解决方法。这种"无为而治"的思想，实际上是一种深层次的智慧。它告诉人们，世界上的很多问题和矛盾，其实并不需要我们去强行改变或解决。很多时候，只要我们顺应自然、按照事物的内在规律去做，问题就会自然地得到解决。这种方式，往往能够更好地维护社会的和谐与稳定，避免不必要的冲突和纷争。同时，这种"无为而治"的态度，也适用于个人的生活。面对生活中的困难和挑战，道家鼓励人们保持内心的平静和宁静，不被外界的纷扰所影响。通过内心的觉察和反思，人们可以更好地理解自己和外界，从而找到最佳的解决方案。总的来说，道家哲学中的"无为而治"思想，为人们提供了一种全新的、和谐的处理矛盾和问题的方法。它不仅仅是一种哲学观点，更是一种生活的智慧和态度，值得现代人深入学习和实践。儒家哲学，作为中华文明的核心思维，孕育出了丰富的思想体系和人生哲理。其中，中庸的概念尤为突出，它不仅是一种处世态度，更是对矛盾处理的深刻指导。它不仅仅是"适中"或"平均"的意思，更多的是指在处理问题和矛盾时，要避免走向极端，寻求和谐与平衡。儒家哲学中的中庸不同于通常意义上的中立或妥协。中庸并不是一种无所作为或无所主张的态度，而是一种在各种极端之间寻找平衡的智慧。这种平衡不仅体现在外部行动上，更体现在内心的态度和认知上。在儒家看来，世界是复杂多变的，充满了各种矛盾和冲突。但这些矛盾并不是不能调和的对立面，而是相辅相成的两面。例如，善与恶、强与弱、刚与柔等，这些看似对立的属性，实际上都是事物的两个方面。只有理解并接受这些矛盾，人们才能真正达到内心的平和和外部的和谐。这也是儒家哲学如何看待矛盾的。面对矛盾，儒家并不主张选择一方并摒弃另一方，而是寻求双方的平衡。这种平衡不是简单的折中，而是一种更高层次的融合和升华。通过中庸的智慧，矛盾可以被转化为动力，促使事物向更好的方向发展。此外，儒家认为，人的内心也充满了各种矛盾。例如，人们既有高尚的道德情操，又有低级的私欲。面对这些矛盾，儒家同样提倡中庸之道。通过内省和修炼，人们可以调和内心的矛盾，达到内外一致的境界。在实际生活中，儒家的中庸思想也为人们提供了指导。无论是处理人际关系，还是解决社会问题，儒家都主张避免走向极端，寻求最佳的平衡点。这种对矛盾的处理方式，不仅可以避免冲突和纷争，还可以促进社会的和谐与进步。总之，儒家哲学中的中庸思想为人们提供了一种独特地看待和处理矛盾的方法。它告诉人们，矛盾并不是不可逾越的鸿沟，而是生命的一部分，通过智慧和努力，人们可以将矛盾转化为生命的动力和财富。

从"阴阳"到"儒家哲学"，这些古老的哲学概念不仅仅是对自然界的描述，它们也为人们提供了处理日常生活中矛盾和问题的指导，告诉人们：矛盾是普遍存在的，它是生命和事物发展的动力。经过几千年的沉淀，这种对矛盾的态度和看法已经深深融入了东方人的思维和行为中。这也解释了为什么东方文化中矛盾如此普遍，身处其中的人们对矛盾的存在感到如此自然。因此，在东方社会中，人们对矛盾的存在并不感到惊讶或抗拒，而是视其为事物发展的必然现象。不仅如此，在东方哲学中，矛盾的存在和重要性也一直被高度重视。尤其是在中国的古代哲学体系中，矛盾不仅被看作是自然界的基本属性，更被视为社会与人类行为的核心。如前文所述，当我们回溯到中国古代的思想体系时，可以发现"矛盾"的概念深深植根于其中。这种对矛盾的理解和接受，使得东方文化中的人们更加注重和谐和平衡，而不是简单的胜负和对抗。这也影响了他们在处理问题和冲突时的态度和方法，使得他们更加冷静、理性和务实。当面临矛盾和困难时，它并不鼓励人们首先去责怪外部环境或他人，而是首先进行内省和反思。这种独特的思维方式对于个体的心智和处理矛盾具有深远的影响。这种内省的传统源于东方哲学对人性和人生的深入探索。在儒家、道家等哲学体系中，人们被鼓励去深入挖掘自己的内心，了解自己的真实需求和欲望，从而达到与自己和他人的和谐。当面临矛盾和困难时，内省首先帮助人们认清自己的责任和局限性。通过深入反思，人们可能会发现问题的根源不完全在于外部环境，而更多的是由于自己的不足或误解。因此，适度的内省可以促进个人的成长和进步。当人们习惯于反思自己的行为和思想，他们就更容易发现自己的不足和潜能，从而更有动力去学习和进步。尽管这种自省有助于个体内心的成长和人际关系的和谐，不可忽视的是这种由矛盾所引发的自省也不可避免地会带来认知和情绪的消耗，这些消耗可能会产生一些不容忽视的消极后果。首先，自省是一种对内心深处的挖掘和探索。这意味着个体需要直面自己的内心，面对自己的恐惧、欲望、遗憾和过去的伤痛。这种深入骨髓的自我审视，往往伴随着强烈的情绪反应，如焦虑、沮丧、愧疚和自责。对于许多人来说，这是一种沉重的心理负担，需要巨大的勇气和力量来面对。其次，长时间的自省可能导致过度的自我批评和自我怀疑。在东方文化中，人们常常被教育要严于律己，要勇于承担责任。因此，当个体面对矛盾体验时，他们很容易将问题的原因归咎于自己，感到自己没有做得足够好。这种过度的自责和自我怀疑，可能会导致个体的自尊心受损,甚至产生自我否定的情绪。再者,持续的自省和情绪消耗可能会导致个体的生活质量下降。长时间的内心挣扎和反思,可能会影响个体的睡眠、饮食、工作和社交。这不仅仅是心理上的问题,也可能导致身体上的各种疾病,如失眠、消化不良、心脏疾病等。最后,过度的自省可能会导致个体对外部世界的冷漠和疏离。当一个人长时间沉浸在自己的内心世界中,他可能会忽视外部环境的变化和他人的需求。这可能会导致他与家人、朋友和同事之间的关系疏远,甚至产生被孤立和被排斥的感觉。虽然东方文化鼓励个体在面对矛盾关系时进行自省,但这种自省的过程也带来了认知和情绪的消耗,甚至可能产生消极的后果。因此,当我们强调自省的重要性时,也应该注意到其潜在的风险,寻找更健康和平衡的方式来处理矛盾和困难。总之,东方文化中对矛盾的理解和看待有其独特性。它是一种抽象的哲学思考,指出了矛盾的普遍性和广泛性,为人们的日常生活提供了指导和支持。这种对矛盾的深入理解和平和的态度,也在很大程度上影响了东方人的思维方式和生活态度。

在西方文化和哲学的传统中,矛盾这一概念也同样拥有丰富的内涵和多层次的解读。如哲学家黑格尔在其《逻辑学》中提到"矛盾是一切运动和生命力的根源;事物只因为自身具有矛盾,它才会运动,才具有动力和活动。"从古希腊时期的辩证法到现代逻辑学,矛盾的概念早已深入人心,矛盾成了思考世界和事物本质的核心工具,它与西方的哲学、科学、艺术和社会政治等多个领域紧密相关。尤其在哲学领域,矛盾被认为是推动历史和社会进步的关键因素。黑格尔的观点正是西方对矛盾深入探索的一个缩影。古希腊哲学家探讨自然界和人类社会的规律时,就已经注意到矛盾的存在,矛盾和辩证法也成了哲学探索的核心。例如,赫拉克利特认为万物都在流动,而这种流动是由对立因素之间的冲突和矛盾推动的。对他来说,战争和冲突是万物的父亲和国王,它决定了事物的生成和毁灭。苏格拉底也常通过提问的方式,使对方陷入自相矛盾的境地,从而引导他们反思。亚里士多德则在其"中间选择原则"中提出,美德往往位于两种极端之间。在中世纪,随着欧洲神学的发展,矛盾成了神学辩论的核心话题。神学家们试图解释神的全能与人类的自由意志之间的矛盾,以及上帝的公义与世界上存在的邪恶之间的矛盾。到了现代,黑格尔的哲学对矛盾给予了新的解释。黑格尔的辩证法进一步强调了矛盾的普遍性和必要性。他认为,矛盾是事物发展的动力,是事物内在的对立统一。在他的逻辑体系中,事物首先呈现为简单的同一性,然后产生其对立面,最终这两个对立面在更高的层次上得到统一。只有通过矛盾的冲突和解决,事物才能进入新的发展阶段。在科学领域，矛盾同样是研究的重要部分。当一个理论或实验结果与已知事实相矛盾时，科学家们通常会对其进行重新审视和修正，这正是科学进步的关键。例如，在物理学中，光的波粒二象性曾是一个巨大的矛盾，直到量子力学的出现为其提供了解释。在艺术领域，矛盾往往被用作创造张力和深度的手段。无论是文学、音乐还是电影，矛盾和冲突都是情节发展和人物塑造的关键。例如，莎士比亚的戏剧中，主人公常常面临着巨大的矛盾体验，这些矛盾体验为剧情添加了深度和复杂性。在政治和社会领域，矛盾同样无处不在。政府和公众、资本家和工人、保守派和自由派之间的矛盾，都是社会进步和变革的动力。例如，法国大革命和美国独立战争，都是在各种矛盾的推动下爆发的。总的来说，西方文化中，人们对矛盾的态度是开放和接受的。矛盾被视为了解世界和推动事物发展的关键，是事物发展的动力，是创新和进步的源泉。出现矛盾时，人们更倾向于直面矛盾，通过辩论和探讨来寻找解决之道。这种对矛盾的相对正面态度，也反映在西方的教育、法律和社会政策中，鼓励多样性、开放性和批判性思维。然而，这并不意味着西方文化中的人们总是能够完美地处理矛盾体验。虽然东西方文化在处理矛盾时的方法和哲学背景有所不同，但人们在面对矛盾时的情感体验却有许多相似之处。事实上，和东方文化下人们在面对矛盾体验时可能因自省和反思而引发消极结果一样，受到西方哲学影响的人们，在面对矛盾时，同样会因为深入思考、辩证分析而产生困惑、焦虑和痛苦的情绪。比如，西方社会高度强调计划、目标和前瞻性。当人们面对矛盾体验时，特别是那些影响他们未来选择和方向的矛盾体验时，他们可能会感到焦虑和沮丧。这种焦虑和沮丧来自对未来的不确定性，以及因为恐惧做出错误的决策。这种焦虑和沮丧也可能会进一步导致他们对未来悲观，甚至对自己的能力产生怀疑。

尽管矛盾体验可能会带来一系列的消极情绪和反应，但正是对这些矛盾的正视和探索，推动了文明的不断创新和进步。"矛盾"这一概念早已深植于人类文明的核心。从古代的思想家到现代的学者，无论是东方还是西方，矛盾都被视为生命的本质和世界的基础。人类文明似乎早已将"矛盾"作为世界基本的构成以及运转规律来看待。正是这种对矛盾的正视和探索，使东方和西方文化在历史的长河中不断创新和进步。因此，对于现代组织管理研究来说，"矛盾到底是什么？对组织管理有何影响？"也逐渐成为值得进一步探讨的问题。尽管"矛盾"的概念在很多学科领域都有提出，其定义也各不相同，但是在与组织管理紧密相关的心理学、社会学等学科中，对矛盾的不同定义中都存在一个基本共性，即矛盾指的是对某一实体同时持有正面和负面的看法或者态度。

随着对组织发展与管理认识的不断加深,人们开始发现矛盾现象在组织中不仅不是特例,反而在组织中普遍存在(Rothman et al., 2017),现代组织中独有的一些特性也为矛盾现象及矛盾体验的滋生提供了土壤(Weigert & Franks, 1989)。在企业实践中有着一些经典的案例:

(1)组织的双元性要求在有限资源情况下既要为现有产品开拓市场又要开发新的产品(exploitation & exploration)。现代组织正处于一个充满变革和不确定性的时代。其中,组织的双元性成了企业在追求持续成长和创新时必须面对的核心挑战。这种双元性要求组织在有限的资源条件下,既要确保现有产品在市场中的稳定地位,在产品优化、市场营销、客户服务等方面进行持续的投入,又要为了应对未来的市场变革和不确定性不断地进行创新,开发新的产品或服务以满足未来客户的需求。这无疑会为组织带来一系列的矛盾。苹果公司是一个典型的双元性企业的例子。在乔布斯的领导下,苹果成功地开发出了 iPod、iPhone、iPad 等一系列创新性的产品,改变了音乐、通信和娱乐产业。然而,即使在推出这些创新产品的同时,苹果仍然在其现有的 Mac 产品线上进行了大量的投入,确保这一核心业务的稳定增长。这种双元性策略为苹果带来了巨大的成功。但这也为公司带来了一系列的挑战。例如,如何在有限的资源和时间内确保现有产品的质量和市场份额,同时还要投入大量的资源进行研发和创新?如何平衡现有客户的需求和未来市场的机会?如何确保组织内部的沟通和协同?

(2)现代组织结构的快速发展和变革为矛盾现象及矛盾体验的产生创造了有利条件。这些矛盾不仅仅是组织内部的功能和角色冲突,更是由组织文化、领导风格和员工期望之间的错位造成的。在这样的背景下,领导面临的挑战之一就是如何平衡集权与放权的关系。现代组织注重效率和执行力,这往往需要集中决策权,确保组织目标的快速实现。然而,随着知识经济的兴起和员工素质的提高,员工们越来越期望参与决策,希望有更多的自主权。这就要求领导在集中权力确保决策效率的同时,又要放权给员工,让他们参与决策,增强其归属感和满足感。Google 是一个经典的例子。Google 提供给其工程师"20%时间"政策,允许他们使用 20%的工作时间去探索自己感兴趣的项目。这一政策的初衷是鼓励创新和自主性,允许员工在日常任务之外有一些自主探索的空间。然而,这一政策也带来了一些挑战。首先,如何确保员工在"20%时间"中确实进行了有价值的创新,而不是浪费时间?其次,如何在放权的同时确保整体的组织目标得到实现?这就引发了领导对员工既要集权又要放权(authority & power-sharing)的矛盾。

(3)组织之间关系以及员工之间关系也存在着矛盾的情况。比如组织之间的合作与竞争(cooperation & competition)。现代组织中,随着全球化的进程和技术的迅速发展,组织的运营模式和内部结构都发生了深刻的变革。这种变革使得组织之间和组织内部的员工之间的关系更加复杂。合作与竞争成了现代组织中不可分割的两个方面。在现代组织中,无论是组织间还是组织内,都存在着合作与竞争的双重关系。组织间需要合作共赢,共同开拓市场,同时又在某些领域存在激烈的竞争。同样,组织内的员工也需要团队合作完成任务,但在晋升、奖金等方面又存在竞争。一个经典的例子是微软公司与红帽公司。在过去,微软和红帽在操作系统市场上是竞争对手,其中微软推出的Windows系统和红帽的Linux系统争夺市场份额。但随着云计算的兴起,两家公司开始在某些领域展开合作。微软的Azure云服务开始支持红帽的Linux系统,而红帽则在其企业Linux发行版中集成了微软的.NET核心。这样的合作使得两家公司可以共同为客户提供更好的服务和解决方案。然而,在其他领域,两家公司仍然存在竞争。例如,在桌面操作系统市场,Windows和Linux仍然是竞争对手。这种合作与竞争的关系不仅仅存在于公司之间,也存在于公司内部。微软内部的不同部门在开发产品时,可能需要共同合作,但在资源分配、预算和KPI达成等方面可能存在竞争。这种合作与竞争的双重关系为现代组织带来了一系列的挑战。首先,如何确保在竞争中保持公正和透明,避免内部冲突和分裂?其次,如何在合作中确保自己的利益,避免被对手所利用?然而,这种矛盾体验也为组织带来了机遇。通过竞争,组织可以不断地挑战自己,提高自己的产品和服务质量,增强自己的市场竞争力。通过合作,组织可以共享资源和知识,共同开拓市场,实现共赢。相似的情况在个体之间也存在着。

(4)现代组织中,由于其独特的结构、文化和目标,员工之间的关系日益复杂。这种复杂性体现在员工之间既存在合作的需求,又存在竞争的压力。合作帮助组织实现目标,优化工作流程,提高效率;而竞争则来源于晋升机会的有限性、绩效评价的相对性以及个人职业发展的需求。现代组织的项目通常跨部门、跨职能,这要求员工之间进行跨团队合作。通过合作,员工可以互相学习、分享经验,优化工作流程,提高项目的成功率。然而,与合作并行的,还有竞争。这种竞争来自组织对员工的绩效评价、晋升机会的有限性、奖励与认可的稀缺性。当资源有限时,员工之间为了自己的利益和职业发展,不可避免地会产生竞争。下面以华为这个典型的例子来揭示现代组织中员工关系的合作与竞争。华为,这家中国的全球通信巨头,以其"狼性文化"而著称。这种文化鼓励员工拼搏、创新、追求卓越,确保公司在全球市场中有竞争力。华为内部,员工之间的合作是其成功的关键。跨部门、跨团队的合作确保了华为在研发、生产、销售和服务等多个环节的高效运作。员工共同努力,确保了华为产品的高品质和服务的优质。然而,与此同时,华为的"狼性文化"也鼓励了内部的竞争。华为的绩效评价制度,将员工分为不同的档次,只有评价最高的员工才能获得丰厚的奖金和晋升机会。这种制度确保了员工的高度积极性,但也使得他们之间存在激烈的竞争。这种竞争不仅仅是为了薪酬和晋升,更是为了在组织内部获得更多的资源、支持和认可。在这种压力下,员工不得不不断地提高自己,优化工作流程,提高工作效率。但这种竞争也带来了一系列的问题。例如,员工可能会过度工作,导致身体和心理健康问题;竞争也可能导致内部的关系紧张,影响团队的凝聚力。通过以上几个案例不难发现从组织层到个体层,组织中的"矛盾"几乎无处不在。在组织管理与组织行为研究领域,学者们更加关心组织情境下哪些因素会导致员工出现矛盾体验(比如矛盾的情绪、态度、认知等),以及该状态对员工有何影响。根据以往相关研究,个体体验到的矛盾可以分为不同类型,如态度矛盾、认知矛盾、情绪矛盾等,这些分类分别聚焦于个体对不同主体同时存在的正面与负面的态度、认知或情绪。在组织情境中,员工所面对的不同"主体"可以指代人(如领导、员工或者同事等)或无形实体(比如组织),也可以是组织中的事件(如组织变革、管理实践等),或是关系(如领导-成员关系、同事关系等)。

  本书主要关注组织中的矛盾关系问题,特别是领导与成员之间的矛盾关系问题,因为关系不仅是工作场所中的重要组成部分(Schneider,1985),而且更有学者指出因其对组织人员的感受、思想、行为以及重要组织结果产出等方面的关键影响,可以认为是工作场所中的关系定义了整个组织和工作(Chiaburu & Harrison,2008;Ferris et al.,2009)。管理学者们早在20世纪中期就发现员工不可避免地要与自己的领导、员工和同事等保持互动。员工在工作场所中的互动是日常工作的核心部分。无论是与领导、同事还是其他员工,这种互动不仅是必要的,而且在很大程度上影响着员工的工作满意度、团队合作和整体生产效率。与领导的互动是员工职业生涯中的关键部分。这种互动决定了员工的职业发展、工作满意度和职业安全感。定期从领导那里获得反馈是员工职业成长的重要部分。这些反馈可以帮助员工了解自己的表现,指出了员工需要改进的地方,并提供关于如何更好地完成工作的建议。与领导建立良好的关系可以为员工提供更多的职业机会,如晋升、培训或特殊项目。与同事的日常互动影响着团队的凝聚力和工作效率。大多数工作都需要团队合作。与同事建立良好的关系可以确保高效、顺畅的合作,从而提高工作效率。同事之间的互动也为员工提供了一个学习和分享知识与技能的平台。与其他部门或团队的员工互动也是工作的重要部分。在大型组织中,员工经常需要与其他部门的员工合作以完成项目。这要求员工具备良好的跨部门沟通和合作技能。与组织内的其他员工互动可以帮助员工扩展其职业网络,这可能为他们未来的职业机会提供帮助。Miller & Breton-Miller(2005)在研究中指出一些工作甚至需要每周工作 60 小时左右,这意味着人们在工作场所中存在大量互动,而这些互动不可避免地会催生社会关系,因此对于关系问题的研究与讨论一直处于组织管理领域的前沿与中心(Dutton & Ragins, 2007)。目前为止,很多学者对工作中的关系进行了深入研究并确定了关系对组织中不同层面的重要影响(例如:Dutton & Ragins, 2007; Ferris et al., 2009; Ingram & Zou, 2008)。值得注意的是,有学者发现在一个人的重要社会关系纽带中,大概 50% 的关系是矛盾的(Campo et al., 2009)。这一发现为我们揭示了人际关系的复杂性和多样性。首先,我们要明确什么是一个人的"重要社会关系纽带"。这通常指的是与个体最为亲近或经常互动的人群,如家人、朋友、同事或领导。这些关系往往对个体的日常生活、情感支持和身份认同有着至关重要的影响。那么,这些重要关系中的矛盾是如何产生的呢?矛盾可能来源于多种因素,比如在人际关系中,我们常常对他人有某种期望。当这些期望没有被满足时,可能会对这段关系产生怀疑和矛盾。再者,有效的沟通是维持关系的关键。但人们在沟通时可能会出现误解、判断失误或情绪化,也会进一步导致对关系的矛盾体验。现有文献对组织管理过程中出现的矛盾关系的初步观察与讨论也并不少见。比如,员工与客户之间的矛盾关系(Pratt & Doucet, 2000)、员工对与同事之间关系感到矛盾(Melwani & Rothman, 2015)、师徒制中矛盾的师徒关系(Oglensky, 2008)。然而,目前大部分关于组织或工作场所中关系的研究都只将关系视为单一、连续的双极(Bipolar)构念(王辉 & 张翠莲,2012),即认为个体对正面关系与负面关系的判断和评价如同处在一个连续体的两极上,两者对立,此消彼长。这种对关系好坏的单维度定义使研究者在分析和描述一段关系时只能包含正面或负面评价而无法描述两者共存的状态,从而导致只能将关系对象简单划分为非友即敌(Sherf & Venkataramani, 2015),或是将关系视为有利和无用(Ragins et al., 2000)。这样简化的分类法虽然在一定程度上便于研究者对关系及其影响作用进行分析和理解,但随着理论的发展以及对现实世界认识的加深,越来越多的学者注意到人们对大多数社会关系的态度和认知并不是如区分黑、白球一样泾渭分明(Ashforth et al.，2014)，因此不能仅简单、笼统地用正面或负面来描述、刻画关系。

显然，以往研究对关系的分类忽视了其他同样重要的关系类型的存在，比如矛盾关系和冷漠关系，因此越来越多的学者发现组织管理研究中对复杂关系模式的研究缺失，亟须填补(Methot et al.，2017；Rothman, et al.，2017；Lee et al.，2019)。对现有文献进行整理和分析后，我们将常用的两种关系测量方法总结如图1-1所示，图1-1(a)代表的是传统单维度双极分类法，即将关系的正面与负面评价放在单一维度上，这样的分类方式无法将测量结果中得分趋中的那部分样本所代表的关系类别有效地表示出来，从而无法针对处于这一区间的关系展开深入研究。而从社会心理学相关研究来看，处于这一区域的关系类别不仅在人们的社会关系中占有很大比重，并且对人们的情绪、行为等都发挥着巨大的影响(Campo et al.，2009；Van Harreveld, et al.，2015)。

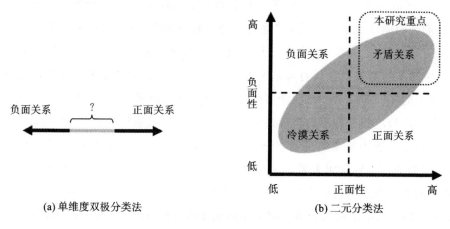

(a) 单维度双极分类法　　　　　(b) 二元分类法

图 1-1　关系的双极与二元分类法

因此，有学者提出了图1-1(b)所代表的二元分类法(bivariate catergorization；Bloor et al.，2004)对关系进行划分，这种分类法将关系视为一个由正面和负面两个维度共同组成的二维构念，因此当关系评价中同时包含不同程度的正面与负面评价时就形成了如图1-1(b)所示的四种关系类型，即负面关系(高负面-低正面)、正面关系(低负面-高正面)、矛盾关系(高负面-高正面)、冷漠关系(低负面-低正面)。而在图1-1(a)所示的单维度双极分类法中，冷漠关系与矛盾关系通常处于中间分数区域，这两种特殊的关系类型不能被有效区分，但是这两类关系都不能被简单地视为完全负面、完全正面或中性的关系。从二元分类法来看，矛盾关系是指评价关系时正面和负面的评价水平都很高;冷漠关系是指对关系的态度在正面与负面两个维度上的评价水平都较低(Fingerman,2009;Uchino et al.,2004)。有学者认为在个人经历的大部分社会关系中,更多的是矛盾关系或者冷漠关系。由于矛盾关系在正面、负面两个维度上同时得分较高,这意味着矛盾状态下个体的心理和生理唤醒可能处于更高水平,从而在情绪、认知和行为上更容易发生变化,因此本书将重点关注矛盾关系。

在现实的人际关系中,我们经常会遇到一系列复杂的情感和认知冲突,这些冲突往往与我们与他人之间的相互期望、角色定义以及相互交流的方式有关。当我们同时对同一个人或事持有两种或多种截然不同的情感或看法时,便产生了所谓的"矛盾体验"。这种体验使我们既想要接近,又想要避免;既感到满足,又感到失落。这种矛盾体验不仅仅存在于平凡的人际交往中,它甚至在一些特定的关系结构中更为突出。为了更好地理解,下面将通过两个具体的案例来更为直观地说明关系可能引发的矛盾体验。

案例1:

师徒制与矛盾关系:法国工匠酿酒厂的传统与创新

师徒制是一种古老的传授知识和技能的方式,尽管起源于东方,但在西方,尤其是在许多传统行业中,也得到了广泛的应用。然而,在现代的背景下,师徒关系中的权威与服从、经验与创新之间的矛盾变得尤为突出。以下是一个关于法国某工匠酿酒厂的实际案例,展现了师徒制所带来的矛盾关系。

这家有着百年历史的酿酒厂,坐落在法国的一个著名的酒产区,卢瓦尔河谷。酿酒厂的几代人都在此从事酿酒工作,而酿酒的技艺也是通过师徒制度传承下来的。皮埃尔,作为这家酿酒厂的主任工匠,他的酿酒技艺是从其师傅亨利那里学到的,而他的徒弟洛朗,则是希望能继承并发扬这一传统工艺。

随着技术的进步和市场的变化,酿酒行业也发生了许多变革。新的酿酒技术和方法层出不穷,而消费者对于酒的口感和品质也有了新的追求。洛朗在大学期间学到了许多新的酿酒技术,他希望能在工匠酿酒厂中尝试这些新技术,为酿酒厂带来新的机遇。然而,皮埃尔坚信他所掌握的传统酿酒技艺是最佳的,他认为新技术可能会破坏酒的原有口感和品质。因此,当洛朗提出尝试新技术时,皮埃尔坚决反对。

洛朗尊重皮埃尔的经验,但他也认为自己学到的新技术有其独特的价值。他试图向皮埃尔解释新技术的优势,希望能得到皮埃尔的支持。但皮埃尔认为洛朗还太年轻,缺乏实际的酿酒经验,他担心新技术会给酿酒厂带来风险。两人之间的矛盾逐渐加剧,洛朗感到受挫,而皮埃尔则担心自己的技艺会被淡化或遗忘。此时洛朗对自己与皮埃尔之间的人际关系持有一系列复杂的态度,这些态度反映了他对这段关系的多重认知和情感体验。洛朗明确地意识到皮埃尔在他们所从事的领域内是一个权威。皮埃尔的经验、知识和技艺都让洛朗对他充满尊重。这种尊重不仅仅基于皮埃尔的技术娴熟,更是因为洛朗认为皮埃尔是行业的佼佼者,是他学习的榜样。尽管洛朗尊重皮埃尔,但他内心仍然存在一种与权威抗衡的冲动。这种冲动源于他的自信、年轻以及对新知识和技术的追求。洛朗也认为自己在大学学到的新技术和方法同样有其价值,值得在实际中尝试和应用。洛朗相信,即使是最权威的人也可能在某些方面存在不足,而他希望能够在这些方面超越皮埃尔。因此,洛朗看到皮埃尔既是一个对手,也是一个教育他、指导他的导师。洛朗期望能得到皮埃尔的理解和支持,希望皮埃尔能认同他的观点和方法。但在与皮埃尔的交往中,他发现皮埃尔对新技术持保守态度,这使洛朗感到失望和挫败。洛朗深深渴望得到皮埃尔的认同和赞赏,但当他感受到皮埃尔的冷淡或批评时,这种被拒绝的感觉会使他痛苦不堪。因此,洛朗主动向皮埃尔展示自己的能力和成果,但当他感受到皮埃尔的不满或批评时,他会选择退缩,变得被动。一方面,洛朗想要与皮埃尔更加亲近,希望能从他那里学到更多的东西并证明自己的技术;另一方面,由于害怕被拒绝或批评,他又会选择避免与皮埃尔的深入交往。总之,在这个案例中洛朗与皮埃尔之间的人际关系为洛朗带来了丰富而复杂的矛盾体验。这种内心深处对自己和他人的关系的矛盾体验最终会通过行为反映出来。

案例 2:

矛盾的同事关系:互联网时代下前端工程师的合作与竞争

工作场所的同事关系转变为朋友关系是一种自然的社会现象。人们每天都在工作环境中度过很多时间,这使得他们不仅在工作上有很多的互动,而且在个人层面上也有很多的交流。这种交流可能是关于家庭、爱好、旅行等各种话题。当人们分享这些经历和感受时,他们之间的关系往往会变得更加亲近。但是,与同事建立友谊关系并不总是那么简单,在许多行业和组织中,高强度的工作压力可能会导致同事之间的冲突,同事们可能会竞争升职或争取更好的项目。在这种环境中,尽管两个同事在工作中建立了友谊,但当他们竞争同一个职位或项目时也可能会导致关系紧张。因此,工作场所可以促进职场友谊的形成,但同时竞争和压力也可能会对这种关系产生不利的影响。

在一个充满活力的互联网公司中,小李和小张都是前端工程师。他们坐在相邻的工位,负责同一个项目的不同模块。由于职责相似,他们经常需要进行技术交流和合作。当他们刚开始工作时,两人的技术水平相差不多。但小李在某些技术细节上有所长,而小张则对布局和动画有着独特的见解。在初期的交流中,他们很快发现了对方的长处,于是决定互相学习、互相帮助。

小李经常向小张请教关于布局的问题,而小张则在编程上向小李请教。在这种交流中,他们不仅解决了工作中的难题,还加深了彼此的理解和友情。有时,当其中一人遇到技术瓶颈时,另一人会主动提出帮助,共同研究并找到解决方案。

工作之余,他们还经常一起参加前端技术的分享会和工作坊。每次回来,他们都会互相分享学到的新知识和技巧,这使得他们在前端技术上都保持着领先的水平。在公司的内部技术分享会上,他们也会共同上台,为其他同事分享他们的研究成果和经验。随着时间的推移,他们的合作越来越默契。当一个模块完成后,他们会相互审查对方的代码,提出建议和改进意见。这种相互监督和鞭策,使得他们在工作中避免了很多错误,也使得项目的质量得到了很大的提高。

随着时间的流逝,小李和小张发现他们不仅仅是工作伙伴,而且在个人爱好上也有很多相似之处。例如,他们都喜欢摄影,还都是音乐爱好者。有一天,小李看到小张的桌子上摆着一本摄影杂志,便主动过去与他交谈。他们分享了自己的拍摄经验,还互相展示了自己的作品。从此,他们的关系不再仅仅局限于工作。

在一个高速发展的互联网公司里,小李和小张的职场友情经历了美好的时光,但也不可避免地出现了危机。公司由于业务扩张,决定成立一个新的项目团队,负责一个前所未有的重大项目。这个项目被公司高层视为关键性项目,因此,团队的领导者将享有更多的资源和发展机会。小李和小张,由于他们的专业能力和在公司的表现,都被列为这个项目负责人的候选人。

起初,两人并没有太在意这个机会,继续他们日常的合作与交流。但随着时间的推进,他们开始意识到,这是一个难得的上升机会。在公司内部,消息传得飞快,大家都在讨论谁将成为这个项目的领导。小李和小张之间,尽管仍有日常的交往,但难免带有一些竞争的成分。两人开始为自己做更多的准备。小李夜以继日地加班,希望通过自己的努力展现出最佳的工作成果;而小张则开始积极与其他部门沟通,试图为自己争取更多的支持。他们的关系开始变得复杂,工作中的合作伴随着竞争的阴影。这种微妙的关系不仅影响了他们之间在工作中的交流和日常的交往,也对他们的心理造成了压力。

本书将特别关注领导-成员交换矛盾关系在组织中的成因、结果及作用机制。具体来说,本书将从员工视角出发,重点聚焦于领导-成员交换关系矛盾体验这一构念,一方面是因为领导-成员关系相对稳定且密切,并且领导-成员关系对员工职业发展与成功具有重大影响,因此员工会对领导-成员关系质量更为敏感,这些都导致员工更可能形成对领导-成员关系的矛盾体验(Methot et al.,2017),从而有利于对相关管理现象展开观察及数据收集;另一方面,如前文所述现有关于领导-成员关系研究主要使用单维度方法来测量关系水平,这在某些程度上忽视了关系本身的多维性和复杂性,不利于深入探讨和理解领导-成员关系及其对员工的影响作用,特别是矛盾关系本身的内涵与特性决定了当员工对领导-成员关系出现矛盾态度与认知时,员工对关系的正负面评价都处于较高水平,这种高度冲突、对立的不一致感显然会对员工的情绪、认知和行为等产生更为复杂的影响(Methot et al.,2017;Lee et al.,2019)。

综上所述,本书的选题背景主要基于以下几个方面:第一,工作场所中的关系对员工个人职业发展及组织发展与成功都非常重要,而以往组织管理领域中的关系研究存在一个重要缺失,即从定义和测量方法上忽略了在社会互动中广泛存在的矛盾关系,因此近年来组织管理领域的学者们越来越多地呼吁对组织情境中的矛盾关系展开深入、系统研究;第二,虽然现有少量研究对组织中的矛盾关系及其前因因素进行了讨论,但是仍然较为有限且实证证据相对缺乏,从领导-成员关系角度为切入点对工作场所中的矛盾关系进行深入研究和实证检验将有利于对组织管理情境中矛盾关系现象的观察归纳、理论构建和数据收集;第三,现有文献对LMXA的研究与探讨仍然不够系统与深入,特别是有关领导因素作为前因变量的探讨极度缺乏,同时也缺乏关于 LMXA 对员工行为影响的深入讨论和实证检验,这些都是组织管理领域亟待深入探索的前沿问题;第四,目前有关领导-成员交换矛盾关系的影响机制研究中,对矛盾关系影响员工结果产出的中介机制和边界条件探索不足且解释相对单一,亟须从多理论视角进行深入剖析。

1.1.2 问题提出

近年来关于组织中的矛盾性研究越来越受到国内外学术界关注,由于组织生存环境的复杂化和动态化,使组织内、外部都出现了许多二元性因素(dualities),如组织不同层面的竞争与合作、开发与利用、灵活性与效率以及二元关系(dyadic relationship)层面的控制与协作、利己与利他、竞合关系等(Sundaramurthy & Lewis, 2003; Smith & Tushman, 2005; 刘智强等, 2019),因此组织中不可避免地会出现矛盾关系、矛盾情绪等问题。关系是组织的重要组成部分,而组织中的领导-成员关系无论对于员工个人职业成功还是组织未来发展都是非常重要的影响因素,所以从矛盾视角深入探讨组织情境下的领导-成员关系十分必要。最近几年越来越多的学者开始尝试对该问题进行探讨,例如 Lee et al. (2019)将研究视角聚焦在员工对领导-成员交换关系的矛盾态度和矛盾认知,为了测量员工对领导-成员关系的矛盾体验程度,他们开发了 LMXA 量表,并检验了 LMXA 对员工任务绩效的影响。由于该概念提出时间不长,因此目前国内外有关 LMXA 的研究相对缺乏。

基于对目前相关研究的梳理总结并结合相关学者的建议(Lee et al., 2019),本书认为 LMXA 研究主要存在以下几个亟须改进的地方:

第一,需要进一步检验 LMXA 在不同文化情境下的普适性以及从多方面检验 LMXA 量表信效度。由于 LMXA 概念提出时间较短,相关研究较为缺乏,因此仍需要在不同文化背景中同时结合多种方法来进一步检验其测量的有效性。检验测量量表在不同文化情境下的普适性非常重要。一个在某一文化或国家中被证明是有效的测量工具,并不意味着它在其他文化或国家中同样有效。由于不同的文化可能对某些问题或情境有不同的解读和反应,这可能导致量表在不同文化中的解释和应用产生偏差。另外,如果量表只基于某一文化的背景和理解来设计,可能会导致某些文化的特点或价值观被忽略或误解。这可能进一步导致对某些文化或群体的刻板印象和偏见。因此,这是加强相关研究系统性与深度的必要过程,特别是在不同文化的应用研究中,使用经过验证的、在不同文化背景下都具有普适性的量表,可以提高研究结果的可靠性和普遍性。在全球化的背景下,跨文化交流和合作也变得越来越重要。一个在不同文化情境下都具有普适性的测量量表,可以为不同文化背景的研究者提供一个共同的语言和工具,促进交流与合作。在实际管理中,许多组织和企业都在全球范围内运营,他们需要基于跨文化的数据来做决策。只有确保测量工具在不同文化情境下都具有普适性,才能确保决策的准确性和有效性。因此检验测量量表在不同文化情境下的普适性不仅关系到研究的质量和准确性,还涉及跨文化交流与合作、避免文化偏见和促进全球化进程,所以这是一个至关重要的问题,值得研究者和实践者高度重视,对此该领域学者针对相关研究也提出了迫切的呼吁(Lee et al., 2019)。

第二,目前对LMXA前因影响因素的探讨严重缺乏。以往关系研究中对关系质量的评价局限于非好即坏,但是心理学的研究表明更复杂的关系形式如矛盾关系的存在具有广泛性与较长时间内的稳定性(Ballinger & Rockmann, 2010)。同时社会交换理论认为领导-成员关系受到个体、组织和领导等多方面因素的影响,其中领导因素的影响尤为突出。社会交换理论是研究人际关系中互惠行为的心理和行为基础的理论。在组织背景下,领导-成员关系是其重要的应用领域。领导在组织中通常占据权威的地位,他们的决策和行为直接影响到成员的工作环境、任务分配、晋升机会等关键因素。因此,领导的态度和行为成了决定领导-成员关系质量的关键。另外,领导通常被视为团队或组织的楷模。他们的行为、态度和价值观往往被其他成员模仿。这种模仿不仅仅是对具体行为的模仿,更重要的是对其背后的价值观和信仰的接受。在领导-成员交互中,领导往往也是情感交换的中心。他们的认可、鼓励或批评对成员的情感和自我评价有着直接的影响。因此,领导的情感交换方式对领导-成员关系的质量有着决定性的影响。同时,领导通常掌握着组织的关键资源,包括但不限于资金、人力和信息。他们的决策和分配方式直接决定了成员的福利和发展机会。因此,成员往往高度关注领导的决策和行为,希望能够获得更多的资源和机会。在组织的决策过程中,领导通常也扮演着关键的角色。他们的观点和决策往往决定了团队或组织的方向和策略。因此,领导的决策方式和内容对领导-成员关系的质量有着直接的影响。此外,领导不仅是组织文化的创造者,更是其传递者。他们的行为和决策往往反映了组织的核心价值观和信仰。因此,领导的行为和决策对成员的认同感和归属感有着直接的影响。因此,领导因素在构建和维持领导-成员关系中具有核心地位。他们的行为、决策和资源分配等多方面因素对领导-成员关系的质量产生了直接的影响,所以在组织中员工会特别关注自身和领导的关系质量。本书经过大量文献整理和理论分析,拟从双元领导行为视角出发,探讨领导威权行为水平与仁慈行为水平的一致性对LMXA的前因影响作用,从而弥补相关研究的缺乏,并且拓展了领导-成员交换理论的理论边界。

第三,目前对于LMXA影响结果及相关中介机制和边界条件的研究探讨比较单一。这可能会限制对LMXA复杂性的深入理解和探索,导致理论发展停滞,不能全面揭示LMXA的真实影响机制和作用条件。而基于单一或表面化的研究结果制订的实践策略可能并不适用于所有情境,或可能导致非预期的后果。这可能导致组织和团队在应用这些策略时遭遇困惑和失败。同时,如果研究方法和视角单一,可能会导致研究结果的偏差。可能会忽视其中的关键变量和机制,导致研究成果的片面性和局限性。这不仅会影响研究成果的可信度,还可能导致学术界对该领域研究的质疑和批评。研究成果往往会影响后续研究的方向和深度。如果初步的研究方法和视角单一,可能会导致后续研究者在选择研究方向和方法时受到误导,从而限制研究的深度和广度。从管理实践来看,组织和团队所处的外部环境是多变的,对于LMXA的影响机制和作用条件可能随着外部环境的变化而变化。如果研究方法和视角单一,可能会导致研究成果对外部环境变化的适应性降低。另外,LMXA作为一个跨学科的研究领域,涉及心理学、社会学、管理学等多个学科。如果研究方法和视角单一,可能会限制不同学科之间的融合和创新,进一步导致研究成果的局限性和片面性。不仅如此,由于领导-成员关系对不同类型的员工行为也有着重要影响(Van Dyne et al.,2008),员工行为直接影响着组织的绩效,因此对于LMXA的影响结果、相关中介机制和边界条件的研究,如果过于单一或表面化,可能会导致一系列的不良影响。因此,对LMXA与员工行为之间的关系及相关作用机制进行深入研究探讨十分必要。根据现有矛盾关系的研究,由于矛盾体验意味着个体认知上的不一致和对结果的不确定,使得矛盾关系必然会导致员工感到压力和不适,造成情绪与认知上的消耗(Ashforth et al.,2014),进而给员工和组织带来不利影响。因此本书将基于相关理论与分析模型,系统探讨LMXA对员工角色内行为和角色外行为的影响作用,以及相关中介机制和边界条件,以期加深对LMXA影响作用的认识,并为组织管理实践提供一定的理论启示和实践建议。

1.2 研究目的与意义

1.2.1 研究目的

如上文所述,通过对相关文献的分析总结,本书认为现有关于LMXA的研究存在一定的不足与缺憾,基于这些研究问题,本书的研究目的主要聚焦于下几点:

第一,从领导双元行为角度探讨LMXA的前因。以往有关矛盾关系的研究大多集中在心理学、社会学等领域,研究对象一般是亲子关系、夫妻关系、种族、人群关系等,比较少涉及工作场所中的人际关系(Methot et al.,2017;Lee et al.,2019)。而且关于矛盾关系的前因变量研究主要分为三个方面:第一,社会情境因素,如冲突的氛围、社会的正式规范以及混合/复杂的信息等因素造成的矛盾关系;第二,二元关系因素,如关系主体之间的熟悉度、相似度、密切度等促进矛盾关系的形成;第三,个体因素,如个人特质、矛盾倾向以及性别、年龄等人口统计学变量等因素对矛盾关系的影响。本书综合考虑关系的形成过程以及领导-成员关系的特殊性,拟聚焦在工作场所中领导双元行为对LMXA的前因作用,领导行为是组织行为研究的核心议题之一,它在决定员工的行为、态度和绩效方面起着至关重要的作用。恩威并施的领导行为是指领导者在管理下属时,既表现出关心和支持,又表现出权威和控制。这种领导方式在许多组织中非常普遍。例如,在一些传统的文化中,领导者通常被期望既要严格又要仁慈。在这些文化中,恩威并施被视为一种理想的领导方式。运用恩威并施的策略的目的是帮助领导者在维持组织纪律和效率的同时,也获得下属的尊重和信任。然而,在这一过程中也可能在导致下属信任、感激的同时又有恐惧和抵抗。尽管恩威并施的领导行为在实践中非常普遍,但在学术研究中仍然存在许多未知的问题。近年来,领导双元行为在学术界和实践界都受到了广泛关注,恩威并施正是较为典型的领导双元行为,领导双元行为也提供了一个有力的框架来理解LMXA的形成。选择工作场所中的领导恩威并施的双元行为来讨论其对LMXA的前因作用,可以为我们提供一个全面和深入的理解,有助于推动领导研究的发展,同时也为组织提供实用的建议和工具,以期对组织管理领域矛盾关系的前因研究做出一定的探索与贡献。

第二,根据社会交换理论、LMX理论和矛盾不适感模型,研究LMXA与员工行为的关系。现有针对组织情境下矛盾关系如何影响员工行为的研究非常有限,已有研究主要集中在心理学领域,相关变量涉及个体的身体健康、心理健康、情绪情感、认知决策等;在二元关系方面涉及个体间的信任、共情与同情、想法分享、诚实等。虽然有组织管理领域学者提出矛盾关系对员工行为有直接影响(Methot et al.,2017;Lee et al.,2019;刘燕君等,2021;史烽等,2021),但是鉴于矛盾关系的特殊性,缺乏从矛盾应对反应视角对具体影响机制进行分析,还存在很大的理论扩展空间和需要。矛盾关系体验可能会导致一系列的负面反应,包括情绪上的困扰、工作满意度的降低、工作绩效的下降。然而,这些影响并不是必然的,它们很大程度上取决于员工如何应对矛盾体验。员工可能会采用多种策略来应对矛盾。这些策略可以是积极的,也可以是消极的。员工选择哪种路径不仅取决于他们自身的特质,也会受到外部情境因素以及决策本身的特性的影响。从应对的反应视角出发,我们可以更深入地探讨应对路径如何影响矛盾体验的具体结果。所以从应对矛盾的反应视角来研究矛盾体验的影响机制是非常必要的。因此,在组织管理领域需要系统地构建理论来探讨矛盾关系对员工行为结果的影响。据此,本书拟根据社会交换理论、LMX理论和MAID模型,将组织情境下矛盾关系结果变量的研究进一步细化和系统化,本书将从员工角色行为角度探讨LMXA对员工行为产出的影响,这在很大程度上回应了该研究领域前沿问题的呼召(Rothman et al.,2017),并弥补了相关研究的不足。

第三,本书拟基于社会交换理论、LMX理论和MAID模型进一步揭示LMXA与员工角色内行为关系的黑箱,以弥补关于矛盾关系与组织中结果产出关系实证研究的不足,以及中介机制的理论解释相对单一的情况(Lee et al.,2019)。员工在组织中的角色扮演和所做的决策是其工作职责的核心。有别于角色外行为,角色内行为关系到员工的基本职责和任务,因此,员工很难完全逃避做出和角色内行为有关的行为决策,这也使得对领导-成员交换关系有着矛盾体验的员工在面对和角色内行为有关的决策时会采取多种策略以应对矛盾体验引发的不适感,这种决策过程也可能会变得更加复杂。在理想的情况下,员工和领导的关系应该是建立在信任、尊重和互相支持的基础上的。然而,在现实中,由于多种原因,这种关系可能会引发矛盾体验。这种矛盾的体验可能会导致员工感到不安、沮丧或愤怒。在某些情况下,员工可能会选择避免与领导的直接交往,以避免矛盾体验的进一步加强。当员工对领导-成员交换关系有矛盾的体验时,他们可能会面临许多挑战,特别是当他们需要做出与角色内行为有关的决策时。然而,无论员工如何处理矛盾体验,关键是他们是如何处理与角色内行为有关的决策的,或者说,需要解释的是决策的过程和结果。角色内行为关系到员工的基本职责和组织的成功,因此,员工必须找到有效途径来平衡其对领导-成员交换关系的矛盾体验和其角色内行为的职责。因此,本书拟从相关理论视角出发,系统探讨LMXA通过情绪与认知双元路径对员工角色内行为的影响,丰富LMXA的结果变量研究,并通过对矛盾状态下员工的情绪、认知及行为反应的深入剖析,为加深对矛盾关系问题的理论理解和启发相关管理实践改进做出一定的贡献。

第四,本书将从情绪调节及文化影响视角进一步探讨矛盾关系与员工行为结果关系的调节机制。以往研究较少涉及调节效应,一般只是通过人口统计学变量(如性别、年龄)的分组来比较差异性。对于组织管理研究来说,对情境变量的影响及作用机制的研究与讨论具有重要的意义,既可以加深对该现象的理解又能够进一步指导和启发管理实践。情绪调节是指个体对自己的情绪体验和表达进行管理和控制的过程。当面临矛盾关系时,员工的情绪反应和如何处理这些情绪会对其行为产生重要影响。例如,当一个员工与上司发生冲突时,他可能会感到沮丧或愤怒。如果他能够有效地调节自己的负面情绪,例如通过自我安慰、积极思考或与他人交流,他可能会采取更有建设性的应对策略,例如寻求解决问题的方法,而不是逃避或反击。因此,情绪调节可以作为一个调节变量,解释为什么面临关系矛盾体验时有着不同情绪调节策略倾向的员工可能产生不同的行为结果。权力距离是文化维度之一,描述的是在特定文化中个体对权力不平等的接受程度。在高权力距离的文化中,员工可能更加接受不平等的权力分配和上下级之间的明显差异。这意味着,在这些文化中,矛盾关系可能不会被视为一个需要解决的问题,员工可能更加倾向于接受并适应这种关系。而在低权力距离的文化中,员工可能更加期望平等和公正,因此矛盾关系可能会引发更强烈的情绪反应和行为反应。因此,权力距离可以作为一个调节变量,解释为什么相同的矛盾关系在不同的文化背景下可能产生不同的行为结果。工作自主性指的是员工在工作中有多大的自由度和决策权。在拥有高工作自主性的岗位上,员工可能有更多的空间来选择如何应对矛盾关系。例如,他们可能可以选择避免某些情境,或者寻找新的方法来解决问题。而在低工作自主性的岗位上,员工可能被迫接受矛盾关系并遵循既定的程序和规范。这意味着,工作自主性可能会影响员工面对矛盾关系时的策略选择和行为反应。因此,本书将从情绪调节策略、文化因素以及组织情境因素三个方面,分别探讨LMXA 和员工角色外行为关系的边界条件,以及 LMXA 对员工角色内行为影响的不同路径下的调节机制,可以为我们提供一个更加全面和深入的理解。这些调节变量不仅可以解释为什么相同的矛盾关系在不同的员工、文化和工作情境下可能产生不同的行为结果,以期为相关领域研究做出一定的理论贡献。

1.2.2 研究意义

1. 理论意义

现有关于领导-成员关系的研究虽然从单维度关系评价角度较为充分地揭示了其形成过程和作用结果,但是对更为复杂且较为常见和稳定的矛盾关系的形成与影响结果研究不足,在系统深入地理解和探究领导-成员关系及其相关影响作用的问题上仍有较多缺憾。因此,本书拟基于相关理论框架,从员工视角出发,聚焦于员工的领导-成员交换关系矛盾体验,来对组织中矛盾关系问题的相关研究进行一定补充和扩展。具体来说,本书将探讨领导威权行为-仁慈行为水平的一致性对 LMXA 的影响,以及 LMXA 对员工角色内行为、角色外行为的影响作用和相关中介、调节机制,并通过问卷调查法等实证方法对理论模型进行检验。本书的理论意义主要包括以下几个方面:

第一,本书从矛盾与二元性理论视角出发,聚焦于员工对领导-成员关系的矛盾评价与态度的相关问题。如前文所述,目前大部分有关领导-成员关系的研究在描述与测量关系质量时仅做相对简单的单维度两极区分,这种单维测量法无法将更为复杂的矛盾关系有效地识别出来。这可能会造成研究者对组织内领导-成员关系的认识不够全面。而目前国内外关于组织内矛盾关系的前沿研究聚焦于领导-成员之间的交换关系上(Lee et al.,2019),相关研究为进一步加深和扩展组织中成员关系以及领导-成员关系的理论认识提供了良好的基础和参考。然而,目前针对领导-成员交换关系矛盾体验的研究仍有较多缺乏与不足,特别是对 LMXA 的前因因素的研究严重缺乏。本书从领导的双元行为视角出发,系统探讨和检验领导双元行为对 LMXA 的前因作用机制及相关调节机制,填补了现有关于 LMXA 前因研究的空缺,同时也丰富了 LMX 及组织中成员关系研究的理论边界,并且深化了双元领导对领导-成员关系影响的研究。

第二,由于员工角色内行为和角色外行为代表了在工作中几乎所有可能的各类行为(Judge et al.,2001;Lepine et al.,2002;Judge & Kammeyer-Mueller,2012),并且这两类行为都对组织发展与成功具有重要意义。本书基于社会交换理论、LMX 理论和 MAID 模型,首先系统讨论和检验了 LMXA 对员工角色外行为的影响效应和边界作用机制。尽管现有关于领导-成员关系对员工角色外行为影响的研究较多,但是 LMXA 和员工角色外行为的关系的相关研究仍非常有限,需要通过理论与实证进一步检验。因此,本书在这一方面的讨论与实证检验将填补相关研究的不足,在深入了解 LMXA 影响结果,丰富相关理论与实证文献的同时也帮助研究者对员工角色外行为的前因产生更全面的认识。

第三,员工角色内行为作为组织规范所要求的必要行为,对员工个人与组织的成功和发展都具有决定性的作用,因此一直是组织管理领域关注最为广泛的话题。本书根据社会交换理论、LMX 理论与 MAID 模型,系统地探讨了 LMXA 对员工角色内行为的影响作用及中介机制与边界条件。本书基于 MAID 模型,构建了认知与情绪两条影响路径来深入分析和揭示 LMXA 对员工角色内行为影响的中介机制,同时进一步分析和验证了工作自主性这一重要的组织情境因素的调节作用。本书相关讨论、分析与检验为加深LMXA对员工角色内行为影响的认识提供了较好的理论支持和实证证据,特别是进一步加深和扩展了LMXA与员工角色内行为的中介解释机制和相关理论。同时本书关于调节机制的讨论与检验也进一步加深了研究者对相关研究的理论边界的认识,且为LMXA的影响和干预机制的理论与实践探讨提供了丰富的参考与启发。

2. 实践意义

本书通过针对LMXA前因因素、结果变量及相关作用机制的理论探讨与实证检验展开研究,为组织管理实践提供了一定的理论支持与启发,相关研究结果与启示有助于帮助组织及组织中的个人更好地应对LMXA及其可能造成的影响,为调控LMXA的负面影响提供了理论依据。具体来说本书的实践指导意义体现在以下几个方面:

第一,本书关于LMXA的讨论与分析将有利于组织有效识别出领导在工作中可能造成LMXA的因素以及了解LMXA的影响结果,进而帮助组织更加全面的认识组织中的领导-成员关系。关于LMXA前因的研究和讨论可以帮助领导更明智、恰当地使用"恩威并施"领导策略,"恩威并施"的领导策略在组织管理中具有重要的实践意义。通过对LMXA前因的研究和讨论,领导者可以更明智和恰当地运用这一策略,从而进一步增强组织的绩效和效率;关于LMXA的影响以及边界机制的研究可以启发组织在招聘、甄选员工时对应聘者个体情绪调节策略倾向的关注,以及提醒组织和团队注意打造低权力距离、高自主性的组织环境。此外,通过对LMXA经由情绪和认知两条路径影响员工角色内行为的研究与讨论,帮助组织认识到情绪反应可能是偶发的,需要组织管理者通过一定的管理手段和程序来进行控制,以削弱负面行为效果。而对于相对长期形成的认知路径,在暂时无法减弱矛盾关系程度的情况下,组织应该尽量根据边界条件的调节作用引导员工将矛盾体验转化为较为积极的心态从而减少矛盾体验带来的负面效应,比如在工作中赋予员工更多的自主性支持等。

第二,本书对LMXA前因以及调节机制的探讨,既可以帮助组织识别出可能会促进矛盾关系出现的情境并思考如何发现和应对相关问题,也可以启发组织更多的关注员工对领导-成员关系的评价和态度问题。人力资源部门可以尝试从更全面、更深入的角度来了解员工对其自身和领导关系的真实感受,从而适当并有效地判断、调整和干预员工的相关行为表现。此外,对LMXA相关研究的展开以及二元语义法在测量领导-成员关系评价时的应用,填补了以往研究无法准确刻画矛盾关系的不足,进而帮助组织更好地关注矛盾关系及其可能的影响。本书为组织管理者提供了一定的方法论与理论支持,帮助管理者通过测量、预测以及深入访谈等方式,更深入地了解员工对领导-成员关系的真实想法,测评员工的矛盾状态,以尽量减少、消除矛盾关系对员工和组织可能带来的负面影响。特别是从方法论来说,组织可以根据不同的主体对象来全面了解和测量员工总体矛盾水平,并对长期处于矛盾极端值的个体进行更多的关注和干预,避免负面结果的发生。

1.3 研究方法与技术路线

1.3.1 研究方法

本书通过定性分析和定量测量的方法,分别对 LMXA 的前因机制、影响结果、中介效应和调节效应进行了深入探讨。在定性研究方面,本书主要通过文献法对 LMXA 及相关理论进行了梳理总结,并尝试构建理论模型。在定量测量方面,本书主要通过问卷调查法、多项式回归、构建结构方程模型等方法探究了 LMXA 的可能前因、对员工行为的影响以及中介和调节机制。

1. 文献法

文献法通常被称为文献研究法或书面研究法,是一种通过分析、评价和解释已经发布的材料或数据来获得知识或信息的研究方法。这种方法在各种学术领域都有广泛的应用,尤其是在历史学、文学、哲学和社会科学中。文献法是基于书面记录、文档、报告、论文、书籍、杂志、报纸、文章等书面材料进行研究的方法。它涉及对这些材料的深入阅读、分析和解释,以获取、理解和评估与研究主题相关的信息和知识。文献研究首先要求研究者进行广泛和深入的阅读,以确保对材料的全面理解。除了简单的阅读和理解,文献法还要求研究者进行批判性的分析,以识别、评价和解释材料中的观点、论据和证据。在对多个来源进行分析后,研究者需要综合这些信息,形成自己的观点和结论,并对这些材料进行评价。鉴于大量的文献资料,研究者需要掌握文献检索的技能,以找到最相关和可靠的材料。此外,筛选和确定哪些材料对研究最为关键也是必要的。为了确保研究的可靠性和完整性,研究者需要正确引用和参考所有使用的材料。这不仅增强了研究的可信度,而且提供了一个供其他研究者跟进的路径。因此,本书首先基于文献法通过对矛盾概念相关文献的广泛阅读,聚焦组织行为领域关于矛盾问题的相关研究,形成系统认识。在对文献进行总结和分析的基础上,通过对矛盾关系及LMXA的相关研究进行分析总结,归纳现有研究的现状和不足之处,进而为本文的研究模型奠定了扎实的理论基础。

2. 问卷调查法

问卷调查法是社会科学研究中的一种常用方法,它通过标准化的问卷形式收集大量受访者的信息,以便对某一主题或现象进行定量或定性分析。问卷调查法是一种通过设计并分发问卷来收集数据的研究方法。问卷中的问题可以是开放式的、封闭式的或混合式的,问卷旨在收集受访者关于特定主题或问题的观点。问卷调查法的核心是使用标准化的问卷,确保每位受访者都回答相同的问题,从而使数据的收集和分析更为系统。虽然许多问卷主要关注定量数据(如评分、频率等),但它们也可以包括开放式问题,从而收集定性数据,为研究提供更为深入的见解。问卷调查法常用于大规模的研究,因为它允许研究者在较短的时间内收集大量受访者的数据。为了确保数据的真实性和可靠性,问卷通常是匿名的,受访者更愿意提供真实和准确的信息。收集到的数据经过整理后,通常使用统计软件进行分析,以得出结论。因此,本书选取了来自全国多地的多家企业,涉及金融、通信等多个行业,通过多时段、多来源的调研方式收集数据,以减少同源偏差。其中,除了研究一中"二元语义评价法检验LMXA测量问卷有效性"的数据通过一阶段发放问卷完成数据收集工作外,三个子研究的问卷均通过两阶段收集完成,并且三个子研究的数据收集工作分别、独立进行,三个子研究的被试源自不同样本。子研究一的数据为员工自身二阶段配对样本;子研究二和子研究三的样本均为员工-领导二阶段对偶样本。另外,本书所采用的测量量表均取自国外研究中使用过的较为成熟的量表,并对英文量表采取翻译-回翻步骤转换成中文量表,从而保证量表在语义表达上的正确性和完整性(Brislin, 1980)。

3. 统计方法和软件

首先,本书利用SPSS 22.0软件进行均值、标准差和相关性等描述性统计分析。其次利用Mplus 7.4软件对理论模型进行了验证性因素分析(confirmatory factor analysis,CFA),用以探究LMXA与其他研究概念,比如领导威权行为、领导仁慈行为、认知重评策略、表达抑制策略、工作自我效能感、情绪耗竭等变量之间的区分效度及模型的拟合情况。最后通过 Mplus 7.4 软件以及 Origins 软件进行多项式回归分析、响应面分析以及构建结构方程模型对理论模型的相关假设进行检验。

1.3.2 技术路线

本书的技术路线图如图 1-2 所示。

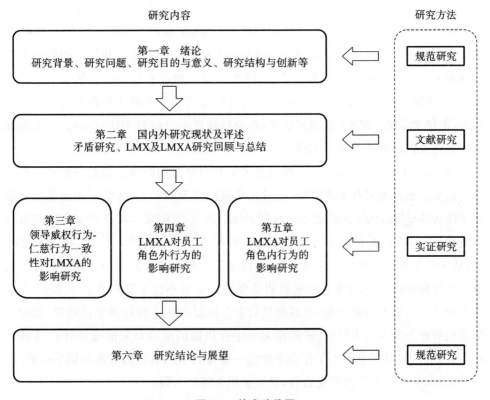

图 1-2 技术路线图

1.4 研究主要创新点

本书聚焦领导-成员交换关系的矛盾评价和态度问题,对 LMXA 的前因、结果及相关作用机制展开系统研究。本书的创新点主要包括几个方面:

第一,对 LMXA 前因变量研究的贡献与创新。组织管理领域对工作场所中矛盾关系的前沿研究主要集中在领导-成员交换关系方面,特别是 Lee et al. (2019)关于 LMXA 的定义与量表开发为深入探讨领导-成员关系的矛盾评价和态度问题提供了良好的基础。然而,现有文献对 LMXA 的前因因素探讨严重不足,这将影响未来研究深入探讨 LMXA 的理论边界与形成机理。本书从矛盾关系的二元性理论视角出发,探讨具有二元性的领导行为(威权领导与仁慈领导)间的一致性对 LMXA 的前因作用,填补了相关研究的不足。

第二,对 LMXA 与员工角色外行为关系的研究贡献与创新。本书根据社会交换理论以及矛盾反应相关理论与模型探讨了 LMXA 和员工角色外行为的关系,并从情绪和文化视角探讨了情绪调节策略与权力距离导向的边界作用。相关研究首先弥补了从矛盾应对反应视角讨论 LMXA 对员工角色外行为的直接影响的文献不足,其次本书通过对 LMXA 和员工角色外行为直接关系的边界机制进行探究和检验,不仅丰富了 LMXA 的研究成果,也为后期进一步研究 LMXA 的影响机制和干预机制提供了理论与实证支撑。

第三,对 LMXA 与员工角色内行为关系的中介机制的理论贡献与创新。现有研究仅从情感视角解释了 LMXA 与员工角色内行为的关系,忽略了矛盾体验可能对个体认知、情绪所造成的更为全面的影响。为了弥补现有研究在中介机制解释方面的不足,本书基于社会交换及矛盾反应相关理论与模型,通过系统分析和梳理,从个体矛盾应对反应策略视角出发,构建了认知与情绪两条中介路径。此外还进一步分析验证了组织情境因素的调节作用。本书不仅丰富现有关于 LMXA 和员工角色内行为关系的文献,并且通过对中介机制的理论探讨和实证检验,回应了学者们对进一步探讨 LMXA 影响结果及中介机制的前沿研究的迫切呼召(Lee et al., 2019)。同时本书引入工作自主性这一重要的组织情境因素作为调节边界,丰富了 LMXA 相关研究的理论边界,启发了相关管理实践。

第四,在 LMXA 测量效果上的推进与创新。本书通过二元语义评价测量法将处于矛盾状态的员工群体有效区分出来,并与 LMXA 量表测量结果进行比较,最终发现 LMXA 测量量表能较好地区分出组织中处于矛盾状态的员工。该检验从一定程度上提供了 LMXA 量表有效性的证据,回应了 Lee et al. (2019)关于进一步检验 LMXA 量表的呼召。同时本书的数据收集源于中国文化背景下的企业组织,这也进一步为 LMXA 量表的适用性提供了支撑。

1.5 研究框架与内容安排

1.5.1 研究框架

为了更加系统地了解 LMXA 的前因,以及 LMXA 对员工行为的影响,本书根据社会交换理论、LMX 理论和 MAID 模型,通过三个实证研究分别探讨了员工感知领导威权行为水平和领导仁慈行为水平一致性对 LMXA 的影响;LMXA 对员工角色外行为的影响;LMXA 对员工角色内行为的影响。本书的总体研究框架如图 1-3 所示。

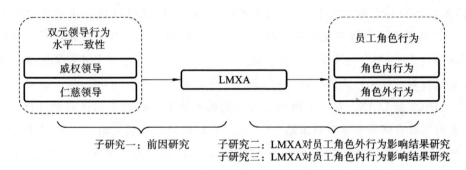

图 1-3　总体研究框架图

1.5.2 内容安排

本书的基本结构框架如下:

第一章是绪论。本章通过规范研究主要对本书的研究背景、研究目的、研究意义及创新点和研究主要内容进行了相关阐述,同时对本书所采用的研究方法进行了简要介绍。

第二章是国内外研究现状。本章通过文献研究主要对矛盾、矛盾关系以及 LMXA 等相关概念和理论基础进行文献梳理和归纳,并对以往研究的贡献和局限进行相关评述,为本书的发展奠定理论基础。

第三章是 LMXA 的前因研究。在进行具体前因研究前,本章首先通过二元语义评价测量法对 LMXA 量表的有效性进行了检验。利用 Mattson et al. (2013) 所开发的针对矛盾关系的二元评价测量量表(PNSMD),通过间接测量的方式来测量员工对自身与领导关系的矛盾体验程度;而 LMXA 量表则是通过直接测量的方式测量员工对自身与领导关系的矛盾体验程度。间接测量法和直接测量法都是对矛盾关系测量的常用方法,被广泛采用(Methot et al., 2017)。这两种方法主要区别在于 PNSMD 量表为二元评价,即同时具有积极和消极两个维度,通过类似评价空间网格法计算后可以在积极、消极两个维度上共得到四个关系组(即高高、低低、高低和低高的积极-消极关系感知组合),而"高高"感知分布的被视为矛盾体验高的组;Lee et al. (2019) 所开发的 LMXA 测量量表虽然是一维度的双极量表,但是结构类似于二分后双极法的概念(dichotomous-then-bipolar),即先确定矛盾关系存在,然后根据矛盾体验程度进行评分。因此,将 PNSMD 得分进行网格换算与分组后,通过 ANOVA 检测不同组之间 LMXA 取值差异就可以在一定程度上证明 LMXA 测量能否有效捕捉到那些对关系有着矛盾体验的人群。在确认了 LMXA 测量有效性后,本章后续将通过实证研究,基于社会交换理论和 LMX 理论,探讨领导威权行为和仁慈行为的一致性对 LMXA 的影响。

第四章是 LMXA 对员工角色外行为的影响研究。有着矛盾体验的个体面对决策时主要有两种基本应对策略:聚焦情绪策略和聚焦问题策略。其中,个体通常会优先选择聚焦情绪策略以直接回避和拖延做出决策的方式来减少不适感。因此在面对非组织规定的角色外行为时,处于矛盾体验中的员工可以直接通过回避、拖延行为决策来减少矛盾体验引发的不适感。据此将在本章通过实证研究首先探讨 LMXA 对员工角色外行为的影响。基于社会交换理论、LMX 理论与 MAID 模型,本章探讨了 LMXA 和员工角色外行为的关系及边界调节机制,提出并检验了 LMXA 对员工角色外行为的负向影响,同时检验了两种情绪调节策略(认知重评与表达抑制)以及权力距离导向对 LMXA 和员工角色外行为关系的调节效应。

第五章是 LMXA 与员工角色内行为关系研究。由于角色内行为是组织规定的必须行为,员工很难仅仅通过聚焦情绪策略,以逃避、拖延的方式应对矛盾体验,此时员工不得不同时采取聚焦情绪和聚焦问题策略来应对矛盾体验,进而使得这一过程相较面对角色外行为决策时也更为复杂。因此,本章通过实证研究继续探讨 LMXA 对员工角色内行为的影响。基于社会交换理论、LMX 理论与 MAID 模型,本章探讨了 LMXA 通过认知路径和情绪路径对员工角色内行为的间接影响,并讨论了工作自主性分别在认知路径和情绪路径对 LMXA 和员工角色内行为的调节作用。

第六章是研究结论与展望。本章主要对本书的研究结论进行了整体性的讨论,并对本书所带来的管理启示、可能的研究局限以及未来研究方向进行了探讨。

2

国内外研究现状及评述

2.1　LMXA 的概念

2.1.1　矛盾及矛盾关系的概念

矛盾(ambivalence)这一词汇在英语中表示一种复杂的情感状态,即一个人对某一事物或情况同时持有两种或多种相反的感情或态度。这种情感状态可能是积极的、消极的,或者两者都有。词源学上,这个词汇来自拉丁语的"ambo"(意为"同时"或"两者都")和"valere"(意为"变得强烈")。结合这两个词汇,我们可以解释"ambivalence"为"对两种相反的情感或态度都持有强烈的感觉"。矛盾体验是人类情感体验的一个核心组成部分,几乎每个人在生活中的某个时刻都会经历这种体验。这种矛盾状态不仅仅是简单的情感上的困惑或不确定,而是深层次的,同时存在的,对某一对象或情境的正面和负面评价。矛盾体验的产生可能与多种因素有关。个体的生活经历和他们所面对的情境都是独特的,这意味着他们对于同一情境可能会有不同的情感反应。认知心理学研究表明,人们的情感反应与他们的认知评价密切相关。当一个人对某一情境有矛盾的认知评价时,他可能会产生矛盾的情感反应。在人际关系中,矛盾体验是非常常见的。例如,亲密伴侣之间可能会因为某些行为或事件而产生矛盾情感。一个人可能非常爱他的伴侣,但同时又因为某些行为而对他产生负面的情感。这种情感状态可能会导致人们在关系中产生冲突和紧张。面对矛盾情感,人们可能会采取不同的应对策略。一些人可能会试图避免产生矛盾情感的情境,而其他人可能会试图通过思考和反思来解决这种情感状态。但是通常当一个人对某一事物或情况持有矛盾的情感或态度时,他往往会发现自己难以做出决策。这是因为矛盾可能会导致人们对某一事物或情况的评价产生冲突,从而影响他们的决策。"矛盾"这一词汇在中文中同样有着深厚的文化和哲学背景。由"矛"和"盾"这两个词组合而来,它不仅仅描述了两种具有对立性质的物件,还体现了中华文化对于冲突、平衡和和谐的独特理解。在古代战争中,"矛"是攻击的主要武器,用于刺穿敌人的防御。它代表了力量、攻击性和侵略性。而"盾"则是为了防御矛攻击的主要装备,代表了保护、防守和稳固。将这两者放在一起,形成了一个充满张力的对比,体现了攻与守、动与静、硬与软之间的关系。"矛盾"的概念与中华文化中的"阴阳"学说有着紧密的联系。阴阳代表了宇宙中两种对立而又互补的力量。这与"矛"和"盾"之间的关系相似,都体现了中华文化对于矛盾的探究。在现代社会中,随着生活节奏的加快和信息的爆炸式增长,人们可能会更加容易产生矛盾的情感。面对日常生活中的各种选择和决策,人们可能会发现自己对某些事物或情况持有矛盾的情感或态度。矛盾体验是一种复杂的情感状态,它反映了人们对某一事物或情况的深入思考和评价。长时间的矛盾体验可能会对人的心理健康产生负面影响。研究表明,持续的矛盾体验可能会导致焦虑、抑郁和其他心理健康问题。因此,理解和应对矛盾体验可以帮助个体更好地应对生活中的挑战,建立更为健康的人际关系,并维持良好的心理健康。

自古以来,"矛盾"这一概念就一直是思考和探索的焦点。但随着时间的流逝和学科的发展,这一概念也呈现出不同的内涵。尤其是在社会学、心理学等领域,对"矛盾"有着迥异的理解和诠释。这里需要注意区分的是本书中"矛盾"的定义与家喻户晓的俗语"以己之矛,攻己之盾"的区分。关于"矛盾"这一词的起源,有一个广为流传的故事。故事中,一个商贩用"矛"可以刺穿任何物件来吹嘘自己的矛,然后又用"盾"是无法被任何物件刺穿来吹嘘自己的盾。但当有人问他如果用这个矛去刺这个盾会怎样时,商贩无言以对。这个故事揭示了某些事物在逻辑上的不一致性和矛盾性,这其中所蕴含的智慧是特指逻辑上的矛盾,与本书中哲学意义上的矛盾并不相同。在形式逻辑中,矛盾指的是同一命题不能同时为真和为假。这是一个基础的逻辑原则,被称为"矛盾律"。在这里,矛盾是明确的,也是需要避免的,因为它会导致逻辑的不一致和混乱。在我国哲学领域中的矛盾和西方哲学中的矛盾一词所表达的意思相同,是指对一个对象或者目标同时具有两种相反的感受或者态度,具有二元统一性。矛盾这一词的构成以及所表达的含义其实与我国自古以来的"阴阳"学说较为契合,我国流传的太极图在一定程度上反映了两个相对立的事物同时存在的局面。前文所提的"自相矛盾"的典故寓意的是违背一定形式逻辑中的矛盾律所带来的逻辑错误或逻辑矛盾,这种类型的"矛盾"是人们需要避免的,否则会造成逻辑的混乱。而在社会学、心理学等领域研究的"矛盾"问题往往指的是辩证式的矛盾,这种矛盾强调事物之间的对立统一。具体来说,在逻辑性矛盾定义下可能产生这种情况,即某属性同时既属于某个对象又不属于该对象,这符合亚里士多德对逻辑矛盾的叙述:"同一对象在同一时间、同一方面不能既具有又不具有某属性。"而辩证矛盾定义下的情况是相反的两种属性同时属于某对象,因此辩证矛盾体现了辩证哲学对于认识对象的内在应该具有对立且统一的结构要求。

辩证哲学,自古以来就是哲学家们探讨和研究的核心领域之一。其中,关于辩证矛盾的理解与解释一直是该领域的热门话题。广义与狭义的辩证矛盾定义提供了一个更加深入的视角来看待这一概念,且为我们提供了对辩证矛盾的多层次认识。当今辩证哲学领域对辩证矛盾有广义和狭义两种不同定义,广义的辩证矛盾看待的是世界的整体性和客观性。它认为,无论是自然界还是社会现象,都存在着对立统一的结构。这种结构是客观存在的,不受人的意志所控制,但可以通过人的思维来认识和反映;与广义的辩证矛盾不同,狭义的辩证矛盾更加关注人的主观思维。它认为,辩证矛盾不仅仅是客观现象,更是人们对这种现象的认识和把握。这种认识不是简单的描绘或描述,而是深入的、全面的、动态的反映。例如,当我们面对一个复杂的问题时,我们可能会发现其中存在着许多相互矛盾的观点和看法。这些矛盾不是简单的对立,而是相互影响、相互制约、相互促进的。通过主观思维,我们可以更加深入地理解这种复杂的矛盾关系,从而为我们提供更加丰富和多元的思考角度。广义的辩证矛盾为我们提供了一个宏观的、全局的视角,帮助我们看到事物的整体性和连续性。而狭义的辩证矛盾则为我们提供了一个微观的、局部的视角,帮助我们看到事物的独特性和变化性。辩证矛盾,无论是从广义还是狭义的角度来看,都是一个复杂而深邃的概念。本书关于矛盾的论述和使用是基于狭义的辩证矛盾定义,这一概念的引入和研究,为我们提供了一个理解和揭示事物内在规律的重要工具。辩证矛盾的思维并不是将对立统一看成两种相反属性的简单叠加,而是形成对对立统一这一客观矛盾结构和关系的把握。当我们说到"对立统一",很容易将其误解为两种相反属性的简单组合。例如,黑与白、冷与热、快与慢等。但在辩证哲学中,对立统一远比这复杂。它强调的是这些对立面在一定条件下的统一,这种统一不是静止的,而是动态的,不是机械的,而是有机的。辩证矛盾不仅仅是表面的对立,更重要的是这种对立背后的内在联系。这种联系不是偶然的,而是必然的。它源于事物的本质和内在规律,也决定了事物的发展和变化。辩证矛盾的思维特别强调事物的动态性。这种动态性不仅仅是事物本身的变化,更多的是事物与其环境、事物与其他事物之间的相互作用和影响。这意味着,辩证矛盾不是一成不变的,而是随着时间、空间和条件的变化而变化。今天的矛盾,可能在明天就不再存在;而今天看似和谐的事物,明天可能就充满了矛盾。辩证矛盾的思维不仅仅是一种理论工具,更多的是一种实践工具。它要求我们在面对复杂的问题和挑战时,不仅仅停留在表面,而是深入到事物的本质,找到问题的根源,从而提出解决问题的有效方法。这意味着,辩证矛盾不仅仅是哲学家们的研究对象,更是每一个人在日常生活中都需要掌握和运用的思维工具。它不仅仅是对立统一的简单叠加，更多的是对这种对立统一结构和关系的深入把握。通过对辩证矛盾的深入研究和理解，个体可以更加清晰地看到这个世界的复杂性和多样性，也可以更加有效地处理组织中的各种问题和挑战。

Rothman et al.(2017)总结了矛盾产生的四种来源和矛盾所造成的两类结果。矛盾的认知来源主要指与个体的思考、感知和评价有关的因素，这些因素可能导致个体对同一对象或观念持有正面和负面的评价。①知觉的矛盾性：当人们对某个对象或观念有多种不同的知觉时，这些知觉可能会相互矛盾，从而产生矛盾的情感。例如，一个员工可能认为他的领导非常支持他（正面知觉），但同时也认为领导过于严格（负面知觉），导致他对领导有矛盾的评价。②价值观的冲突：价值观是指人们对什么是对的、什么是错的、什么是重要的等方面的基本信仰和判断。当某一对象或行为与个体的核心价值观相矛盾时，可能会产生矛盾的情感。例如，一个高度重视家庭生活的员工可能对经常需要加班的工作持有矛盾的看法。他可能认为这样的工作可以为家庭提供更好的经济支持（正面评价），但同时也认为它剥夺了他与家人在一起的时间（负面评价）。③知识的不完整或矛盾：当个体接收到的信息是不完整或矛盾的，可能会导致他们难以形成明确的评价。例如，一个消费者可能从广告中得知某个产品具有许多好的特点，但从朋友那里听说该产品存在某些问题。这种不完整或矛盾的信息可能导致消费者对该产品持有矛盾的看法。④认知失调：认知失调是指个体的某些认知（如信仰、态度或知觉）与其他认知存在冲突，导致个体感到不舒服。为了减少这种不舒服感，个体可能会修改其中的某些认知，但这种修改可能进一步导致矛盾的情感。例如，一个员工可能原本非常信任他的领导，但当他发现领导在某些事情上撒了谎时，他可能会调整自己的认知，认为领导只是在某些情况下不诚实。但这种调整可能导致他对领导持有更加矛盾的看法。总体而言，矛盾的认知来源涉及个体的思考、感知和评价的各个方面。这些认知来源解释了为什么人们可能对同一对象或观念持有正面和负面的评价，并为研究矛盾的产生和管理提供了重要的理论基础。

情境因素是影响矛盾产生的外部环境或背景的因素，这些因素可能导致个体对某一对象或观念持有正面和负面的评价。①角色冲突：在组织中，员工可能需要扮演多个角色，而这些角色之间的期望和要求可能存在冲突。例如，一个人可能同时是团队的领导和项目的成员，这两个角色之间的责任和期望可能会导致矛盾。②任务的复杂性：当任务包含多个相互冲突的目标或要求时，个体可能会感受到矛盾。例如,一个销售人员可能需要在满足销售目标和保持良好的客户关系之间找到平衡。③信息的模糊性和不确定性:当提供给个体的信息不明确或存在不确定性时,可能会导致矛盾。例如,如果一个员工收到了关于公司未来方向不一致的消息,他可能会对公司的前景持有矛盾的看法。④社交压力和期望:来自同侪、上级或组织的压力和期望可能与个体的个人信仰和价值观存在冲突,导致矛盾体验。例如,一个员工可能认为加班是不必要的,但如果他的同事和领导都经常加班,并期望他也这样做,他可能会对此持有矛盾的态度。⑤外部环境的变化:当组织的外部环境发生变化,如市场条件、竞争对手的策略或政府政策等,这些变化可能会导致员工对组织的策略和方向持有矛盾的看法。⑥组织文化和价值观:如果组织的文化和价值观与员工的个人信仰和价值观存在差异,这可能会导致矛盾。例如,如果一个组织强调团队合作,但员工更倾向于独立工作,这可能会导致矛盾。总体而言,情境因素涉及个体所处的外部环境和背景,这些因素可能导致个体对某一对象或观念产生矛盾的情感。理解这些情境因素对于组织和个体更好地管理和解决矛盾至关重要。

　　社会和文化背景是指与个体所生活的社会环境和文化传统有关的外部因素,这些因素可能导致个体对某一对象或观念持有正面和负面的评价。①文化的双重性:在多元文化环境中,个体可能会受到来自不同文化背景的相互矛盾的影响和要求。例如,一个在西方国家长大的亚洲移民可能会在东方和西方文化之间感受到矛盾,尤其是在价值观、传统和社交习惯方面。②社会期望与个人信仰的冲突:社会和文化往往对个体有一定的期望和要求,这些期望和要求可能与个体的个人信仰和价值观存在冲突。例如,某些文化可能强调家庭和传统的重要性,而个体可能更倾向于追求个人自由和独立。③社交压力:来自社会、家庭或同侪的压力可能会导致个体对某一对象或观念持有矛盾的看法。例如,一个年轻人可能想要选择一条非传统的职业道路,但家庭和社会的压力,希望他选择一个更为传统和稳定的职业。④信息的多样性:在全球化和数字化的时代,个体可以轻松地接触到来自不同文化和社会的信息。这种信息的多样性可能导致个体对某些对象或观念产生矛盾的看法。例如,通过社交媒体,人们可以了解到关于某一事件或问题的多种不同的观点和解释。⑤社会变迁与传统的冲突:随着社会的发展和变迁,新的价值观和观念可能与传统的价值观和观念产生冲突。这种冲突可能导致个体对某一对象或观念产生矛盾的看法。总体而言,社会和文化背景为个体提供了一个外部环境,这个环境可能导致个体对某一对象或观念产生矛盾的情感。对这些背景因素的深入了解是更好地认识和处理矛盾的关键。

个体差异指的是个体之间在认知、情感和行为上的差异。这些差异可能来源于遗传、生理、心理或社会经验等多种因素。①认知风格的差异：不同的人可能有不同的认知风格，这意味着他们处理、解释和评价信息的方式可能会有所不同。例如，有些人可能更喜欢逻辑和分析性的思考，而其他人可能更依赖直觉和情感。这种差异可能导致同一信息在不同的人那里产生不同的解读，从而产生矛盾体验。②经验和背景的差异：个体的过去经验、教育背景和生活环境可能影响他们对某一对象或观念的看法。③情感调节能力：个体在面对压力或冲突时调节自己情感的能力也可能影响他们经历矛盾的程度。有些人可能更擅长处理和调节矛盾的情感，而其他人可能更容易受到矛盾的困扰。④自我复杂性：这是指个体对自己身份和角色的看法有多复杂。那些有较高自我复杂性的人可能在不同的情境中看到自己有不同的身份和角色，这种多样性可能导致他们对某些对象或观念产生矛盾的看法。⑤价值观和信仰的差异：个体的核心价值观和信仰可能影响他们对某一对象或观念的评价。如果个体的价值观与他们接收到的信息或社会期望不一致，可能会产生矛盾体验。总体而言，个体差异是影响矛盾产生的重要因素。理解这些差异有助于更好地理解矛盾的产生和管理，以及如何在组织和团队中促进更有效的沟通和合作。

个体经历矛盾体验后可能的主要影响包括认知、情感、行为、生理等多个方面。在生理效应方面，面对人生中的矛盾和冲突，身体常常不是一个被动的观察者。相反，它积极地响应这些外部和内部的挑战，尝试在生理层面为我们提供支持和帮助。其中，应激激素的释放是身体对矛盾体验的直接反应。因此矛盾体验经常与生理上的激活和应激反应相联系。例如，当个体面临矛盾的决策或情境时，他们的心率、血压和皮肤电导率可能会增加，这些都是身体对应激的生理反应。矛盾和应激不仅影响身体的激素水平，还可能影响大脑的功能。研究表明，矛盾体验可以激活大脑的某些区域，特别是与情感处理和决策相关的区域，如前额叶、杏仁核和下丘脑。这种神经生物学的激活与个体经历的情感压力和认知挣扎有关。面对矛盾体验时，体内可能会释放出更多的应激激素，如皮质醇。皮质醇，作为一个关键的应激激素，通常在我们面临压力和挑战时释放。它帮助身体应对短期的应激，如增加血糖水平以提供额外的能量。但是，当皮质醇的水平长时间升高时，它可能会对身体产生毒性效应。长期的矛盾体验和应激可以导致激素水平的持续升高，从而对健康产生不良影响。矛盾和应激可能会影响免疫系统的功能。长时间的应激反应可能会降低免疫系统的效率,使个体更容易受到疾病的威胁,增加心血管疾病的风险,以及干扰正常的新陈代谢过程。此外,高水平的皮质醇可能会导致情绪不稳定,如焦虑、抑郁和易怒。矛盾体验和相关的情感压力可能会影响个体的睡眠质量。睡眠是身体修复和恢复的关键时间。但是,当个体经历矛盾和应激时,睡眠模式可能会受到干扰。失眠、多梦、早醒或其他睡眠障碍可能会出现。长时间的睡眠障碍可能会导致一系列健康问题,如免疫系统功能下降、记忆力和注意力减退以及情绪波动。长期的应激和矛盾体验还可能会影响消化系统的功能,导致胃痛、消化不良或其他相关症状。持续的矛盾和应激反应可能会增加患有某些疾病的风险,如心血管疾病、糖尿病和其他与应激和生理健康相关的疾病。总的来说,矛盾不仅影响个体的情感和认知,还对其生理健康产生深远的影响。长期的矛盾和应激可能会对身体的多个系统产生不良影响,从而影响个体的整体健康和福祉。理解矛盾的生理效应对于更好地管理和减轻其对健康的影响至关重要。

在认知方面,面对矛盾体验的情境,个体可能被激励去寻找新的和创造性的解决方案。因为矛盾体验挑战了个体现有的认知结构和信仰,这可能促使他们跳出固有的思维模式,从不同的角度和视角看待问题。这种多角度的思考可能出现更有创造性的见解和解决方案。但是矛盾体验也可以使个体对某一问题或情境进行更为复杂和深入的思考。由于矛盾体验涉及对同一对象或观念的正面和负面评价,个体可能需要对这些评价进行权衡和整合,从而增加他们的认知复杂性。这种复杂性可能有助于个体更全面和客观地评估问题,但也可能导致决策困难和拖延。当个体的某些认知(如信仰、态度或知觉)与其他认知存在冲突时,可能会产生认知失调。为了减少这种不舒服感,个体可能会调整其中的某些认知,以使它们更加一致。这种调整可能导致个体的认知和态度发生变化,从而影响他们的决策和行为。矛盾体验可能会对个体的决策过程和结果产生影响。一方面,矛盾体验可以促使个体更加小心和谨慎地评估各种选项,从而提高决策的质量。但另一方面,由于矛盾涉及对同一选项的正面和负面评价,这可能导致个体难以做出决策,或者对已做出的决策持有不确定和犹豫的态度。当个体对某一选项持有正面和负面的评价时,他们可能会感到迷茫和不确定。这种不确定性可能导致个体难以做出决策,或者对已做出的决策持有犹豫的态度。在这种情况下,个体可能会选择推迟决策,或者寻求外部的建议和帮助。矛盾体验可能会影响决策的稳定性。即使个体最终做出了决策,矛盾体验可能会导致他们对这一决策持有不稳定的态度。随着时间的推移,或者在面对新的信息和反馈时,个体可能会重新评估他们的决策,甚至可能改变他们的决策。这种不稳定性可能会导致个体在实施决策时遇到困难,或者面临更多的冲突和挑战。矛盾体验还可能影响个体的决策风格。有些人在面对矛盾时可能会选择避免决策,而其他人可能会寻求更多的信息和反馈,以便做出更为明智的决策。此外,有些人可能更倾向于依赖直觉和情感来做出决策,而其他人可能更依赖逻辑和分析。总体而言,矛盾可以产生多种认知效应,这些效应涉及个体的思考、评价和决策等多个方面。理解这些效应有助于更好地了解矛盾的产生和影响,以及如何在面对矛盾时做出更为明智和合理的决策。

在情感方面,矛盾体验可能导致个体的情感反应更为复杂和多样。因为矛盾涉及对同一对象或观念的正面和负面评价,个体可能同时体验到正面和负面的情感,如喜悦和失落,希望和担忧。这种复杂的情感反应可能导致个体难以确定自己的真实情感和需要。面对矛盾的情境,个体可能会感受到更多的情感压力。因为矛盾挑战了个体的价值观和信仰,这可能导致他们感到困惑和不安。这种内在的情感压力可能导致一系列的心理和情感反应。面对矛盾时,个体可能会感到焦虑。焦虑是因为担心做出错误的选择,或者担心选择不会得到他人的认同。这种焦虑可能会导致过度思考,试图找到最"完美"的答案或解决方案。此外,矛盾还可能导致紧张感。这种紧张感可能源于内心深处对于未来的不确定性。当个体不确定自己的选择是否正确,或者不确定这些选择会导致什么样的后果时,可能会感到紧张和不安。不满也是矛盾可能引发的情感之一。这种不满可能源于对自己的选择持有质疑或后悔的态度。当个体感到自己无法满足期望和需求时,可能会感到不满和挫败。矛盾可能会影响个体的情感调节和应对策略。面对矛盾,个体可能需要采用不同的策略来调节自己的情感,这些方式在很大程度上取决于他们的性格、经验、文化背景和当前所处的情境。如重新评估问题、寻求外部的支持和反馈,采用放松和冥想等技巧来缓解情感压力或者通过压抑自己的情绪来回避矛盾体验带来的压力。重新评估是一种积极的应对策略,它鼓励个体从不同的角度看待问题,重新定义和解释矛盾体验的来源。通过重新评估,个体可能会发现新的信息和观点,这有助于他们更全面和客观地看待问题,从而减少矛盾和冲突。与家人、朋友或同事分享自己的困惑和不安可以帮助个体获得不同的观点和建议。这些外部的意见和建议可能为他们提供了新的视角,帮助他们更好地理解和处理矛盾。放松和冥想可以帮助个体减少生理和心理的紧张,从而更好地应对矛盾和压力。这些技巧可以帮助个体集中注意力,放下不必要的担忧和恐惧,从而达到身心平衡。尽管压抑情感也是一种常见的应对策略,但长期压抑情感可能会导致更多的心理和生理健康问题,如焦虑、抑郁和紧张。因此,应当尽量避免使用这种策略,尤其是在长期和持续的矛盾情境中。在某些情况下,尽管个体采用了多种策略,他们仍然感到困惑、不安和压抑。此外,长时间的情感调节可能导致个体对某些情感和需求的忽视。例如,为了避免面对矛盾和冲突,个体可能会忽视自己的真实感受和需要,这可能导致他们长期与自己的内心世界脱节。矛盾可能会影响个体的人际关系和社交行为。由于矛盾涉及对同一对象或观念的正面和负面评价,个体可能在与他人交往时表现出矛盾和不一致的态度和行为。这种矛盾可能导致他人对个体产生误解和不信任,从而影响他们的人际关系和社交互动。矛盾可能会影响个体的自我评价和自我认同。面对矛盾,个体可能会对自己的价值观和信仰产生怀疑,这可能导致他们对自己的身份和角色产生困惑和不确定。这种不确定性可能影响个体的自尊和自我效能感,从而影响他们的心理健康和福祉。总的来说,矛盾体验可以产生多种情感效应,这些效应涉及个体的情感、心理和社交等多个方面。理解这些效应有助于更好地了解矛盾的产生,以及如何在面对矛盾时维护个体的心理健康和福祉。对于组织和团队而言,了解这些效应并采取相应的策略可以提高员工的情感健康和满意度,从而实现更好的组织绩效。

在行为效应方面,矛盾体验作为一种内部的心理状态,不仅与个体的情感和感知有关,还与其决策结果紧密相连,进一步影响个体行为。矛盾体验可能导致决策的延迟和拖延。决策是一个复杂的心理过程,决策的过程往往比想象的要复杂。涉及信息的收集、分析和评估,以及基于这些信息做出选择。特别是当个体面临的选择不再是简单的是或否、黑或白、好或坏时。矛盾体验可以在这个过程中起到积极或消极的作用,影响决策的结果。在这种情况下,矛盾可能会增加个体的决策复杂性,导致个体在各种选择和可能的后果之间徘徊。在某些情况下,矛盾体验可能会促使个体进行更深入的决策分析。当面临矛盾的情感和认知时,个体可能会更加认真地考虑各种选项的优缺点,从而做出更为全面和深入的决策分析。这种深度的分析可以帮助个体更好地理解问题,从而做出更为理智和明智的决策。矛盾体验可能会导致强烈的情绪反应,这些情绪也在决策过程中起到了关键的作用。面临选择时,个体不仅会进行逻辑和理性的分析,还会考虑情感和直觉。这些情感可能与逻辑和理性分析相矛盾,导致个体在决策时感到困惑和不安,这些情绪可能进一步影响个体的行为。例如,当个体对一个决策持有矛盾的情感时,他们可能会表现出愤怒、沮丧或焦虑,这些情绪可能会导致他们做出冲动或不理智的行为。比如当个体面临强烈的矛盾情感时,他们可能会选择迅速做出决策,以此来缓解内部的压力。这种冲动的决策可能缺乏充分的思考和评估,从而导致不良的后果。为了解决或减少矛盾,个体可能会寻求更多的信息来支持他们的决策。这种信息搜索行为可以帮助他们更全面地了解情境,但也可能导致信息过载。信息过载也可能会增加决策复杂性,导致个体在各种信息和选择之间感到困惑。这种由矛盾引起的决策拖延可能会对日常生活和工作产生深远的影响,会影响个体的效率和生产力。当个体在选择和决策中徘徊时,可能会错过重要的机会和时机,导致工作和项目延误。此外,决策的拖延还可能导致个体信心和决断力下降,从而影响职业和社交生活。矛盾可能导致个体的行为变得反复无常和不一致。例如,个体可能在一天内多次改变他们的决策或立场,这可能与他们的矛盾情感和认知有关。这种反复无常的行为可能会影响他们的人际关系和社交互动,导致他人对他们产生误解和不信任。矛盾可能会进一步影响个体的社交行为和互动。由于矛盾涉及对同一对象或观念的正面和负面评价,个体可能在与他人交往时表现出矛盾和不一致的态度和行为。这可能导致社交冲突、误解和隔阂,从而影响个体的人际关系和社交网络。矛盾可能导致个体回避或逃避某些行为或情境。这种被动的态度可能导致他们失去对情境的控制,成为事态的受害者而不是主导者。当面对与他们的价值观和信仰相矛盾的情境时,个体可能会通过避免或逃避,以减少矛盾带来的情感和心理压力。在某些情况下,由于矛盾,个体可能会变得更加被动,选择"顺其自然"而不是积极地做决策。决策回避是矛盾导致被动行为的一个具体表现。当个体觉得对某一选择的正面和负面评价都有道理时,他们可能会选择避免做决策,以此来回避可能出现的负面后果。被动的行为模式并不是单纯的逃避。它往往源于内部的矛盾挣扎,其中一个部分试图采取某种行动,而另一个部分则持有相反的观点。这种内部的拉锯战可能会导致个体感到疲惫和沮丧,从而选择被动地面对问题。长期的回避和逃避可能导致个体错过重要的机会和体验,影响他们的成长和发展。他们可能会错过重要的机会和经验,导致他们在职业和社交方面的发展受到限制。例如,当面临职业选择时,一个人可能因为对未来的不确定性和对失败的恐惧而选择暂时不做决策,这种回避行为可能导致他错过重要的机会。

矛盾除了在哲学、社会学、心理学等领域被广泛研究以外,也在管理学的多个领域得到了一定的关注,现有研究通常认为矛盾是组织生活中内在的和固有的现象,且矛盾普遍存在于人类心理活动中。矛盾现象和矛盾心理的普遍性为其在组织管理领域开展更为深入、系统化的研究提供了充分且必要的条件。尽管很多文献对于矛盾产生的原因和结构进行了分析和阐述,但是有关矛盾对组织影响的研究仍然呈现出碎片化、缺少整合的情况。虽然早期有学者将两种相反的感受或者认知限制于积极/消极、正面/负面这种对立中,但是目前更多的学者认为矛盾所涉及的"相反"应该在一个更为广义的概念下(Rothman et al.,2017)。以情绪矛盾为例,情绪矛盾可能源自同时经历两种情绪,并且满足两个条件:第一,两种同时存在的情绪在认知评价、效价,或者行为趋势上有不同;第二,由于这两种不同情绪的存在,使得个体感到被撕扯、冲突。例如,刚刚在组织获得晋升的员工就可能产生矛盾情绪,这种情绪可能包括喜悦,进而激发员工对新工作跃跃欲试,但同时也可能由于在新岗位上将面对未知的情况因此感到焦虑,从而产生退缩、回避的倾向。显然,喜悦和焦虑并不是绝对意义上的两种相对立的情绪,如黑白的正反两面一般分明,但是当个体同时拥有喜悦和焦虑两种情绪时,激发了个体产生两种截然相反的行为趋势,这种情况就可以认定为个体正在体验着矛盾的情绪。

在心理学领域有一些和矛盾容易混淆的概念。例如,在个体层面主要有失调(dissonance)和悖论(paradox)等。这些概念虽然在直观理解上可能会被误解为矛盾,但是矛盾和上述概念有着根本性的区别。例如 Baek(2010)提出的"认知失调"虽然与"矛盾"在概念上有重叠的部分,两者都涉及个体内部的冲突或不一致状态,在某些情况下,矛盾可能会导致认知失调,例如,当个体对某一选择或行为同时持有正面和负面的评价时。认知失调和矛盾都可能导致个体经历不适和压力,迫使他们寻找解决或减轻这种不适的方法。但是矛盾主要涉及对同一对象或情境的正面和负面评价,而认知失调可能涉及更广泛的认知元素;并且认知失调更加强调认知的前后不一致性,即具有顺序性,并且认知失调只聚焦在认知层面,而矛盾是指同时包括了两种相对立的趋向,并且矛盾不仅仅是单一属性,可以在情感、认知、行为等不同层面发生。悖论也和矛盾在定义上有着相似的成分,二者都承认并允许对立和冲突存在,但是悖论往往是指已经存在的客观事实,而矛盾却有着主观矛盾和客观矛盾之分。具体来说,尽管个体可能会经历不同类型的矛盾体验,例如矛盾态度、矛盾情绪、矛盾关系等,但是这些概念都建立在一个共同的基础上,即针对某一给定的目标,如事件、想法或者人,同时拥有较强的、相反的感觉或者态度。这些让个体对目标实体产生冲突的态度、感受、看法等的客观存在被定义为客观矛盾;而个体对这种冲突的经历和体验则被定义为主观矛盾(Thompson et al.,1995)。因此,悖论的概念更趋近于客观矛盾,而不同于主观矛盾。另外,由于主观矛盾取决于个人体验,而矛盾的客观存在有时并不一定会引发主观上的矛盾体验;同样地,主观上感到矛盾也并不能说明矛盾一定客观存在。因此,现有相关研究主要聚焦于矛盾态度、矛盾关系和矛盾认同这三种形式所体现出来的主观矛盾,这是由于只有主观上感受到的矛盾才能对个体的情绪、认知、行为等不同方面产生影响,而客观矛盾可能由于主体的认识不同而引发具有极大差异性的体验,因此针对主观矛盾展开研究更具有理论和实践意义(Rothman et al.,2017)。

尽管矛盾关系在社会互动中比较普遍,但是关于矛盾关系的研究相对较少。甚至有学者指出大量研究忽视了两种关系:矛盾关系这种既积极又消极的复杂关系,以及缺乏情感基调的冷漠关系(Bloor et al.,2004)。传统上,情绪和态度被看作是两个相对独立的维度,其中积极情绪和消极情绪被视为是互相排斥的(Cacioppo & Berntson,1994;Larsen et al.,2001)。然而,随着研究的深入,越来越多的证据表明,积极情绪和消极情绪不仅仅是统计上独立和可分离的,而且它们可以被同时激活(Thompson et al.,1995)。这种同时存在的积极情绪和消极情绪被称为"矛盾"。矛盾的存在挑战了传统的情绪理论和态度理论。例如,传统的双因素理论认为情绪和态度是基于两个相互独立的维度的:积极和消极。然而,矛盾的存在表明,这两个维度可能不是完全独立的,而是可以同时存在于一个情境或对象中。这意味着,个体可以对同一个对象或情境持有既积极又消极的情绪或态度。从神经科学的角度看,这种观点得到了进一步的支持(Ahern & Schwartz,1985)。通过功能磁共振成像(fMRI)等先进的脑成像技术,研究者发现,当个体体验到矛盾时,大脑中负责处理积极和消极情绪的不同区域都被激活。这些研究结果提供了有力的证据,支持了积极和消极情绪可以被同时激活的观点。这些研究表明,情绪和态度的研究已经进入了一个新的阶段,传统的测量方法使用单维的双极连续体,即从消极一端到积极一端,并将"中性"位于两者之间,这种做法很可能将"矛盾关系"和"中等程度关系质量"混淆在一起,因为被试者在报告他们的矛盾(积极和消极)态度时可能会选择单维连续体的中间点(Baek,2010),如利克特量表的中间值。基于前文所述,关系不仅是积极或消极的,也可能是矛盾或冷漠的(Bloor et al.,2004;Bushman & Holt-Lunstad,2009;Uchino et al.,2012),矛盾的概念为我们提供了一个新的视角来理解和解释个体和组织的行为和决策。通过进一步的研究,我们可以更深入地了解矛盾的本质、来源和影响,从而为管理和组织行为提供更加有力的理论和实践指导。而当我们构建评价关系的积极程度和消极程度的二维评价体系时,积极与消极的高低值匹配可以产生"高低""低高""高高""低低"四种关系类型。很显然,这种二维评价体系将单维评价体系中处于两端的"高质量关系"和"低质量关系"分别用"高积极低消极关系"和"低积极高消极"关系表现出来了,同时也包含了更复杂的"高积极高消极关系"和"低积极低消极关系",而前者更符合对关系的矛盾认知,后者则描述了"缺乏情感基调的冷漠关系"。整合相关观点和研究,我们将矛盾关系定义为个体对关系同时持有高水平积极和消极的认知和态度(Bushman & Holt-lunstad,2009;Methot et al.,2017)。因此,矛盾关系本质上是针对关系的矛盾认知和矛盾态度,和单纯积极或单纯消极的单维二极关系构念相比,在组织管理领域针对矛盾关系的系统研究与讨论严重缺乏(Pratt & Doucet,2000;Methot et al.,2017)。

2.1.2 LMX 的概念

在组织管理领域的研究中领导与员工之间的关系备受关注,而领导-成员交换理论是论述领导-成员关系的最为广泛使用和认可的理论,该理论的一个主要观点是由于时间与精力的限制,领导会区别对待不同员工,从而和不同的员工产生不同质量的社会交换关系。LMX 测量反映了上下级之间交换关系的质量水平(Graen & Uhl-Bien,1995)。LMX 概念和理论的提出将社会交换的理论视角引入到领导与成员互动过程中,即在领导与员工交换互动过程中,关系中一方向另一方发起有价值的社会交换,当对方同样提供互惠性的积极反应后,后续的利益交换将继续,在此过程中双方逐渐产生信任、责任感等积极关系因素(Graen & Uhl-Bien,1995;Liden et al.,1997)。同时,在社会交换互动过程中,由于对交换时间、利益价值等方面没有硬性规定与量化,因此交换双方需要凭借积极的态度和信任来克服潜在风险,使得互动能够持续下去(Blau,2017)。当交换中的某一方认为自己提供的利益和价值并没有得到足够的回馈时,交换关系往往倾向于往负面方向发展甚至停止(Cotterell et al.,1992)。因此,有学者指出,高质量的社会交换得益于对互惠规范的遵守(Liden et al.,1997),并且领导与不同员工之间的关系是相对独立且随时间不断发展变化的(金涛,2017)。由于领导本身受到时间、精力与资源的有限性限制,领导者只能与员工中的少部分人建立较良好的交换关系,这些成员被领导视为"圈内人",他们受到领导更多的信任,得到领导更多的关照,也更可能享有特权;而其他不能与领导建立高质量交换关系的员工则被视为"圈外人",他们更难从领导处获得资源、支持甚至信任。

虽然在传统的观念中,领导和员工的关系发展是一个相对稳定的过程,但从LMX 理论的内涵与发展历程可以看出,LMX 的形成与发展是一个动态过程,从理论上来看领导与成员之间的关系在社会交换互动过程中受多方面因素影响,这些因素中可能同时包含着积极与消极的关系线索,进而导致员工在客观水平和主观感知上对领导-成员关系产生矛盾的认知和体验。

2.1.3 LMXA 的概念界定

随着心理学的发展,研究者对矛盾及矛盾关系的认识逐渐变得清晰。事实上人的情感复杂多变,并且难以捉摸和把握,且个体对他人、对事物的看法也是复杂和多层次的,特别是对于在复杂环境下动态发展变化的人际关系来说更应该是如此,所以矛盾关系不仅较为普遍,并且在长时间内也较为稳定地存在于人们的社会关系中(Ballinger & Rockmann, 2010)。同样地,在组织情境中员工对其与领导关系的态度与认知也可能是矛盾的。当今复杂多变的工作情境使得员工对其与领导之间的关系常常抱有极大的不确定。比如,时至今日很多组织不再是呈典型的金字塔结构,随着组织的扁平化,员工在组织中的晋升机会更少,并且组织中的晋升机制已不再是传统的论资排辈,而是更为白热化的竞争,以致员工和领导之间既存在从属关系又有着竞争关系。有研究发现类似这样的情况在采用师徒制的组织情境中也依然存在,研究表明师徒之间也存在着较为激烈的竞争(Oglensky, 2008)。当员工和领导之间从传统的单一维度的"领导-从属"关系向着"领导-竞争"关系转化时,在这样的情境下,员工必然会对和领导之间的关系产生更为复杂的态度和认知。因此,有学者从矛盾视角,聚焦于组织情景下的领导-成员交换关系提出了领导-成员交换关系矛盾体验这一概念(Lee et al., 2019)。领导-成员交换关系矛盾体验(LMXA)是指员工对自身和领导之间的交换关系同时持有又好又坏的矛盾认知和矛盾态度。而以往的针对领导-成员关系的研究极大地忽视了矛盾关系。事实上,员工对领导-成员关系质量的看法和评价往往并不是单一而明确的,而是更容易对关系同时持有较高水平的正面和负面评价,这种对关系复杂且冲突的认知使得员工无法简单地对关系质量做出是高还是低的判断(Methot et al., 2017; Lee et al., 2019),因此从矛盾视角考察领导-成员关系有助于对组织中的关系形成更为准确和全面的认识(Methot et al., 2017),而 LMXA 的概念为充分刻画和描述组织中员工在面对领导-成员关系时复杂、矛盾的体验提供了可能。

2.2　LMXA 的测量

目前 LMXA 的测量主要借鉴了现有其他学科中和矛盾研究相关的测量方法。虽然学者们开发了一系列方法来测量矛盾(Thompson et al.，1995)，但是这其中很少有方法是专门为了测量矛盾关系而开发的。对于如何测量矛盾关系目前仍缺乏统一意见。其中，通过间接测量矛盾关系的方法被较为普遍的使用，这种方法需要分别测量一段关系中的积极、消极因素，在加以计算后用来衡量矛盾关系。例如，个体根据社会关系指数量表 SRI(Uchino et al.，2001)，对关系中的另一方在个体寻求任务或情感帮助时所展示的帮助程度/积极程度、沮丧程度/消极程度进行评分。

另一个被广泛使用的矛盾关系间接测量方法是利用语义表征量表(Bonanno et al.，1998)，即个体根据两个语义量表对关系进行打分，一个量表包括 8 个积极的形容词(比如，给予支持的)；另一种语义量表包括 8 个消极的形容词(比如，控制欲强的)。最终这些评分经过组合计算得到矛盾分值。这种矛盾调查量表也被用于测量矛盾关系(Thompson et al.，1995)，该种方法通过测量关系对象在不同的特质上既积极又消极的程度来确认矛盾关系。由于这种方法的评价对象不是关系本身，而是关系中的另一方，因此该方法相对使用较少。

目前在组织行为领域对矛盾体验的测量相对简单和直接，通常要求个体对在多大程度上对关系感到矛盾进行打分，以此测量矛盾关系。Braiker & Kelley (1979)提出了另一种间接测量矛盾关系的方法，该方法使用比如"在多大程度上，你因为对关系对象的感觉而感到困惑？"等题项来测量。Lee et al.(2019)则在组织中的领导-成员交换关系量表的基础上开发了 LMXA 量表，用于直接测量员工对领导-成员交换关系感到矛盾的程度。具体包括，比如"我有矛盾的想法：我有时觉得我和领导的工作关系很好，有时我又不这么觉得"和"我有矛盾的想法：我有时觉得我很清楚领导怎么看待我，有时我又不这么觉得"等 7 个题项。虽然 Lee et al. (2019)在研究中对 LMXA 量表的预测效度、区分效度和增量效度进行了检验，并且指出有证据表明 LMXA 的高水平取值区间代表了对 LMX 关系感到矛盾的群体，但是由于 LMXA 仍然属于单维两极构念，作者仍然呼吁学者们进一步检验该量表的测量效果和结构效度。尽管如此，LMXA 测量量表仍然可以在现阶段帮助研究者对组织中领导-成员之间的矛盾关系进行观测与测量,这将有利于组织内矛盾关系的概念、理论和测量的进一步深化与发展。

2.3 LMXA 的相关理论基础

2.3.1 社会交换理论和 LMX 理论

社会交换理论于 20 世纪 50—60 年代提出,该理论作为解释人类社会行为和社会关系的重要理论在近几十年受到了广泛关注(Blau,2017)。虽然现有研究从不同的角度对社会交换理论进行了阐述和讨论,但总体上对该理论的认识基本达成一致,即社会行为是社会交换的结果,人们通过建立社会关系来最大化自身利益。随着理论发展,社会交换的范围也在不断扩展,研究视角从两个主体之间的交换扩展到群体、组织、宏观社会及网络社会。社会交换理论除了指出人们在社会和经济交换中的互惠性以外,也强调社会交换中关系的形成与心理作用机制(Blau,2017)。换句话说,在社会交换过程中,人们的行为和决策受到关系的影响。由此,着眼于组织情境中领导-成员关系的 LMX 理论也在此基础上得以完善(Dulebohn et al.,2012)。LMX 理论在形成初期主要建立在角色理论基础上,之后社会交换理论为 LMX 理论的深入发展和完善提供了有力支持。目前 LMX 理论主要基于 Blau(2017)关于社会交换理论的论述与定义。Blau 的理论观点强调关系双方在交换过程中付诸基于经济的与基于社会性的互惠行为。根据这一观点,LMX 理论提出当员工与领导处在高质量的社会交换关系时,员工往往倾向通过更好的行为表现来回报领导(Liao et al.,2010)。因此从社会交换理论的视角来认识领导-成员关系,也就是将领导和员工之间的社会交换与互动看成是双方基于尊重、信任等因素而形成的社会与情感交换关系。垂直对子联结(vertical dyad linkage)模型是社会交换理论在领导-成员关系研究领域发展出来的一个理论框架,该框架认为领导在与员工互动交换过程中会表现出不同行为模式。而根据 Graen & Cashman(1975)的进一步研究,将领导差异化互动行为的现象区分为圈内与圈外交换关系,领导对处于圈内交换关系的员工更加信任且互相尊重、认同,社会交换维度更丰富、更多涉及情感交换,而领导对于圈外交换关系中的员工则更多的偏向经济交换,对员工的支持和影响也非常有限,并且更多通过正式权力和地位要求员工履职。

社会交换理论除了为领导和员工之间互动的差异性提供理论支持以外,也为社会交换互动中的互惠性提供了理论基础。社会交换中的互惠行为可以分为正向与负向两类,其中正向互惠指的是个体在感受到积极对待时产生积极回应,负向互惠指的是个体在感受到消极对待时产生消极回应(Eisenberger et al.,2004)。有研究指出组织中的关系(尤其是雇佣关系)核心是员工通过个体努力交换组织提供的社会经济利益(Mowday et al.,2013),这一观点也说明了组织内部社会交换的基础是互惠性原则,即组织需要给予成员积极对待和足够利益从而获得成员积极的、正向的回应。除此之外,社会交换中的利益也代表了不同的资源,既包括有形资源也包括无形资源。有学者指出这些资源中一部分属于具象化的资源,如金钱、商品、服务等,此类资源更容易在短期内交换,而另一部分资源则属于象征性资源,如认同、关爱等,这类资源更多以更开放的形式进行交换(Foa & Foa,2012)。综上所述,社会交换理论和LMX理论将领导与员工互动过程中既可能对关系形成积极评价也可能形成消极评价的解释囊括进来,帮助研究者进一步分析和理解领导与员工互动过程中各种关系类型特别是矛盾关系的产生原理。

2.3.2 矛盾不适感模型

矛盾体验包括矛盾态度、矛盾认知、矛盾情绪等(Van Harreveld et al.,2015)。尽管从矛盾的定义上来看,矛盾体验既包括积极的体验也包括消极的体验,但是现有研究证据表明矛盾体验会更多引发个体的消极体验。比如有研究发现矛盾体验会导致个体产生诸如疑惑、害怕、缺乏控制感和缺乏平衡感等不良感受,甚至有学者将其描述为如同迷路一般(Harrist,2006)。另外,矛盾关系本质上作为一种针对关系的矛盾认知和矛盾态度,这种对矛盾关系的体验也会引发负面情感,该结论也得到了实证数据的支持(Lee et al.,2019)。为了进一步了解个体在矛盾体验下会做出何种反应,Van Harreveld et al.(2009)提出了矛盾不适感模型,并指出个体往往会有意识或无意识地寻找产生矛盾的原因以及缓解矛盾状态的办法,而这可能给个体带来一定的心理负担和消耗。该理论认为,对于有着矛盾体验的个体来说,只有当个体在基于矛盾体验不得不做出决策时,才会激活个体认知评价中的不一致成分,进而导致更多的消极体验,而当决策情境较弱或者不存在时,个体认知评价中的潜在矛盾可能不会被激活,那么此时矛盾体验可能不会产生任何影响(Armitage & Arden,2007)。根据社会交换理论和LMX理论,对于处在社会交换关系中的领导与员工来说,员工在针对具体的行为做出决策前,不得不对其自身与领导的交换关系质量做出评价,而对那些对关系持有矛盾认知的员工来说,这样的决策过程将会激活其对关系认知评价中的不一致成分,进而引发消极体验。MAID模型认为除了决策情境以外,有着矛盾体验的个体对决策结果的不确定性也是唤醒矛盾体验进而引发消极影响的重要前提条件(Van Harreveld et al.,2009)。即当个体认为决策选择结果确定性很强时,个体唤醒水平与单一态度状态下的个体唤醒水平一致,此时不容易产生冲突认知和由矛盾造成的不适感。但是当个体对决策选择结果的确定性很弱时,则会产生高唤醒水平的矛盾体验,进而造成更大程度的心理和生理的不适。当个体已经处在矛盾状态和高唤醒水平时,有两种应对方式以缓解矛盾的不适感。个体首先会判断决策是否可以逃避或者拖延,如果可以,则个体会选择拖延决策,即通过回避决策来减少不适感;另外,个体也可以通过推卸决策责任的方式以达到减少不适感的目的,这都是聚焦情绪的应对策略。但是在此种情况下,即使个体试图通过逃避以便为能够做出正确决策争取更长时间或者通过获取更多社会信息和线索来解决潜在矛盾,这种做法本身可能仍然不利于缓解矛盾体验。而当个体认为不能推迟决策时,也就是说此时个体无法通过逃避决策的方式减轻矛盾体验,那么个体可以通过低努力路径的认知加工方式来达到认知上的平衡,这是聚焦问题的应对策略。此外,在决策需要承担较大责任的情况下,个体的反应模式取决于其认知资源的限制情况。简单来说,当个体拥有充足的认知资源时,个体可以充分利用不同方面获取的社会信息和线索进行复杂、客观的分析和信息加工,这也被称为无偏见系统加工(unbiased system processing);而当个体认知资源有限或受限时,个体不能进行高消耗和努力的认知处理,只能通过耗能更少更快捷的分析和信息加工方式来辅助决策,这也被称为偏见系统加工(biased system processing)。事实上,无偏见系统加工由于需要消耗大量认知资源,因此往往很难实现。从MAID模型可以看出,由于领导-成员关系质量在组织中对员工能否达到行为目的、获得奖励以及职业发展都有着非常重要的作用,因此对于处于矛盾关系体验中的员工来说,当他们需要对是否进行互惠性行为做出决策时(比如实施员工角色内行为及角色外行为),就会使得这部分员工不得不对自身是"圈内人"还是"圈外人"做出判断,而此时对关系的不一致认知就会激活员工的矛盾体验。基于MAID模型,员工会根据具体的情境选择不同的应对方式以缓解矛盾体验带来的不适感,其中聚焦问题策略会消耗较多的认知资源,通过认知再加工的形式来削弱矛盾体验及其引发的不良感受,而聚焦情绪策略则消耗较少的认知资源,因此面对决策情境时个体更倾向于首先采用聚焦情绪的应对方式,但是在这一过程中对情绪的刺激更加显著(Bollen et al.,2017),因此采取这种策略也可能造成情绪资源消耗。本书认为,由于角色外行为是非组织规定的必须行为,因此员工在面对和角色外行为有关的决策时可以通过回避、拖延决策来减少矛盾体验引发的不适感,以达到最小化消耗认知资源的目的。但是角色内行为是组织规定的必须行为,员工很难仅仅通过聚焦情绪策略,以逃避、拖延的方式应对矛盾体验,因此员工不得不同时采取聚焦情绪和聚焦问题的策略来应对矛盾体验,进而使得这一过程相较面对角色外行为决策时也更为复杂。

2.4 LMXA 的相关研究及评述

2.4.1 矛盾关系的相关研究

虽然有些研究试图探讨矛盾在组织中的影响作用(Baek,2010;Rothman et al.,2017),但是针对工作场所矛盾关系的研究仍然有限。通常来说,工作场所中的关系包括上下级、同事、员工和客户等不同关系(Ferris et al.,2009)。大量证据表明组织中确实存在着矛盾关系(Uchino et al.,2004),例如有研究发现员工对他们的工作群体或者组织可能会持有混杂的情感(Sluss & Ashforth,2007),师父面对自己的学徒时可能会产生既感到骄傲又感到危机感的矛盾体验(Eby et al.,2010),更有一些研究指出员工对他们和客户、领导、同事甚至是和朋友的关系都可能有着矛盾认知(Pratt & Doucet,2000;Ingram & Zou,2008;Lee et al.,2019)。比如,Zou & Ingram(2013)发现工作场所的同事关系常常会转变成某种程度上的朋友关系,但这种关系也同时伴随着压力和竞争。另外,也有少量研究聚焦员工和领导间的矛盾关系,通过实证检验发现当员工对自身和领导的关系有着矛盾体验时会正向影响员工知识隐藏行为(史烽等,2021),并且对员工绩效、角色外行为和工作投入等造成负向影响(Lee et al.,2019;Han,2020;刘燕君等,2021)。基于对现有关于矛盾关系研究的梳理和总结,本书发现矛盾关系的前因影响因素主要包括社会情境因素、二元关系的特征以及个体因素等；而矛盾关系的主要影响体现在二元关系层面和个体层面，另外在组织情境中，领导行为、个体权力距离导向和集体主义等都会加强矛盾关系的消极影响，而社会支持被证实通过跨域缓冲作用，可以缓解矛盾关系对二元层和个体层的不利影响，具体如图2-1所示。

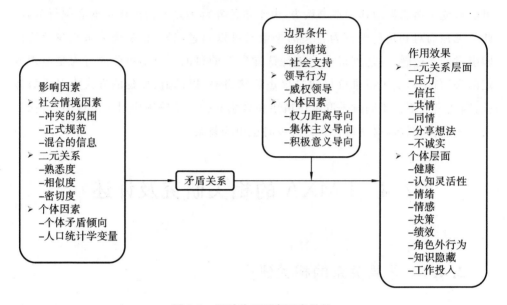

图 2-1 矛盾关系现有研究总结

2.4.2 LMX 的相关研究

现有关于 LMX 的研究，主要分为研究 LMX 的前因变量和 LMX 造成的影响两类。本小节将分别梳理 LMX 前因变量研究以及结果变量研究。通过系统梳理相关文献，本书将 LMX 前因变量的研究分为以下四类：①个体特征，如性别、年龄、教育程度等人口统计学变量，员工自我评估能力、员工能力、员工情绪及人格特质等(Townsend et al., 2002; Day & Crain, 1992; Phillips & Bedeian, 1994)；②领导特征，如辱虐型领导风格、领导效能与能力、真实型领导、伦理型领导、变革型领导等(Day & Crain, 1992; Krishnan, 2004; Testa, 2009; 于静静等, 2014; 秦伟平等, 2016; 肖贵蓉 & 赵衍俊, 2017)；③领导与员工的相似性，如领导与员工的能力相似性、人格相似性、情绪相似性、感知相似性等(Bauer & Graen, 1996; Phillips & Bedeian, 1994; Engle & Lord, 1997)；④情境变量，如组织规模、组织氛围、领导控制范围、团队凝聚力等(Cogliser & Schriesheim,2000)。

更多的 LMX 研究聚焦在 LMX 的影响结果上,例如 OCB、绩效、工作满意度等,这其中 LMX 和员工行为的关系备受关注。国内外众多学者对 LMX 和员工角色内行为的关系进行了探讨。例如,Graen & Schiemann(1978)对多位领导及员工的配对研究表明,高质量的 LMX 关系有助于员工专注于角色内行为,从而提高工作绩效。Gerstner & Day(1997)通过元分析进一步验证了 LMX 与员工角色内绩效的正向关系。Kraimer & Wayne(2004)研究证实了 LMX 对员工自评以及领导评估的员工工作绩效都具有显著正向影响。也有学者通过在我国组织情境下的实证研究发现相比于其他结果变量,LMX 对员工角色内绩效的解释力度更大,并且处于领导圈内员工的绩效显著高于圈外员工(杜红,王重明,2002)。关于 LMX 和角色外行为关系的研究成果也很丰富。例如 Ilies et al.(2007)研究发现 LMX 与员工角色外行为(如 OCB)显著正相关,并指出员工会通过参与角色外行为来保持与领导良好的社会交换关系。也有学者将 LMX 定义成四维度变量,发现贡献与情感两个维度与 OCB 等角色外行为具有更高的相关性(Bhal, Gulati & Ansari, 2009)。国内学者也在中国情境下的研究中确认了 LMX 与员工角色外行为之间的正向关系(吴志明等,2006),甚至有学者发现知识型员工比普通员工更容易受到LMX 的影响,即当 LMX 高时,知识型员工比普通员工表现出更多的角色外行为。

2.4.3 LMXA 的研究评述

近年来由于组织所处的生存环境愈加复杂和动态化,组织内外部随之出现了许多二元性因素,如组织不同层面的竞争与合作、开发与利用、灵活性与效率、利润与社会责任以及二元关系层面的控制与合作、利己与利他等(Sundaramurthy & Lewis, 2003; Smith & Tushman, 2005)。因此关于组织如何面对二元性及矛盾性的研究越来越受到国内外学界的关注。在组织行为领域的研究中,学者们开始从矛盾视角,通过诸如矛盾认知、矛盾情绪、矛盾态度等矛盾体验探讨当员工嵌入在具有矛盾性及二元性的组织情境中会受到怎样的影响,以及处于矛盾状态的员工会如何反应(Rothman et al., 2017; Van Harreveld et al., 2015; Uchino et al., 2001)。另外,由于组织情境的复杂性和动态性,员工在组织中的关系也更为复杂和多变,通常无法简单评判关系质量的高低。组织中的关系因素无论对于员工、团队还是组织的成功与发展来说都至关重要,但现有关于组织中关系的研究却极大地忽视了矛盾关系这一重要关系类型,这可能对深入理解关系因素在组织中的作用造成了一定的阻碍。并且关系领域研究的相关证据表明矛盾关系普遍存在于社会关系中,特别是在较为亲密的关系中,人们对关系的矛盾认知更为普遍(Lee et al.,2019;Rothman, et al., 2017)。在当今的企业和组织中,由于社会互动和社会交换的情境因素越来越复杂多变,员工在日常工作中的互动和交往也受到很多二元性因素影响,使得员工很可能会对组织中的关系形成矛盾认知。比如,与领导之间的交换关系质量是影响员工职业成功和发展的重要因素(Graen & Uhl-Bien,1995;Lee et al., 2019),因此员工希望与领导构建积极协作的工作关系。而对于领导而言,他们既希望能与员工打成一片又希望能够保持一定的社会距离和层级差异以免受到员工的藐视或者完全失去对员工的控制,因此在中国企业中,很多领导奉行恩威并重的领导方式。然而从员工角度来说,面对领导似好似坏、若即若离的行事风格和互动方式,员工很难不注意到领导在社会互动和社会交换中所隐含的不一致的、矛盾的社会信息与关系线索。因此,员工在与领导互动过程中很可能对其与领导的关系感到矛盾,即员工认为自己和领导的关系中既有正面的因素也有负面的因素,因此很难将关系质量简单的定义为单纯的高或低。由于员工感受到和领导之间的关系中积极与消极因素同时存在,以致从员工视角,其可能很难确定自己究竟处于领导关系圈的内部还是外部。而现有研究发现,领导行为对员工的情绪、态度等方面都会造成显著影响,并且也会影响领导-成员关系的发展,因此,当领导与员工互动时出现相互抵触和矛盾的行为时,所反映出来的不一致的社会互动信息和关系线索会直接影响员工对其与领导关系质量的认知。因此作为LMX 理论的一个细分领域,矛盾关系近年来逐渐受到学术界的关注。矛盾关系视角将为更深入的理解和认识领导-成员关系提供新的路径和理论视角。为了进一步弄清这个问题,Lee et al. (2019)尝试开发 LMXA 量表来测量员工对组织中领导-成员交换关系的矛盾评价程度,并检验了 LMXA 对员工绩效的影响,LMXA 专注于描述领导与员工之间关系中存在的矛盾体验,这种矛盾体验可能源于员工对领导的正面评价和负面评价的共存。虽然也有学者在此基础上进一步探讨了 LMXA 对员工行为和工作投入的影响(刘燕君等,2021;史烽等,2021;Han, 2020),但是由于相关概念提出较晚,因此目前国内外关于 LMXA 的研究仍然非常有限,并且鉴于矛盾关系的特殊性,现有研究对 LMXA 影响结果的研究缺乏系统性。

根据目前领导-成员关系的研究情况并结合学者们的建议(如 Lee et al., 2019),本书总结 LMXA 研究主要存在以下几个亟须改进的地方:

(1)尽管LMXA测量量表为组织管理领域研究者提供了目前来说最为方便和可靠的研究工具,但根据以往相关研究经验,研究者仍需进一步检验LMXA在不同情境下的信效度和普适性。

(2)目前对LMXA的前因影响因素的探讨严重缺乏,加强这方面研究将有利于扩展LMXA相关研究的理论边界。从交换视角来看,虽然领导-成员关系是在领导和成员二者之间形成的二元关系,但是组织中领导与员工地位层级差异决定了这种二元关系的不对等。这就导致领导在与成员的二元关系中占有主导地位,也就是说和员工相比,领导会更大程度的直接影响关系的发展和质量,特别是领导的行为会影响员工对该二元关系的态度和认知。由于领导"恩威并施"是在中国情境下被广泛认同,并且被认为是同时具有二元性和矛盾性特征的双元领导风格(郑伯埙等,2002;黄旭,2017),因此本书将基于社会交换理论以及矛盾关系的特性,从二元性视角检验"恩威并施"双元领导行为对LMXA的影响。

(3)当前研究对LMXA影响结果及中介机制的探讨比较单一,并且缺乏系统性,需要进一步展开有关LMXA的结果变量及中介、调节机制的探索和研究。现有关于LMXA与员工绩效的关系研究仅通过情绪视角对中介机制进行了一定的揭示。然而,基于以往社会心理学研究对矛盾状态及矛盾反应的相关理论和实证研究,我们认为矛盾体验对员工的心理过程的影响不止局限于负面情绪的激发这一条路径。由于矛盾关系具有一定的长期性和稳定性,并且有着矛盾体验的个体在情绪、认知和生理反应上都处于高激活状态,因此有必要着眼于矛盾关系的特殊性,从个体矛盾应对反应视角对LMXA影响员工行为的中介机制进行系统的探究和检验,这样不仅扩充了相关研究的理论边界,也进一步明晰了LMXA在组织中的影响作用机制。

(4)现有关于LMXA的调节机制研究仍比较有限,进一步探讨LMXA相关的调节机制将有利于研究者们进一步明晰LMXA的内涵范围和理论边界,同时有利于组织管理者根据相应的情境变量对组织中的矛盾关系问题进行调整、干预和控制。本书后面的章节将基于以上研究述评所提到的相关问题进行理论梳理、研究建模与设计、实证检验和结论总结。

3 领导威权行为-仁慈行为一致性对LMXA的影响研究

3.1 问题提出

在组织中员工不可避免地要与他人建立不同类型和强度的关系(Methot, et al., 2017; Lee et al., 2019),而关系对象包括领导、同事、客户等。有研究指出,在与不同关系主体建立的关系中,对员工的工作表现、职业发展和成功来说最为重要的就是员工和领导之间的关系(Lee et al., 2019)。随着组织管理研究的不断深入,在角色理论和社会交换理论的基础上逐渐确立了领导-成员交换理论(LMX 理论),以此来描述和探讨组织中领导与员工之间的关系,并通过领导-成员交换(LMX)来表述和衡量领导-员工之间的交换关系质量。LMX 理论认为领导者在时间、精力等方面的资源都是有限的,因此通常只会和部分员工发展出高质量的、互惠的交换关系,这部分员工被划分为领导交换关系网络中的"圈内人",而其余未和领导发展出高质量关系的员工则会被领导视为"圈外人"(Graen & Uhl-Bien, 1995)。"圈内人"相比"圈外人"而言和领导的关系更为密切,也会从领导处获得更多资源来帮助自己更好地完成工作并获得利益(Graen & Cashman, 1975)。有研究发现,LMX 不仅对员工的角色行为有影响(Kraimer & Wayne, 2004; Ilies et al., 2007),而且会影响员工的工作满意度和职业发展(Kraimer et al., 2015),因此员工通常希望能与领导建立高质量的交换关系。从员工视角来说,员工会对自己和领导的交换关系质量做出评估,并且会尝试对自己是"圈内人"还是"圈外人"做出定位,这种判断反映了员工对领导-成员关系的认知和态度(Lee et al., 2019)。虽然很多研究将关系定义成单维度二极的构念,但近年来社会心理学和心理学的研究都认为关系的评价与测量不应只停留在非好即坏的单维评价上。从实际经验和实验证据来看,矛盾关系在个体的社会关系中普遍存在,即个体对关系的认知和态度常常同时包含好和坏的评估(Methot et al., 2017),并且这种对关系的矛盾认知会在相对长的一段时间里保持稳定(Ballinger & Rockmann, 2010)。个体对关系的矛盾认知在组织情境中也较常见,研究表明员工和领导之间也存在矛盾关系(Methot et al., 2017),比如在师徒关系中师父可能既为徒弟的良好表现感到骄傲同时也为自身地位可能受到威胁而担忧,进而出现矛盾关系(Eby et al., 2010)。如前文所述,矛盾关系是指个体对某段关系同时持有积极和消极的矛盾想法和态度(Methot et al.,

2017)。基于矛盾关系和 LMX 的概念,Lee et al.(2019)进一步提出领导-成员交换关系矛盾体验(LMXA)这一概念,具体是指员工对与领导的交换关系存在矛盾的态度和认知。也就是说员工认为自己和领导之间的关系质量不能简单地用"高质量"或者"低质量"来描述,在矛盾关系状态下他们既会强烈感知到与领导关系中的积极因素,同时也会强烈感知到关系中的消极因素,进而导致无法确定和区分自己是领导关系网络的"圈内人"还是"圈外人"。从领导的角度来说,领导所具有的权力本身会带来一定的社会距离,而领导通常需要小心维持与员工之间的社会距离,避免太远或者太近(Shamir et al.,1995)。Antonakis & Atwater(2002)提出的领导距离理论(leader distance theory)认为领导与员工之间的关系亲密度包含物理距离、社会距离和任务互动频繁度三个维度,这三个维度的相互作用可能会让员工感知到与领导关系很近但事实上又很远或者反之亦然。这也进一步说明员工对自己和领导的关系持有矛盾认知的情况在组织中会比较普遍(Rothman et al.,2017)。由于员工感知到的领导-成员关系对员工的工作态度以及工作绩效都有着非常重要的影响(Dulebohn et al.,2012;Martin et al.,2016),因此很多学者从不同视角探讨了组织中可能影响领导-成员关系的因素,比如领导与员工的个体特征(Townsend,et al.,2002;Nahrgang et al.,2009)、领导与员工的行为(Sluss & Thompson,2012)、领导与员工互动(Deluga,1994;Scandura & Pellegrini,2008)、领导与员工认知相似性等(Epitropaki & Martin,2016)。此外,Dulebohn et al.(2012)通过元分析发现员工对领导行为的感知以及一些组织情境因素都会影响领导-成员关系。值得注意的是,虽然以上研究从不同视角讨论了领导-成员关系的前因,但是这些研究结论却未必同样适用于 LMXA。LMXA 是组织中典型的矛盾关系,同时也是一种特殊类型的领导-成员关系,在其形成过程中可能暗含着比形成单纯高质量或者低质量领导-成员交换关系更为复杂的因素。鉴于员工对领导-成员交换关系的感知对于员工和组织都有着非常重要的影响(Martin et al.,2016),因此对组织中 LMXA 的前因影响因素展开深入探索和讨论是非常必要且有意义的。

如上文所述,领导行为被视为影响领导-成员关系质量的重要因素之一。然而值得注意的是,尽管现有关于组织中领导行为的大部分研究通常只关注某一种类型的领导风格,但是事实上领导在实际工作中很可能会同时采用多种不同类型的行为(Pearce et al.,2019)。尽管这些行为目的都是达到更高的管理效能,但不容忽视的是不同类型的行为却可能对领导-成员关系造成不同甚至相反的影响效果。因此,有学者提出双元领导(ambidextrous leadership)的概念,以探讨当同一领导出现不同类型甚至是相互对立的领导行为时将如何影响员工行为。一般认为双元领导行为风格可由两种具有差异的并可能具有互补属性的领导行为所共同构成(Rosing et al.,2011),而在一些差异互补的行为中也可能存在一定相反的属性,如辱虐和支持型领导、自恋与谦逊型领导等。Owens et al.(2015)认为,在当今组织中领导如果只是采取一成不变的领导风格将无法满足现今组织及组织成员的多样性需求,领导需要学习整合不同领导类型思维来调整自己的行为,并在此基础上检验了当领导自恋和领导谦逊作为两个相对立的特质在同一个领导身上共存时,这种看似矛盾的二元领导风格对员工产生的积极影响。此外,Duffy et al.(2002)提出一般研究将辱虐管理作为一种社会阻抑行为,它似乎与社会支持行为对立,但其实社会阻抑和社会支持作为两个不同的概念,二者可以构成对立统一。而这个观点也被后续研究进一步证实,发现辱虐型领导行为会和领导支持行为在同一领导身上共同出现(Yagil,2006)。目前,由不同风格的领导行为构成的双元领导研究主要聚焦在西方情境,而在我国的组织情境中,"恩威并施"是一种更具中国文化特色、更为普遍的双元领导(侯楠,彭坚,2019;刘善仕,郭劲旋,2021)。

根据社会交换理论和 LMX 理论,某些领导行为有助于员工和领导之间建立起较高质量水平的互惠关系,比如领导的仁慈行为(Chan & Mak,2012),而另一些领导行为则会扩大上下级之间的社会距离从而导致员工感知到自己可能处于领导关系的"圈外",比如领导威权行为(Zhang et al.,2015)。当这些对关系带来不同影响效应的领导行为交互作用时,是否会对 LMXA 产生影响,且造成怎样的影响值得进一步探索和讨论。特别是在实际工作中领导实施不同领导行为的程度会有所不同,进而导致员工感知到的领导威权行为和仁慈行为的水平在一致性方面也会出现不同的组合情况,这些不同组合情况下的领导行为可能对 LMXA 有着不同程度的影响。基于以上讨论,本研究将探讨恩威并施型的双元领导对 LMXA 的影响。具体来说,子研究一将检验员工感知到的领导威权行为水平和领导仁慈行为水平的一致性与 LMXA 的关系,并分别考察在一致的情况下,领导威权行为-仁慈行为的高高一致和低低一致时对 LMXA 的影响效用是否有差异;以及在不一致的情况下,领导威权行为-仁慈行为高低不一致和低高不一致时对 LMXA 的影响效果有何差异。具体的研究框架如图 3-1 所示。

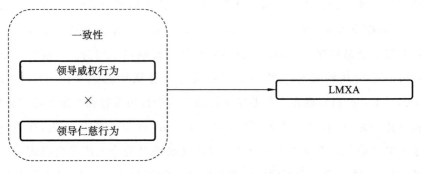

图 3-1　子研究一的研究框架图

3.2　理论分析与研究假设

3.2.1　领导威权行为-仁慈行为一致性

由于中国人长期以来受到儒家文化、父权制传统和泛家族主义的影响,在中国的企业和组织中领导与成员之间的关系往往多呈现出如家长与子女般的关系。即组织中的领导者往往如同家族里的父亲一般,既会在员工面前具有绝对的权威和地位,又会如同家人一般展现出关怀员工的一面,如此"恩威并施"是我国文化在组织中塑造的较为常见的双元领导风格(刘善仕,郭劼旋,2021),在这样的领导行为模式下,领导通常同时采用威权和仁慈的领导方式,以达到有效管理员工的目的。通常来说,威权领导在领导行为风格上更加注重个人权威以及对员工的绝对掌控,从而表现出更加专权独断、威严庄重,会让员工产生敬畏感其至害怕和回避;而仁慈领导在领导行为风格上更注重对员工给予家庭成员般的关爱,从而表现出更多包容体贴、个性关怀,会让员工感到更多信任、尊重和感恩(林姿葶等,2017)。

然而在组织中,当领导者同时实施仁慈与威权两种领导行为时,领导对员工展现威权行为和仁慈行为的程度可能有所不同,进而导致员工感知到的领导威权行为和仁慈行为的水平存在差异。这种员工感知到的领导威权行为水平和仁慈行为水平间的差异会形成如表3-1所示的四种不同组合情形:威权行为水平高-仁慈行为水平高、威权行为水平低-仁慈行为水平低、威权行为水平高-仁慈行为水平低、威权行为水平低-仁慈行为水平高,其中威权行为水平高-仁慈行为水平高和威权行为水平低-仁慈行为水平低属于行为表现程度相当的一致性匹配;威权行为水平高-仁慈行为水平低、威权行为水平低-仁慈行为水平高则属于行为表现程度差异较大的不一致性匹配。研究表明,领导的威权行为对领导-成员关系会产生负面影响(Zhang, Huai & Xie, 2015);而领导的仁慈行为则有助于员工和领导建立高质量的交换关系(Gu et al., 2018)。显然对于双元领导来说,领导-成员交换关系的形成与发展过程可能更加复杂多变,如果仍然采用简单的单维双极 LMX 测量将无法准确地捕捉到领导-成员关系中的复杂性。因此,本研究认为双元领导会导致员工对领导-成员交换关系出现矛盾的评价,产生比单纯的高质量或低质量更为复杂的矛盾认知和矛盾态度。

表 3-1 领导威权行为和仁慈行为水平一致性匹配情况

		员工感知到的领导威权行为水平	
		低	高
员工感知到的领导仁慈行为水平	低	行为一致 威权行为水平低-仁慈行为水平低	行为不一致 威权行为水平高-仁慈行为水平低
	高	行为不一致 威权行为水平低-仁慈行为水平高	行为一致 威权行为水平高-仁慈行为水平高

3.2.2 领导威权行为-仁慈行为一致性对 LMXA 的影响

在日常管理与组织生活中,员工常常可以感觉到领导对待下属的方式具有差异性。LMX 理论指出领导并没有无限的时间与精力来与所有员工发展高质量、深入的社会交换关系(Graen & Uhl-Bien, 1995)。从成本收益角度考虑,领导更倾向与他们认为值得投入的员工进一步发展更高质量的交换关系,而与他们不了解和认为不值得的员工会保持距离。因此在组织中,领导最终会和不同的员工发展出"亲疏有别"的二元关系。根据 LMX 理论的定义,与领导关系更近更深入的员工被划分在"圈内",而其他人则被划分在"圈外"。在领导关系圈内的员工往往会获得领导更多的支持、信任和帮助,这些员工也愿意通过进一步投入工作来回报所获得的资源、奖励等;而处于"圈外"的员工往往较难获得领导的支持,因此从互惠规范来讲,这些员工往往在工作表现上没有"圈内人"积极(俞达 & 梁钧平,2002)。由于进入"圈内"意味着可以得到更多的资源以及领导的信任和支持,对员工的职业发展与成功都有着重要的作用,因此员工也会特别关注与领导之间的关系线索和社会信息,以此判断自己是否处在领导关系圈内。

虽然 LMX 理论中所暗含的"圈子"概念较为形象的表述了员工和领导之间的交换关系,但这显然是建立于关系是"非好即坏的"这一假设前提下,而这极大地忽视了组织中矛盾关系的存在。如前文所述,理论和实践都表明矛盾关系普遍存在,并且在组织情境中,大部分关系处在较为复杂的矛盾状态,即员工往往能够同时感知到领导-成员关系中的积极和消极的社会信息线索,进而导致对关系形成不一致的认知和态度,即矛盾关系(Methot et al.,2017)。基于此概念,领导-成员交换关系矛盾体验(LMXA)被用来描述员工对其自身和领导的关系存在着矛盾态度和矛盾认知的状态(Lee et al.,2019)。也就是说员工认为自己和领导之间的关系质量不能简单地用"高"或者"低"来描述,他们会既感知到关系中积极的一面也会感知到关系中的消极一面,从而可能暂时无法确定自己在领导关系网络中究竟是"圈内人"还是"圈外人",事实上这种情况在组织中非常普遍(Rothman et al.,2017),并且员工可能在相当长的一段时间内都对自己和领导之间的关系持有矛盾的体验(Methot et al.,2017)。

研究表明,领导行为是影响领导-成员关系的重要因素(Krishnan,2004;Testa,2009)。领导的言行可以看成是一种社会信息源,员工可以从中获取相关的行为动机信息和关系线索(Boekhorst,2015),因此领导行为作为信息线索会影响员工对其与领导之间交换关系的认知和态度,而领导在行为上的二元性和动态性也会使得员工获取到的社会信息和关系线索更为复杂。比如,当领导行为展现出对员工的信任、关怀和尊重时,会促进员工感知到自己"圈内人"的身份,有利于确定良好的交换关系;相反当领导展现出对员工的专权、控制和打压等行为时,则会破坏员工与领导形成高质量交换关系的可能。因此,当领导展现出单一的领导风格时会对领导-成员关系造成正面或负面的影响,而当领导的部分行为有助于形成高质量的交换关系,其他行为又会阻碍良好关系的确立时,就会使得员工在处理领导行为所产生的社会信息和关系线索时产生矛盾的认知和态度(Cremer et al.,2004),进而令员工很难对自己与领导之间的关系质量做出简单判断。一项基于中国组织情境的实证研究也进一步证实,当领导采用恩威并施领导风格时,不仅会导致员工对工作、组织环境产生困惑,同时也会使得员工对自己和领导之间的交换关系质量产生不确定感(侯楠等,2019)。因此,当领导在工作中同时展现不同的领导行为时,员工对关系质量的评价将在这些不同行为的共同作用下最终形成(侯楠 & 彭坚,2019)。而"恩威并施"作为一种颇具中国本土特色的双元领导行为,兼具了加强和阻碍建立良好领导-成员交换关系的行为因素,因此将使得员工对领导-成员交换关系产生矛盾的评价。

在儒家文化以及"阴阳观"的影响下,恩威并施的管理方式作为中国朴素矛盾观的典型代表已经成为我国组织情境中一种比较常见的双元领导风格(吴杰,2019;侯楠等,2019;刘善仕 & 郭劭旋,2021)。恩威并施的领导者在工作中既展现严格监控员工、要求其高度服从命令以达成高绩效的立威行为,也展现长期对员工进行个性化关怀和全面照顾的施恩行为。从双元领导行为风格的角度来看(Rosing et al., 2011),领导者所采取的威权型领导风格和仁慈型领导风格就属于两种差异化但是具有一定互补性和矛盾性的行为要素。根据威权领导的定义,该类型领导强调高度的控制与绝对的权威,更多地采用能够扩大社会距离的行为,如贬低员工能力、对员工贡献视而不见甚至抨击、不尊重员工等,并且会严格把控员工的工作方式和绩效水平,使得员工更多地顺从、迁就并在决策上附和领导的观点,进而形成绝对服从的上下级关系以达到监管控制的目的(郑伯埙等,2000;Cheng et al., 2003;侯楠等,2019)。以往研究表明威权领导会导致员工情绪耗竭(李锡元 & 蔡瑶,2018)、减少员工工作活力和减少员工工作奉献(杨五洲等,2014)。因此领导威权行为作为消极的互动行为会使得员工认为自身和领导的关系质量处于较低水平(Chen et al., 2014)。相比于威权领导,仁慈领导在行为上往往更加温和与谦逊,注重对员工的尊重和关怀,采用信任、尊重、宽容和支持等积极慈爱的互动方式,这种领导会更加体贴员工,关注其在工作和生活中的需要,帮助员工面对和解决问题(郑伯埙等,2000),这不仅可以帮助员工更好地完成工作,也可以帮助员工构建良好的心理状态,提升工作满意度,最终提高员工的工作表现(周浩 & 龙立荣,2007;龙立荣等,2014;Chen et al., 2014),因此领导仁慈行为作为积极的互动行为有利于员工对关系质量做出较高的评价。鉴于领导威权行为和仁慈行为对关系评价的不同影响,在研究和讨论恩威并施的领导风格对领导-成员关系的影响时需要考虑两个方面:一方面两种领导行为风格之间的作用效果会互相影响,另一方面领导在展现仁慈和威权两种不同行为时,可能存在程度上的差异。所以,对恩威并施影响结果的探讨应该同时考虑两种领导风格的交互性和一致性。如前文所述,当员工感知领导的仁慈行为和威权行为程度相当时,此时领导者的行为展现出较高的一致性,即出现威权-仁慈行为的高高一致,亦可能表现出威权-仁慈行为的低低一致;而当员工感知领导的仁慈行为和威权行为程度差异较大时,即出现威权-仁慈行为的高低不一致,亦可能表现出威权-仁慈行为的低高不一致。当领导者同时表现出威权和仁慈领导行为时(即恩威并施),不同行为的交互性和差异性会加大员工判断领导的行为意图和解读关系线索的难度,进而使得员工产生不确定感和矛盾体验。特别是当员工感知到领导威权行为与仁慈行为的水平相当时,此时两种行为所释放的社会信息与关系线索水平也相当,所以员工会产生更强的矛盾体验。

基于上述分析,本研究根据社会交换理论和LMX理论提出,领导同时展现威权行为和仁慈行为将使得员工对领导-成员交换关系持有矛盾体验。如前文所述,领导威权行为和仁慈行为分别作为消极行动和积极行动会使得员工对领导-成员关系产生不一致认知,一方面员工会因为领导的关心和体贴更加的信任领导,投入更多的情感承诺,对关系质量做出较高的评价;另一方面领导威权行为会令员工感到自己在工作中只能如同"孩子"一般绝对服从,无法和领导发展出高质量的交换关系,从而对关系质量产生消极评价。基于矛盾的特性,矛盾关系是指个体对自身和另外一个个体的关系有着矛盾的认知,即对关系同时存在着积极和消极的评价,并且积极-消极评价水平的差异性越小,意味着个体的矛盾认知越深,矛盾体验也越强,而当积极-消极评价水平差异很大时,个体对关系质量的评价就会显示出一定的倾向性,此时矛盾体验也会相应减轻,也就是说个体矛盾体验水平会随着积极-消极评价差异程度的增大而减少。因此,不同水平上的领导威权行为和仁慈行为的组合,即领导威权行为-仁慈行为一致性会导致LMXA,并且员工对领导威权行为-仁慈行为水平的感知越一致,越会在同等程度上引发对关系的不一致认知,当威权行为-仁慈行为水平没有差异时,员工的矛盾体验更强。但是当领导威权行为-仁慈行为水平存在差异时,即领导相对更多地表现出威权型领导风格或仁慈型领导风格时,员工对关系的整体认知则会更多地受到行为水平高的一方的影响。员工会基于领导行为获得的社会信息和关系线索对其自身和领导的关系质量做出更偏向消极或更偏向积极的判断,进而激活相对较低水平的矛盾体验。比如,领导在工作中对员工严格监管,要求员工无条件的顺从,同时又对员工表现出较少的关心和体贴,那么员工则会对自身和领导的关系持有更多的消极评价,更少的积极认知。同样地,如果恩威并施型领导更多地对员工表现出支持、信任和尊重等仁慈行为,较少的苛责员工,那么员工会产生更多积极的回应反应、较少的消极评价。因此,当领导威权行为-仁慈行为水平不一致时,员工对领导-成员交换关系的矛盾体验更低。综上所述,本研究认为:

假设1:威权-仁慈领导一致性和LMXA之间存在正相关。和不一致相比,二者越一致,LMXA越高。

根据上文分析可知,在领导威权行为-仁慈行为水平一致的情况下,员工更容易对领导-成员交换关系产生矛盾体验。这是由于威权领导行为会向员工释放强权、威吓等消极的社会信息和关系线索,导致员工对领导-成员关系产生消极的反应和态度,降低员工投入该二元关系的动机和倾向;而仁慈领导行为作为积极行动则会向员工释放信任、支持等积极的社会信息和关系线索,促使员工对领导-成员关系产生积极的反应和态度,进而提高员工投入该二元关系的动机和倾向。进一步对比一致性情况下"高威权-高仁慈"领导风格和"低威权-低仁慈"领导风格可以发现,在"高-高"一致性匹配情形下,领导会同时表现出较多和较明显的威权行为与仁慈行为,在这两种行为的共同影响下,员工会对关系产生同等较高程度的积极和消极的认知,此时,员工在高水平的不一致信息的作用下,产生较高水平的心理和生理的激活,进而在更高程度上引发矛盾体验;而在"低-低"一致性匹配情形下,领导只是较少地或明显度较低地表现出威权行为与仁慈行为,此时两种类型领导行为所发出的社会交换信息和关系线索的信号强度较低,对员工的回应反应造成的影响较小,此时员工虽然会对领导-成员交换关系有着矛盾的认知,但是矛盾体验的强度要远远小于"高-高"情形。通常来说,当领导与员工处于交换关系建立初期或者互动频率不高时,他们之间的二元交换关系可能出现这种"低-低"一致的匹配情况,此时员工只会在较低程度上产生不一致的回应反应,之后随着时间推移以及交换频率的提高,这种"低-低"领导行为一致性匹配的情况可能进一步朝向另外三种情况发展(即员工感知到高低、低高、高高的领导威权行为-仁慈行为匹配)。并且在领导和员工建立社会交换关系的初期,双方都不会投入过多的精力和情绪在二元关系质量上,这就进一步导致在"低-低"一致性匹配情况下,员工的LMXA水平低于"高-高"一致性匹配情况。综上所述,我们提出以下假设:

假设2:在领导威权行为-仁慈行为一致的情况下,领导威权行为-仁慈行为高高一致时LMXA高于低低一致的情况。

除了"高-高"和"低-低"两种一致性匹配情况,领导威权行为-仁慈行为也会出现"高-低"和"低-高"两种不一致匹配情况,即高威权-低仁慈领导行为和低威权-高仁慈领导行为。领导威权行为传达给员工的关系线索是严格的等级差异,领导拥有绝对的权威和权力,领导设定规则、规划责任、决定奖惩(Cheng et al.,2014),员工只能顺从、妥协和表达尊重(Farh & Cheng,2000)。领导仁慈行为则是领导通过表达对员工及其家人的关心进而向员工传达互惠交换的关系线索(Farh & Cheng,2006)。根据社会交换理论和LMX理论,领导可以通过仁慈行为使得员工对领导-成员关系做出积极评价,进而和员工建立较高质量的交换关系(Chan & Mak,2012),相反威权领导会导致员工对领导-成员关系做出更多的消极评价,仅可能和员工形成较低水平的关系(Chen et al.,2014)。如前文所述,矛盾关系是指个体对自身和另外一个个体的关系同时存在着积极和消极的评价,个体矛盾体验水平随着积极-消极评价差异程度的增大而减少。当领导同时展现高威权-低仁慈行为时,较低水平的仁慈行为仅会促使员工对领导-成员交换关系形成低水平的积极评价,同时由于领导高水平的威权行为也会使得员工对领导-成员交换关系产生相应较高的消极态度,所以在高威权-低仁慈匹配的情况下,员工会由于对领导-成员交换关系质量存在高消极-低积极的评价差异性而引发一定程度的矛盾体验。当员工感知到较高水平的领导仁慈行为并伴有较低水平的威权行为时,高水平的领导仁慈行为会引发员工对关系做出积极评价,但是低水平的领导威权行为可能引起的负面影响将被极大地削弱,可能仅在极低程度上引起员工对关系的消极判断。这一方面是因为在我国高权力距离文化的影响下,员工更倾向于在一定程度上被动服从领导,对领导专制和独裁有一定的接受度(Lau & Okpara,2020),因此,较低程度的领导威权行为可能仅会引起员工对关系极低的消极判断。另一方面是因为领导高水平的仁慈行为会促使员工对领导产生高信任和高情感承诺(Cropanzano et al.,2017;Chen et al.,2014),而信任是形成高质量领导-成员交换关系的一个重要因素(Chen et al.,2014)。当员工信任领导时,员工不仅已经对可能出现的负面结果有所准备(Mayer et al.,1995),而且对可能会出现的不利结果的接受度更高(Lau et al.,2019;Tyler,1994)。因此,当领导伴随着高水平的仁慈行为同时展现出低水平的威权行为时,基于高信任,员工也会将领导的威权行为在一定程度上合理化(Wang et al.,2018),比如将控制和苛责解读为激励,此时领导低水平的威权行为作为关系线索的负向影响效应被削弱,仅引发员工对领导-成员交换关系产生极低程度的消极评价。因此,在高仁慈-低威权匹配的情况下,员工对领导-成员交换关系存在高积极-极低积极的评价差异性,这种较大的评价差异引发的矛盾体验也较低。综上所述,在威权高-仁慈低的匹配情况下,员工对自身和领导的交换关系会持有高消极-低积极的态度,高-低评价差异继而引发矛盾体验;而在威权低-仁慈高的情况下,在文化因素和高仁慈引发高信任的共同作用下,使得员工不仅对领导较低水平的威权行为具有一定的接受度和容忍度,也会在某种程度上将低水平的威权行为赋予合理化解释,这将极大削弱因低威权导致的消极效应,所以此时员工更可能对领导-成员关系做出高积极-极低消极的归因和评价,由于这种高-极低的差异更大,因此相比高-低评价所引发的矛盾体验程度更低。基于上述分析,我们提出以下假设:

假设3:在领导威权行为-仁慈行为不一致的情况下,领导威权高-仁慈低时,LMXA高于领导威权低-仁慈高的情况。

3.3 二元语义评价法检验LMXA测量问卷的有效性

以往对领导-成员关系的测量建立在"单维双极关系"的假定上,即关系质量是从低到高的单维度连续体,连续体的两极代表了高质量和低质量的关系,而矛盾关系表示个体对关系同时持有正面和负面的态度、认知。因此,现有的领导-成员关系测量法无法准确地刻画关系引发的矛盾体验的程度。如前文所述,矛盾关系的测量主要包括直接测量和间接测量两种测量方法(Methot et al., 2017; Lee et al., 2019),这两种测量法都被认可和采用。本研究所采用的LMXA量表属于直接测量法,但是鉴于LMXA的测量量表较新,在国内外均尚未有大量研究验证其测量的有效性。因此,在进行具体的检验前,本研究首先通过二元语义评价的间接测量法对LMXA量表测量的有效性再次进行验证。

3.3.1 二元语义评价基本原理与理论

社会心理学家Cacioppo指出,为了生存,所有的生物都必须能够区分负面的和正面的刺激,而在很多社会心理学研究中这种区分正负面的能力被逐渐概念化为两极,即负面/正面或者敌意/友好(Cacioppo et al., 1997)。在社会心理学中的态度研究领域,大多数研究基于以上概念普遍采用两极态度(bipolar attitude)测量法,通过测量对刺激的净情感倾向,将积极和消极的评价过程视为等价的、相互激活的和可互换的。然而随着相关研究的进一步发展和深入,学者们发现动机系统对刺激的积极和消极两种意义是可区分的,一个刺激可能激活出不同强度的积极性评价和消极性评价。相关研究指出刺激对积极-消极评价过程的低水平激活反映了态度中立或冷漠,而积极-消极评价过程的高水平激活则反映了态度矛盾。因此,有学者提出态度可以在一个二元空间中沿着积极、消极两个连续坐标轴更完整地表示出来(Cacioppo et al., 1997; Mattson et al., 2013)。在组织管理领域,一元两极化概念下的态度与情感的自我报告测量方法仍然是研究的主流,而社会心理学早期的理论家和当代的研究者已经注意到积极性和消极性确实是可以分开的(Cacioppo & Berntson, 1994)。相关研究认为这些积极、消极的动机基础被概念化为两个基本的、进化适应的和目标导向的行动指导系统,这两个系统在不同的大脑机制中被实例化(Cacioppo & Berntson, 1994),并且这些动机基础被进一步假设为原始情感和态度过程的基础。在社会心理学中采用"评价过程"一词作为通用术语,来表述生物体在其环境中区分负面刺激和正面刺激的任何方式与手段。相关研究表明,许多态度背后的积极和消极评价过程具备以下五个特点:①是可区分的;②具有不同的激活功能(积极和消极);③具有同时正面与负面的态度矛盾;④有可区分的前因;⑤由于个体对动机确定性的需求使其倾向从二元向一元两极结构转变。

  对于积极性与消极性的测量,社会心理学领域中研究态度的学者们开发了多种二元测量方法,目前主要有三种常用方法。第一种,通过简单二元单极问题量表来评价积极性和消极性,例如"你认为死刑有多可取?"以及"你认为死刑有多糟糕?"。通过这类二元评价与矛盾测量法(BEAMS; Cacioppo et al., 1997),被试对态度目标的积极形容词(如:好的、支持性的、满意的)和消极形容词(如:糟糕的、不愉快的、失望的)进行打分。BEAMS测量法在印象形成和对图片评价反应研究中起到了很大的作用(Ito et al., 1998a)。研究情绪的学者也使用简单的单极量表来测量幸福感、悲伤感和其他情绪(Watson et al., 1988)。第二种,称为二分后单极法(dichotomous-then-unipolar)测量,在一些研究中,研究者先让被试回答"你感到幸福吗?"然后再让回答"是"的被试对感到幸福的程度进行 Likert 量表评分(Russell & Carroll, 1999)。研究发现在某些平常情境(mundane situations,如教室)下,二分后单极法测量下被试所汇报的混合情绪比简单的单极法测量下被试所汇报的要少(Russell & Carroll, 1999),这使得二分后单极法在一些强情绪和态度情境下有更好的测量表现,然而相对于常用的简单单极法,二分后单极法需要简单单极法至少 2 倍的被试人数才能完成。Cacioppo & Berntson(1994)提出了第三种测量方法：评价空间模型(ESM)，该模型指出评价过程是评价系统中两个可分离且部分不同的组成部分的集成，即积极评价过程与消极评价过程，而积极性与欲望需求相协调并导致趋近，而消极性与威胁相协调并导致回避。评价空间模型的一个重要观点就是相同的刺激可以引起矛盾的积极和消极反应，而在单维双极型测量量表中矛盾心理被显示成中立分数，并不能显示出来。

3.3.2 关系满意度的测量发展

关系满意度作为个人对关系的总体评价一直是关系研究领域最重要的变量(Jacobson，1985)。传统上对关系满意度的测量都是将正面和负面的关系评价置于一个单态度维度连续体上，也就是单维度双极测量法。例如很多关系测量问卷会让被试在 Likert 量表上对整体关系从非常不好到非常好进行打分，由于评价在同一个反应连续体上，因此被试选择一端的评价(如非常好)的同时就相当于否定掉了另一端的评价(即非常不好)。尽管这样的单维度双极测量法使得关系满意度的定义更为简洁清晰，且得到了广泛的应用，但是有学者认为单维度并不是一个充分而完整的关系满意度模型(Mattson et al.，2013)。根据工作满意度的研究可以知道，满意和不满意并不是一个连续体的两极，而学者认为大部分关系也同时包含了令人满意和不满意的特征，且人们倾向于对关系同时持有好的和不好的评价(Mattson et al.，2013)。在这种情况下使用单维度双极的评价量表就不足以完全体现人们的真实评价。例如前文提到在量表得分处在中值的被试可能处在"漠不关心"的状态，即没有过好的评价也没有过坏的评价，而另一部分可能处在"矛盾"状态，即同时持有非常好和不好的评价(Klopfer & Madden，1980)。因此，有学者指出"一维测量可能会不准确地模拟对关系的整体态度，可能产生模棱两可的结果，对理解关系过程贡献甚微"(Johnson et al.，1986)。

为了解决单维度双极测量的问题，Fincham & Linfield(1997)提供了基于二维度单极的关系满意度测量量表(PANQIMS)，通过对关系的积极与消极程度两个维度的 6 题项量表进行打分，来测量被试对整体关系的评价。经过检验发现分别评估积极和消极态度所获得的信息具有附加价值。同时他们发现的证据表明人际关系满意度的正向、负向维度可以突出矛盾态度与冷漠态度的重要差异。Fincham & Linfield(1997)的研究结果为此提供了实证支持：①对关系积极和消极两方面的评估是可分离的态度;②将其限制在一维范围内可能会丢失有关一段关系评估的重要信息。Mattson et al.(2013)在研究中扩展了 Finchiam & Linfield(1997)的研究,他们建立了一个理论驱动的关系满意度测量模型并在此基础上开发了新的测量量表(PNSMD)。该量表对关系的积极面与消极面两个维度分别选取了七个代表性的语义词语,例如我的关系是有趣的(或无聊的),每个语义词语通过 Likert 量表进行打分,从"完全不(这样认为)"到"完全是(这样认为)"进行打分。

3.3.3 样本选择与数据收集

本研究面向北京、上海、武汉等城市总计随机发放网络问卷 1500 份,最终收回 741 份有效问卷供数据分析。最终样本中被试平均年龄为 29.58 岁(SD=4.78),其中男性约占 57%,女性占 43%,61.30% 被试拥有本科教育水平,平均工作 7.01 年(SD=4.44)。

3.3.4 变量测量

二元语义评价关系满意度:采用 Mattson et al.(2013)开发的 PNSMD 量表,该量表对关系满意度的积极面与消极面各提供了 7 个语义词汇,例如"我的关系是有趣的(或无聊的)",每个语义词语通过 Likert 五点量表进行打分,从 1 分代表"完全不同意"到 5 分代表"完全同意"进行打分。在本研究中量表的积极和消极关系维度的 Cronbach's α 值分别为 0.81 和 0.88。

LMXA:采用的是 Lee et al.(2019)开发的 7 题项 LMXA 量表,该量表测量题项包括"我有矛盾的想法:我有时觉得我和领导的工作关系很好,有时我又不这么觉得"和"我有矛盾的想法:我有时觉得我很清楚领导怎么看待我,有时我又不这么觉得"等。本量表由员工根据其对自身和领导关系的真实态度进行打分,1 分代表"完全不同意",5 分代表"完全同意",在本研究中量表的 Cronbach's α 值为 0.87。

LMX:LMX 的测量是采用 Graen & Uhl-Bien(1995)开发的 7 题项量表,包括"我了解我的领导对我的工作成果是否满意"和"我的领导了解我在工作上的问题与需要"。本量表由员工根据其对自身和领导关系的真实态度进行评分,1 分代表"完全不同意",5 分代表"完全同意",在本研究中量表的 Cronbach's α 值为 0.90。

工作积极情感与工作消极情感:员工的工作情感采用的是 Wu & Hu(2009)基于中国情境对 Watson et al.(1988)开发的 PANAS 情感量表进行调整后的量表版本,该量表要求被试回忆最近一段时间在工作中出现的消极和积极的情感体验,并在每个体验下根据相关打分感受的出现频率进行打分,1 分代表"极少出现",5 分代表"极多出现",其中工作积极情感感受包括"感到坚定不移的"和"感到充满热情的"等 4 题项,工作消极情感感受包括"感到忧虑的"和"感到心烦意乱的"等 4 题项。本研究采用的消极情感和积极情感量表的 Cronbach's α 值分别为 0.85 和 0.87。

3.3.5 数据分析与结果讨论

被试相关统计学变量如表 3-2 所示。

表 3-2 人口统计学变量描述性统计

变量	最小	最大	均值	方差
性别	0.00	1.00	0.57	0.25
年龄	17.00	56.00	29.58	22.85
受教育程度	1.00	4.00	2.74	0.46
工作年限	1.00	39.00	7.01	19.71

本研究先将关系满意度中积极性和消极性的各 7 个题项的得分分别相加,得到一组由积极性(设为 x 轴)和消极性(设为 y 轴)组成的坐标系。由于关系满意度测量共 7 题,每题为 5 点制打分,因此加总后积极性和消极性数轴上得分范围均为 7~35 分,以坐标(7, 21)为例,其中 x 轴的 7 代表该被试在关系满意度评价中的积极面评价共计 7 分,y 轴的 21 代表该被试在关系满意度评价中的消极面评价共计 21 分。该坐标系的中点为 21 分,因此以坐标(21, 21)为中心点可将该关系满意度坐标系分为四个象限,之后将位于一象限的样本选出作为矛盾关系感知组(即 $x \geqslant 21$ 且 $y \geqslant 21$),共计 95 人,占全部样本的 12%,与 Larsen et al.(2001)的研究中提出一般矛盾人群比例相符。基于 Audrezet & Parguel(2018)的处理方法,将处于第一象限的全部样本编码为 1 作为"矛盾组",将其他象限的全部样本编码为 0 作为"非矛盾组",之后进行独立组方差检验,具体检验结果如表 3-3 所示。

表 3-3　独立组方差检验结果

分组	LMXA($F=48.57^{***}$)			LMX($F=0.03$, n.s.)		
	均值	标准差	T 值	均值	标准差	T 值
矛盾组	3.43	0.68	11.61	3.35	0.67	0.16
非矛盾组	2.78	0.85	11.62	3.34	0.79	0.18
分组	工作积极情感($F=0.03$, n.s.)			工作消极情感($F=114.30^{***}$)		
	均值	标准差	T 值	均值	标准差	T 值
矛盾组	3.40	0.60	0.17	3.32	0.77	10.69
非矛盾组	3.39	0.75	0.20	2.27	0.90	11.89

注：***，$p<0.001$；n.s. 表示不显著。

表 3-3 中的结果表明矛盾组和非矛盾组的 LMXA 在 0.05 水平上具有显著差异（$F=48.57$；$p<0.0001$），证明 LMXA 在矛盾组取值显著高于非矛盾组；然而，矛盾组和非矛盾组的 LMX 在 0.05 水平上差异性并不显著（$F=0.03$；$p=$ n.s.），证明 LMX 在矛盾组取值与非矛盾组无差别。结果分别如图 3-2、图 3-3 所示。

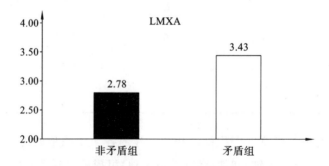

图 3-2　二元语义评价法检验 LMXA 的单因素方差分析结果

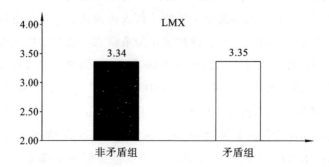

图 3-3　二元语义评价法检验 LMX 的单因素方差分析结果

同时，表 3-3 中的结果也表明矛盾组和非矛盾组的工作消极情感在 0.05 水平上具有显著差异（$F=114.30$；$p<0.0001$），证明工作消极情感在矛盾组取值显著高于非矛盾组；然而，矛盾组和非矛盾组的工作积极情感在 0.05 水平上差异性并不显著（$F=0.03$；$p=\text{n.s.}$），证明 LMX 在矛盾组取值与非矛盾组无差别。结果分别如图 3-4、图 3-5 所示。

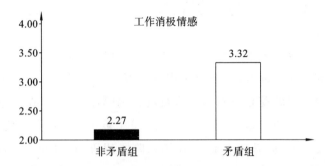

图 3-4　二元语义评价法检验工作消极情感的单因素方差分析结果

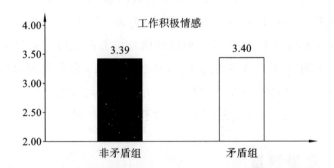

图 3-5　二元语义评价法检验工作积极情感的单因素方差分析结果

本研究通过矛盾关系的间接测量法（二元语义评价测量）将对关系持有矛盾态度的员工区分出来作为"矛盾组"并将其余员工作为"非矛盾组"，之后通过独立组差检验发现 LMXA 在矛盾组的取值显著高于非矛盾组，说明 LMXA 在获取个人矛盾关系信息上具有较好的效度，与之对比的是 LMX 在矛盾组与非矛盾组的取值无明显差异，说明 LMX 测量量表不能准确捕获矛盾关系样本。除此以外，结果表明处于矛盾组的员工的工作消极情感水平显著高于非矛盾组，说明 LMXA 会引发员工情绪耗竭，但是两组员工的工作积极情感并没有显著差异。上述结果不仅验证了 LMXA 量表的有效性，也为后续研究提供了一定数据支持。

3.4 研究方法

3.4.1 样本选择与数据收集

子研究一的调查样本来自全国的多家企业,包括高新技术、服务等多个行业。为了有效减少同源偏差问题,本研究采用纵向多时段调研方式。样本的收集工作首先在人力资源部门的配合下对参与人员进行编码,之后员工在两个不同收集阶段收到带有唯一编号的问卷。在问卷发放前,员工被告知本次调研将分两次进行,旨在了解领导-成员关系情况。随后,在第一阶段调研中(时间1),向随机抽取的350名员工发放了相应问卷,问卷主要包含相关人口统计学变量、辩证思维、LMX以及威权领导、仁慈领导等。实际收回员工有效问卷276份,回收率78.9%。在6个星期后,针对第一阶段已回收的有效员工问卷的276名员工开展第二阶段调研(时间2),问卷主要包括LMXA等。两阶段问卷全部回收后根据员工编码进行了问卷的匹配,在剔除了无效填答的问卷后,最终获得216名有效配对样本。最终有效样本中,员工的人口特征分布为:男性占61.1%,平均年龄29岁,66.2%拥有本科学历,平均工作年限6.3年,员工与领导的平均共事年限为3.8年。

3.4.2 变量测量

本研究所采用的测量量表均为现有文献中使用过的成熟英文量表,并通过翻译-回翻对量表进行了汉化翻译,保证量表在中文语境下的内容一致性(Brislin,1980)。本研究量表均为Likert五点式量表。

本研究采取Cronbach's α 值标准来反应所采用量表的信度水平,通常来说该系数大于0.7则表明所用量表的信度在可接受范围内,说明量表内各个题项指标具有一致性,相关量表可以用于获取数据并进一步分析。另外,本研究通过CFA检验来测量量表区分效度,CFA检验达标说明本研究涉及的变量量表之间有较好的区分效度,可以进行进一步数据分析。

(1) 领导威权行为和领导仁慈行为:领导威权行为和领导仁慈行为的测量采用的是 Cheng et al.(2003)的测量量表。其中领导威权行为测量题项包括"我的领导独立决定单位大小事情"和"当任务无法达成时我的领导会斥责下属"等 5 个题项;领导仁慈行为测量题项包括"我的领导对相处较久的下属会无微不至地照顾"和"我的领导在我有急难时会及时伸手援助"等 5 个题项。本量表在数据调研第一阶段由员工根据领导在工作中的实际行为对每项条目进行打分,1 分代表"完全不同意",5 分代表"完全同意"。在本研究中领导威权行为和领导仁慈行为量表的 Cronbach's α 值分别为 0.72 和 0.88。

(2) LMXA:领导-成员交换矛盾关系采用的是 Lee et al.(2019)开发的 7 题项 LMXA 量表,该量表测量题项包括"我有矛盾的想法:我有时觉得我和领导的工作关系很好,有时我又不这么觉得"和"我有矛盾的想法:我有时觉得我很清楚领导怎么看待我,有时我又不这么觉得"等。本量表在数据调研第二阶段由员工根据自己在工作中对自身和领导关系的实际感受对每项条目进行打分,1 分代表"完全不同意",5 分代表"完全同意",在本研究中量表的 Cronbach's α 值为 0.86。

(3) 控制变量:根据相关研究建议,本研究首先控制了性别、年龄、教育等人口统计学变量,并且本研究还将工作年限、与领导的共事时间(Ng & Feldman,2010)作为控制变量。此外,有研究指出辩证思维和矛盾关系的形成有关(Hui et al.,2009),辩证思维作为一种个人特质,反映了个体对不一致的认知的容忍程度,具有辩证思维的个体在对事件的均衡评价中会产生更多的矛盾体验。因此,本研究将辩证思维作为控制变量,采用 Spencer-Rodgers(2018)的量表测量,共包括"我经常感到事情会互相矛盾"和"我的世界充满了无法解决的矛盾"等 8 个题项,该量表的 Cronbach's α 值为 0.84。

另外,矛盾关系的形成受到互动频率的影响(Methot et al.,2017),所以本研究将员工与领导在工作中的互动频率作为控制变量,采用 Niehoff & Moorman(1993)开发的量表,共包含比如"我领导经常和我讨论我的工作细节"和"我领导经常安排时间和我开会讨论我的工作进展"等 5 个题项,该量表的 Cronbach's α 值为 0.80。同时,由于 LMXA 在以往的针对领导-成员关系的测量中通常反应为中等程度的关系质量,因此为了排除 LMX 对 LMXA 的线性和非线性影响,确定双元领导行为一致性对 LMXA 的独立影响,应该将 LMX 和 LMX 的平方项加入控制变量中(Lee et al.,2019),其中在对 LMX 中心化处理后经计算得到 LMX 的平方项,LMX 的测量采用 Graen & Uhl-Bien(1995)的量表,共包含比如"我的领导了解我的工作潜力"和"我的领导了解我在工作上的问题和需要"等7个题项,该量表的Cronbach's α 值为0.89。

3.4.3 分析方法

为了更深入的理解领导"恩威并施"双元行为会如何影响员工对领导-成员关系的态度以及更加直观地展现研究结果,本研究将采用多项式回归(Jansen & Kristof-Brown,2005)和响应面分析(Edwards & Parry,1993)相结合的分析方法对理论假设进行检验。有学者认为多项式回归分析法相较于传统层级回归法在方法上具有一定的优势,例如可以对测量指标之间关系以及指标本身进行全面、直接的测量,因此该方法最早被用于个体-环境匹配的相关研究分析,并逐渐推广到一致性与交互作用研究中来(Edwards,2008)。最近研究指出,多项式回归分析法比传统方法更适合检验变量之间的交互作用对结果变量的影响作用(Shanock et al,2010;Dawson,2014)。基于此,本研究将首先考察当员工感知到的领导威权行为水平和仁慈行为水平的变化一致性是否对员工的矛盾关系程度有影响,接着将分别考察当员工感知到的领导威权行为水平和仁慈行为水平一致时,即同时处于高水平或低水平时,对矛盾关系程度的影响,以及当员工感知到的领导威权行为水平和仁慈行为水平的变化不一致时,即领导威权行为水平高但仁慈行为水平低,或者领导威权行为水平低但仁慈行为水平高时,员工对关系的矛盾态度会如何变化。

根据本研究相关理论假设与多项式回归分析方法原则,以下列出本研究拟使用的多项式回归方程:

$$Y = b_0 + b_1(A) + b_2(B) + b_3(A^2) + b_4(A \times B) + b_5(B^2) + e$$

Y:LMXA;

A:领导威权行为;

B:领导仁慈行为;

$b_0 \sim b_5$ 为常数项;e 为误差项,其中为了表述简洁此处方程省略了控制变量。

该方程对两个自变量的一致性与因变量之间的线性及非线性关系,以及自变量交互项与因变量的线性关系均进行了估计。此外,本研究中心化了自变量 A 与 B 的值,并重新构建 A^2,$A \times B$,B^2 以便减少多重共线性干扰以及提升一次项系数解释力度。在后续分析过程中,本研究先将控制变量加入模型一,再将预测变量的一次项加入模型二,最后将两预测变量的平方项与乘积项加入模型三,并对多项式生成的响应面的($A=B$)一致线与($A=-B$)不一致线的横截面的曲率和斜率进行检验(Edwards,2002;Shanock et al.,2010),从而进一步分析威权领导行为与仁慈领导行为一致性对 LMXA 的影响。具体来说,本研究假设 1 由响应面沿不一致性线横截线的曲率 $=b_3-b_4+b_5$ 检验;假设 2 由响应面沿着一致性线横截线的斜率 $=b_1+b_2$ 检验;假设 3 由斜率 $=b_1-b_2$ 检验。

3.5 数据分析结果

3.5.1 验证性因素分析

为了检验本研究的关键变量领导威权行为、领导仁慈行为和 LMXA 之间的区分效度以及各测量量表相应的测量参数,本研究通过 Mplus 7.4 软件进行验证性因素分析,以证明各变量具有良好的结构效度。检验结果表明,3 因子的基准模型拟合较好($\chi^2=281.42$,df$=114$,CFI$=0.90$,TLI$=0.88$,RMSEA$=0.08$),该模型的拟合优度显著高于其他 2 个竞争模型,表明测量具有较好的区分效度。具体结果见表 3-4。

表 3-4 子研究一验证性因素分析

模型	χ^2	df	$\chi^2/$df	CFI	TLI	RMSEA
3 因子模型:AL,BL,LMXA	281.42	114	2.47	0.90	0.88	0.08
2 因子模型:AL + BL,LMXA	451.83	116	3.90	0.79	0.75	0.12
1 因子模型:AL + BL + LMXA	779.45	117	6.66	0.59	0.53	0.16

注:AL 表示领导威权行为;BL 表示领导仁慈行为。

3.5.2 描述性统计

本研究通过 SPSS 22.0 软件对所涉及变量的平均值、标准差和相关系数进行了分析,具体结果见表 3-5。

表 3-5 描述性统计分析:平均值、标准差和相关系数

变量	平均值	标准差	1	2	3	4	5	6	7	8	9	10	11
1 性别	0.61	0.49	—										
2 年龄	29.06	4.36	−0.01	—									
3 教育经历	2.94	0.65	−0.10	0.05	—								
4 工作年限	6.29	4.03	−0.05	0.82**	−0.14*	—							
5 共事时间	3.80	2.77	0.08	0.47**	0.07	0.50**	—						
6 LMX	3.40	0.76	0.06	−0.01	0.08	−0.03	0.16*	(0.80)					
7 LMXA	3.31	0.69	0.02	0.09	0.08	0.07	0.07	0.17*	(0.84)				
8 角色外行为	3.47	0.76	0.00	0.14*	0.03	0.13	0.26**	0.48**	0.22**	(0.89)			
9 认知重评	3.13	0.78	0.13	0.15*	−0.04	0.14*	0.22**	0.19**	0.39**	0.07	(0.72)		
10 表达抑制	3.28	0.91	0.05	0.06	0.09	0.05	0.23**	0.57**	0.17*	0.68**	0.17*	(0.88)	
11 权力距离导向	3.01	0.82	−0.03	−0.06	0.04	0.03	0.10	0.23**	0.59**	0.34**	0.35**	0.28**	(0.86)

注:N(样本数)=216;性别:1=男性,0=女性;受教育程度:1=高中及以下,2=大专,3=本科,4=硕士及以上;*,$p<0.05$;**,$p<0.01$;对角线上()中加粗字体为对应的变量信度。

3.5.3　领导威权行为-仁慈行为一致性对 LMXA 的影响效应检验

为了检验员工感知到的双元领导行为的一致性与 LMXA 的关系,本研究将 LMXA 作为因变量进行了对于领导威权行为和领导仁慈行为的五项式的回归,分别为 A(领导威权行为的一次项)、B(领导仁慈行为)、A^2(领导威权行为的平方项)、$A\times B$(领导威权行为和领导仁慈行为的乘积项)以及 B^2(领导仁慈行为的平方项)。具体检验结果如表 3-6 所示。

在对理论假设检验结果分析前,首先对多项式回归技术方法是否适合本研究进行了验证。表 3-6 中的基线模型(模型 2)表明领导威权行为和 LMXA 正向相关,领导仁慈行为和 LMXA 无相关关系;同时多项式回归模型(模型 3)中的 AIC 值和 BIC 值,特别是 AIC 值小于模型 2 中的 AIC 值,表明在加入两个预测变量的高阶项和交互项以后模型拟合更好(Menguc et al.,2016)。因此,本研究适合采用多项式回归技术方法对理论模型进行检验。具体来说,模型 3 中的多项式回归结果表明响应面沿着不一致性线($A=-B$)的横截线的曲率显著并且为负值(曲率=-0.20,$p<0.05$),这说明沿着不一致线的曲面显著的向下弯曲呈现倒 U 形,因此结果表明员工对其自身和领导关系的矛盾态度的程度在员工感知到的领导威权行为-领导仁慈行为水平一致时比不一致时高,假设 1(员工感知领导威权行为-仁慈行为水平一致性和 LMXA 之间存在正相关,和不一致相比,二者越一致,LMXA 越高)得到支持。此外,响应面沿着不一致线($A=-B$)的横截线的斜率显著并且为正值(斜率=0.19,$p<0.05$),这说明员工感知到的领导威权行为和仁慈行为水平不一致时,那么当领导威权行为水平高于仁慈行为水平时,员工对关系的矛盾态度程度要高于领导威权行为水平低于仁慈行为水平时,因此本研究的假设 3(在员工感知领导威权行为-仁慈行为水平不一致的情况下,领导威权行为水平高-仁慈行为水平低时,LMXA 高于领导威权行为水平低-仁慈行为水平高)的情况得到支持。

响应面沿着一致性线($A=B$)的横截线的斜率显著并且为正值(斜率=0.18,$p<0.05$),同时在一致性线的横截线的曲率不显著(曲率=0.01,n.s.)时,这说明当员工感知到的领导威权行为和领导仁慈行为的水平相一致时,领导威权行为-仁慈行为水平高高一致时,员工对关系的矛盾态度的程度要高于领导威权行为-仁慈行为

表 3-6　领导威权行为-仁慈行为水平一致性对 LMXA 的多项式回归

变量	LMXA					
	模型 1		模型 2		模型 3	
	系数	标准误	系数	标准误	系数	标准误
截距	2.18***	0.52	1.93***	0.53	2.48***	0.52
控制变量						
性别	0.05	0.08	0.08	0.08	−0.08	0.08
年龄	−0.07***	0.02	−0.07***	0.02	−0.06**	0.02
受教育程度	0.03	0.07	0.05	0.07	0.03	0.07
工作年限	0.05*	0.02	0.05**	0.02	0.04	0.02
共事时间	0.02	0.02	0.01	0.02	0.01	0.02
互动频率	0.05	0.06	0.01	0.07	0.00	0.07
辩证思维	0.65***	0.06	0.57***	0.06	0.53***	0.06
LMX	0.18**	0.07	0.18*	0.08	0.19*	0.08
LMX^2	−0.10	0.05	−0.11*	0.05	−0.04	0.05
自变量						
领导威权行为(A)			0.19**	0.06	0.19**	0.06
领导仁慈行为(B)			0.02	0.06	−0.01	0.06
领导威权行为平方项(A^2)					0.04	0.05
领导威权行为×领导仁慈行为($A \times B$)					0.11*	0.05
领导仁慈行为平方项(B^2)					−0.14**	0.04
R^2	0.45		0.47		0.51	
ΔR^2			0.02		0.04	
AIC	421.13		415.10		407.88	
BIC	458.26		458.98		461.88	
一致性线						
变量	系数	标准误	系数	标准误	系数	标准误
斜率					0.18*	0.08
曲率					0.01	0.07
不一致性线						
斜率					0.19*	0.09
曲率					−0.20*	0.09

注：*，$p<0.05$；**，$p<0.01$；***，$p<0.001$。

水平低低一致,这与假设 2 相一致,因此假设 2(在员工感知领导威权行为-仁慈行为水平一致的情况下,领导威权行为-仁慈行为水平高高一致时 LMXA 高于领导威权行为-仁慈行为水平低低一致)的情况得到支持。

为了更直接的展现双元领导行为一致性与 LMXA 之间的关系,本研究基于模型 3 的系数绘制了三维响应面图(Edwards & Parry,1993),具体如图 3-6 所示。具体来说,领导威权行为水平(A)和仁慈行为水平(B)绘制在水平轴上,因变量(Y) LMXA 绘制在纵轴上。一致性线($A=B$)是从底面($A=B=-2.0$)延伸到后角($A=B=2.0$),不一致线从底面左角($A=-2.0$,$B=2.0$)延伸到底面右角($A=-2.0$,$B=2.0$)。由图中可以看出,LMXA 在前角(领导威权行为水平低,领导仁慈行为水平低)低于后角(领导威权行为水平高,领导仁慈行为水平高),并且左角位置(领导威权行为水平低,领导仁慈行为水平高)时 LMXA 要低于右角位置(领导威权行为水平高,领导仁慈行为水平低)。据此响应面显示的分析结果与前文中多项式回归分析的结果一致。

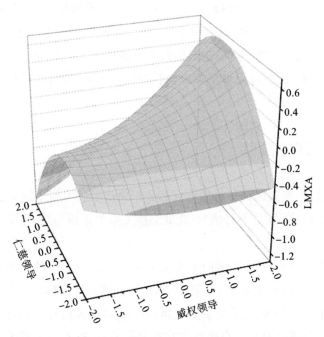

图 3-6 领导威权行为-仁慈行为水平一致性对 LMXA 的影响

3.6 结果讨论

领导-成员关系一直是组织行为学领域关注的重点之一,随着对 LMX 理论不断研究,也逐渐地确认了领导-成员关系对组织发展的重要性。但是,尽管心理学早已将关系进一步细分并且越来越关注矛盾的关系,但是仍鲜有针对领导-成员矛盾关系的研究。以往研究表明,领导行为是影响员工感知领导-成员关系的重要因素之一(Nazir et al., 2020)。因此,本研究从个体层面入手,基于社会交换理论和 LMX 理论,从员工的视角探讨了当领导在工作中展现出威权-仁慈双元领导行为时对领导-成员矛盾关系的影响。通过多项式回归以及响应面分析方法对样本数据进行分析,结果确认了威权-仁慈领导一致性对 LMXA 的影响效应。研究发现,员工感知到的领导威权行为-仁慈行为水平的一致性会对 LMXA 产生正向影响(假设 1 得到支持)。此外,在领导威权行为-仁慈行为水平一致的情况下,当威权-仁慈领导处于高-高一致时要比处于低-低时带来更高的 LMXA(假设 2 得到支持),并且在威权-仁慈领导不一致的情况下,员工感知到领导威权行为水平高-仁慈行为水平低时比威权行为水平低-仁慈行为水平高时会让员工对领导-成员关系持更高的矛盾的态度(假设 3 得到支持)。

3.6.1 理论贡献

本研究通过多项式回归分析和响应面分析确认了员工感知领导威权行为-仁慈行为水平一致性会引发员工对领导-成员交换关系的矛盾态度,主要有以下几点理论贡献:

第一,丰富了领导-成员关系的本土化研究,拓展了 LMX 理论边界。本研究基于心理学和社会学的研究基础,针对 LMXA 展开研究,打破以往对领导-成员关系的一阶认识,丰富了领导-成员关系的内涵,拓展了 LMX 的理论边界。研究表明个体对关系,特别是那些对其自身来讲非常重要的关系,通常会出现矛盾的态度和认知,也就是说个体往往会由于同时感受到关系中的积极和消极因素而并不能明确地对关系做出质量高或者低的判断。尽管矛盾关系普遍存在,但是一直以来被领导-成员关系的研究所忽视。本研究将矛盾关系引入领导-成员关系概念范畴中,在丰富了领导-成员关系的内涵的同时,也有助于更深入、全面地理解领导-成员关系及其影响。因此,本研究基于中国情境展开研究,不仅填补了领导-成员交换矛盾关系相关研究的空缺,同时,呼应了 Nahum-Shani et al.(2014)认为不一致领导行为会带给员工不确定性的观点,并且在扩展了本土化研究的同时也丰富了 LMXA 在不同文化背景下的研究结论。

第二,尽管矛盾关系的普遍性使其逐渐受到管理学领域的关注(Rothman, et al., 2017; Lee, et al., 2019),但是现有研究仍非常有限,特别是关于 LMXA 前因的实证研究尤为稀缺。因此,本研究基于现有领导-成员关系的研究结论,并结合矛盾关系的特性,从矛盾关系的本质与关系二元性视角出发,根据社会交换理论和 LMX 理论,将双元领导的领导威权行为-仁慈行为一致性作为 LMXA 的前因因素展开研究,并进一步分析了领导威权行为-仁慈行为水平在一致时和不一致时对 LMXA 影响效应的差异,本研究不仅弥补现有研究关于 LMXA 前因研究的不足,并且也丰富了双元领导的结果影响研究。

第三,直接测量法和间接测量法一直以来是矛盾关系中常用的两种测量方法,本研究采用 LMXA 量表直接测量员工对领导-成员交换关系感到矛盾的程度。由于目前鲜有针对 LMXA 的研究,并且本研究是较早在中国文化背景下使用该量表展开研究。因此,为了进一步确认 LMXA 量表测量的有效性,本研究通过二元语义间接测量法进一步验证了 LMXA 量表的有效性,为以后的研究提供了支持。

3.6.2 管理启示

领导-成员关系的研究一直都是组织管理中的一个重要实践议题。本研究紧密结合中国文化背景,通过揭示领导威权行为-仁慈行为水平一致性对 LMXA 的影响效应,以期帮助组织识别出可能会导致矛盾关系出现的情境,并为组织中的领导力发展、开发以及形成良好的领导-成员关系提供一定的借鉴意义。本研究对组织的管理启示主要有以下几点:

第一,正确认识并恰当使用"恩威并施"的管理方式。组织在鼓励领导使用悖论思维管理的同时,不要忽视了当领导同时展示威权和仁慈行为时很可能对员工感知到的领导-成员交换关系造成矛盾的态度。尽管"恩威并施"作为一种极具本土化特色的领导方式一直以来被广泛使用,但是却可能在塑造领导-成员交换关系方面为员工带来困扰。特别需要注意的是,领导的威权行为水平较高时,无论领导仁慈水平如何,都要比领导威权行为水平低时带来更高的LMXA。因此,组织培训中应该引导领导者控制威权行为的实施,同时在领导行为上不仅要根据组织情况做出相应调整,还要关注员工的心理与反应,及时、经常与员工沟通,主动表明自己的想法与意图,而不是让员工花费大量精力去揣测自己的意图与行为。这都有利于员工更好地理解领导的恩威并施,面对领导者传达的不一致信息时更加从容,从而打消顾虑,减少矛盾体验,提升主观幸福感。

第二,由于长久以来对矛盾关系关注的缺失,对领导-成员关系持有矛盾态度的员工会错误地认为他们和其领导的关系质量处于中等水平(Lee et al., 2019),鉴于认知的不一致性以及对现状和结果的不确定性会使得矛盾关系引发员工的认知消耗以及负面情绪(Van Harreveld, et al., 2009a;Lee et al., 2019),如果长时间得不到关注和改善,矛盾关系不仅会损害员工的幸福感,对组织的发展也是非常不利的。因此,人力资源部门应该对员工和其领导之间的关系发展给予更多的关注,通过深入地沟通和了解识别对领导-成员关系持有矛盾态度的员工,帮助员工和组织更好地发展。

3.6.3 研究不足与展望

虽然本研究在数据收集上采用了多时段的调研方式,但是考虑到本研究的量表均由员工填答,为了避免共同方法变异偏差,本研究在进行假设检验分析前采用Harman单因素法进行了共同方法偏差检验(Podsakoff et al., 2003),结果表明被提取出来的特征值大于1的主成分共有3个,并且首个主成分的方差解释率为30.33%,低于40%,因此,本研究不具有严重的同源偏差问题。尽管如此,未来研究可以采用多来源数据,比如考虑在团队层面的不同领导行为一致性对LMXA的影响。另外,为了更进一步探讨组织中LMXA的可能前因,未来研究可以考虑针对领导行为和LMXA的关系进行更为深入的因果关系研究,比如,通过实验、ESM、日记法等多种方法确定领导行为和LMXA的因果关系。同时,"恩威并施"领导行为是极具中国文化特色的领导风格,而现有研究表明除了"恩威并施",领导在工作中也可能同时出现自恋型领导与谦逊型领导、辱虐型领导与支持型领导等领导风格(Owens et al., 2015;Yagil, 2006),尽管这些研究是建立在西方文化背景下,但是未来研究可以探讨上述这些会对领导-成员交换关系造成相反的影响效应的领导行为同时出现时是否会产生和"恩威并施"领导相似的影响，导致员工对自身和领导的关系持有矛盾的态度，以进一步检验"恩威并施"与西方双元领导行为对员工感知到的领导-成员关系影响是否存在差异，哪种领导行为的效用更强，均是未来的研究应考虑的问题。

4 LMXA对员工角色外行为的影响研究

4.1 问题提出

在组织行为学领域,员工行为的相关研究主要涉及角色外行为和角色内行为(Katz,1964)。角色内行为指的是根据职位责任规则要求员工完成的工作职责范围内的行为(Tepper & Taylor,2003),而角色外行为指的是没有正式要求且不确定投入该行为能否获得组织正式认可或者奖励的那些行为(Organ et al.,2006)。相比于角色内行为,虽然角色外行为超出了工作职责范围,但是大量研究证明这类行为对员工个人利益、工作团队表现以及组织产出具有显著影响(Bolino et al.,2002)。例如,当员工愿意超越工作职责向组织提出改进工作程序的建设性意见时,不仅可以帮助组织优化工作流程提高产出,而且他们往往也表现出更多积极行为,这些行为对提高个人与团队绩效都有重要作用。现有关于角色外行为的研究主要围绕诸如建言、帮助等行为及其前因影响因素展开探讨。一部分研究发现领导对员工发起角色外行为有着重要作用,如变革型领导、威权式领导和领导监控都能显著影响员工角色外行为(Niehoff & Moorman,1993;Zhang & Xie,2017)。也有研究指出领导与员工之间的关系对培养和促进员工角色外行为(如建言行为)十分重要(Cai et al.,2019)。

Dansereau et al.(1975)在社会交换理论基础上结合互惠规范和角色理论提出了领导-成员交换(LMX)理论,并指出领导由于受制于精力和时间等各种资源的有限性,在社会交换中很难与每个人发展出高质量交换关系。因此,领导为了达到利益最大,只能与部分员工建立较高质量的交换关系,对于其他人则只能将交换关系保持在低水平层面。LMX 理论指出领导通常将与其交换关系质量较高的员工划分为"圈内人",这些员工更容易从领导处获得工作资源、社会资源和心理资源;而其他与领导交换关系质量不高的员工被划分为"圈外人",这些员工较难从领导处获得更多资源和支持,一般这类员工和领导仅能维持经济交换关系(Eisenberger et al.,2010)。

根据 LMX 理论和社会交换理论,领导与员工通过遵循社会交换原则(如互惠性)对社会交换结果产生影响,"圈内人"能获得更多的资源和好处,这意味着员工可以在工作中得到领导更多的支持,使其更容易取得职业成功与发展,因此大多数员工倾向于和领导建立高质量交换关系,同时当员工从高质量领导-成员关系中收益很多时,他们也会表现出更积极的态度和行为(如高组织承诺和高工作绩效),这也会进一步增加他们的收益(Erdogan & Bauer,2015),这种社会交换逻辑得到了元分析研究结果的有力支持(Martin et al.,2016)。另外,根据社会信息处理理论(Salancik & Pfeffer,1978),组织内员工会通过处理来自社会环境的线索来评估角色外行为的行为风险。有学者指出LMX关系是组织中重要的社会信息和关系线索,其质量高低会影响员工对角色外行为可能产生结果的预期(Erdogan & Bauer,2015;Graen & Uhl-bien,1995)。换句话说,当LMX关系质量越高,员工对从领导处获得支持和鼓励的期望越高,并且领导也更加信任员工、尊重员工,给予员工更多的理解和宽容(Hsiung,2012),这会使员工降低对角色外行为的风险预估而提高得到正面结果与反馈的预期。因此,作为圈内人的员工从事角色外等行为的成本和风险较小,并且这些员工对组织情感承诺较高(Eisenberger et al.,2010),更愿意积极投入工作中,并通过角色外行为来提升工作表现以回报领导和组织(Burris et al.,2008;Van Dyne et al.,2008),最终实现交换双方共赢的结果(Hsiung,2012)。

已有研究证实了高质量LMX关系能够促进角色外行为,如员工帮助行为、建言行为等(Van Dyne et al.,2008;Chamberlin et al.,2017;吴坤津等,2017),然而现有针对员工对与领导-成员交换关系持有矛盾体验时对员工角色外行为产生何种影响的实证研究还很有限。根据心理学和社会学相关研究,矛盾关系广泛存在于个体所处的社会关系中,并且在相当长的时间内会保持较为稳定的状态(Fingerman,2009;Uchino et al.,2004;Methot et al.,2017;Bushman & Holt-Lunstad,2009;Rothman et al.,2017)。如前文所述,组织中"圈外人"与"圈内人"身份的界限并不总是十分清晰,而且领导倾向于同时使用不同的领导风格,在与员工保持亲和的同时又保持一定社会距离,这都会导致员工因无法确定自身和领导的关系质量而引发矛盾体验,进而对员工工作投入、工作行为等产生影响(Lee et al.,2019;史烽等,2021;刘燕君等,2021;Han,2020)。因此,鉴于矛盾关系的普遍性和角色外行为的重要性,进一步研究探讨组织中LMXA对员工角色外行为的影响十分必要。

从交换视角来看,LMXA意味着员工关注到与领导的二元关系中积极与消极的社会信息和关系线索,反映在社会交换行为中可能既倾向于积极回报也可能倾向于消极回避。如前文所述,建言行为是一种典型的角色外行为(Liu et al.,2010),建言行为是指组织中的个体自由交流关于工作相关问题的想法、建议、担忧或意见,以改善组织或部门的运作(Morrison,2011)。研究表明员工建言行为对组织发展非常重要(Wang et al.,2014)。建言行为不同于组织承诺和工作绩效这类基于社会交换的结果产出,具有一定风险性。Burris et al.(2008)在研究中指出,即使 LMX 提高了员工的组织承诺,这种承诺也不足以鼓励员工直言不讳地建言。比如,当员工建言时,可能被看作组织和团队内部的麻烦制造者,从而失去他人尊重与支持,并得到负面绩效评价,甚至被给予不愿意做的工作任务或者被解雇(Detert & Trevino, 2010; Grant, 2013)。因此,当员工对领导-成员关系质量持有矛盾态度时,员工对采取建言行为之后的结果预期可能会更加感到不确定,从而避免轻易地实施建言行为。另外,有别于创新行为、帮助行为等其他类型的角色外行为,由于建言行为需要员工通过语言直接向领导表述其对组织的建设性意见或者指出组织中需要改进不足之处,因此在员工施行建言行为的过程中不可避免的需要直接面对领导,和领导进行面对面的交流、互动。然而,对于领导-成员交换关系有着矛盾体验的员工而言,为了减轻因矛盾体验引发的不适感他们可能会对领导产生心理疏远,尽可能地回避与领导互动(Pratt & Doucet, 2000; 史烽等, 2021),因此这也会减少员工实施建言行为的可能性。综上所述,为了进一步加深对 LMXA 与员工角色外行为之间关系的理解以及探索影响两者关系的边界条件,子研究二将根据 LMX 理论、社会交换理论以及 MAID 模型,通过聚焦员工建言行为探讨 LMXA 与员工角色外行为的关系,并从情绪和文化视角讨论情绪调节策略以及权力距离导向等个体因素在二者关系之间的调节作用。研究框架如图 4-1 所示。

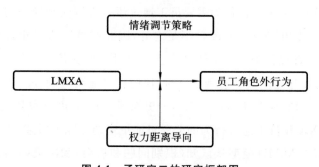

图 4-1 子研究二的研究框架图

4.2 理论分析与研究假设

4.2.1 LMXA 与员工角色外行为

现有研究指出,矛盾体验会对个体的认知和决策能力造成负面影响(Rothman

et al.,2017)。因此,根据社会交换理论、LMX 理论和 MAID 模型,本研究认为 LMXA 将负向影响员工角色外行为。员工角色外行为是指那些不在组织的正式奖励系统中,但确实能提高组织绩效的行为(Becker & Kernan,2003)。由于这类行为并不在员工的正式工作职责和要求范围内,因此是否实施角色外行为通常由员工自己决定。社会交换理论指出主体之间的社会交换与互动由一方通过初始行为发起,紧接着另一方的回应性行为将该交换互动关系进一步发展下去。在这个过程中,如果交换双方在行为上都遵循互惠规范(Gouldner,1960),则该交换关系更可能得到进一步发展和深入,从经济型交换逐渐转向更多信任和情感投入的社会情感型交换。基于此,LMX 理论提出当领导和员工双方形成了较高质量交换关系之后,交换双方将更倾向于采取额外的努力(如员工更多地投入角色外行为中)来回馈对方并且减少彼此的猜疑和试探。因此,员工投入角色外行为前会经历一个完整的决策过程,在这一过程中既需要员工具备足够的认知资源以识别出实施角色外行为的机会,也需要员工根据成本和收益对最终是否付诸该行为做出判断(Morrison,1999)。如前文所述,建言行为是一种典型的角色外行为(Liu et al.,2010)。研究表明领导-成员关系质量能够显著影响员工建言行为(Van Dyne et al.,2008)。另外,由于建言行为需要员工通过语言直接向领导表述其对组织的建设性意见或者指出组织中需要改进不足之处,因此在员工施行建言行为的过程中不可避免地需要直接面对领导,和领导进行面对面的交流、互动。而根据前文分析,当员工对与领导之间关系感到矛盾时,他们很可能会对领导产生心理疏远从而回避与领导互动(Pratt & Doucet,2000;史烽等,2021),因此和其他类型的角色外行为相比,LMXA 和员工建言行为的关系可能更密切。综上所述,本研究将聚焦员工建言行为,基于 MAID 模型从认知(识别问题和机会)和决策(是否实施行为)两个方面分析 LMXA 对员工角色外行为的影响。

处于矛盾体验中的个体通常在必须做出行为决策时会产生较高水平的生理唤醒(physiological arousal;Van Harreveld,et al.,2009b),引发强烈的不适感。Van Harreveld et al.(2009a)利用 MAID 模型对处于矛盾体验下的个体以及在决策过程中会如何应对因矛盾体验引发的不适感进行了阐述和解释(Van Harreveld et al.,2009)。现有研究发现矛盾体验在多数时候会增加个体的认知僵化(cognitive inflexibility),从而导致个体出现认知偏狭或偏见,影响对当前情况的认识和判断(Rothman et al.,2017)。具体来说,这种由矛盾体验带来的认知僵化从以下几个方面体现出来:第一,部分研究表明矛盾体验会导致个体更容易对他人的态度和行为产生极端反应(Katz & Glass,1979;Katz & Hass,1988;Nordgren et al.,2006;Pratt & Pradies,2011)。这种极端反应会从不同方面影响个体的认知,比如矛盾体验较高的个体更容易感受到心理上不适并对他人给出更负面的反应和评价,从而降低自身的不适感和负面情绪(Maio et al.,2001)。第二,矛盾体验导致个体形成过于简单或带有偏见的观点(Pratt & Pradies,2011),产生更多的证真偏差(confirmation bias),研究发现个体更倾向于通过选择单一方面的信息来加强对自己观点的确认,本质上个体寻找支持自己观点、态度和信念的信息而忽略反驳的信息(Clark et al.,2008)。第三,矛盾体验导致个体产生更多的补偿性知觉,在社会心理学等领域的研究中发现,感到高度矛盾的个体会产生更多的补偿性知觉反应。例如矛盾体验可能导致个体看到不存在的画面、产生更强的阴谋论信念等较为严重的反应(Sawicki et al.,2013;Van Harreveld et al.,2014)。以上三方面的研究从不同角度和程度说明了矛盾体验会降低个体的认知能力,使得个体倾向于通过单一因素和简单的方式来思考和认知。由于个体需要通过认知加工,即获取和理解相关信息并对其加以判断才能决定其下一步的行动(Bandura,1986),所以只有当个体有充足的认知资源时才能全面和深入的收集、理解信息,帮助他们发现那些和角色外行为有关的问题和机会(Tu & Lu,2016)。因此,由于LMXA导致员工认知僵化和偏狭,进而降低了员工参与角色外行为的可能性。

另外,MAID模型指出处于矛盾体验中的个体在需要做出伴随着消极情感的困难决策时会引发强烈的不适,个体为了减少不适感通常有两种基本的应对策略:聚焦情绪策略和聚焦问题策略(Van Harreveld, et al.,2009b)。其中,聚焦情绪策略主要包括两种方式,一种是拖延、回避做出决策,Luce et al.(1997)发现个体面对难以决策的情况时会寻求机会逃避决策,例如,一个棘手且令人讨厌的工作任务会导致回避行为(Steel,2007),研究表明个体通过回避行为可以减少其消极情感(Luce et al.,1997);另一种方式就是重新定义情境,即个体会通过否定和回避对决策所要承担的责任的方式以达到减少由决策引起的负面情感。当个体无法逃避做决策时会采取聚焦问题策略,此时个体会投入并消耗大量认知资源以获得更多的情境线索和信息以尽量做出最优决策。有研究认为矛盾状态会导致个体对情境信息采取更消耗能量的系统性信息处理方式,特别是矛盾态度持有者在形成态度时会经历一个认知整合的努力过程(Van Harreveld et al.,2004)。换句话说,矛盾个体通过消耗认知资源来努力使自己更加系统地处理信息,并在做出决定后,矛盾心理会减少,这个过程也叫作认知精化(cognitive elaboration)(Van Harreveld et al.,2009)。然而有学者指出在现实中个体往往并没有足够的认知资源和精力来完成认知精化过程,而且在矛盾状态下做出决策过程中所产生的认知负荷甚至可能进一步加剧个体的矛盾体验(De Liver et al.,2008),并且处在矛盾状态中的个体可能会对决策结果抱有更多的负面预期(Eyal et al.,2004;Ito et al.,1998b)。MAID模型进一步指出,动机和能力是人们解决矛盾心理的两个重要决定因素,这与Payne et al.(1993)提出的"努力-准确性"模型概念一致,即决策者必须权衡两个目标:最小化认知努力和最大化准确性。对处于矛盾状态的个体来说,为了最大限度地提高决策准确性,应该对相关情境信息和线索进行系统化的处理,但这一过程将导致认知消耗急剧增加;同时个体内在也持有最小化认知努力的目标,即尽可能减少认知资源消耗。研究表明,对于处于矛盾状态的个体来说,在权衡努力-准确性目标时,最大限度减少认知努力的目标往往会占据上风(Luce,et al.,1997;Van Harreveld et al.,2009)。因此,当矛盾个体很难做出决策时,往往会把聚焦情绪策略作为首选,即通过拖延和回避来减少不适感,只有在不得不做出决定时,专注于问题的应对策略才会开始发挥作用。

由于角色外行为不在员工的工作任务和工作守则内,需要员工自主发现问题或者机会,并且这类行为不仅不一定能够获得奖励还可能伴有一定的风险性,比如,建言可能导致员工被贴上麻烦制造者的标签,损坏他们的社会资本,或者导致负面绩效评估、不受欢迎的工作分配甚至解雇等负面结果(Milliken et al.,2003)。因此,一方面LMXA削弱了员工的认知能力,使得员工陷入认知僵化和认知偏狭,进而导致员工无法识别出和角色外行为有关的问题和机会,减少了其投入角色外行为的可能;另一方面,由于在组织中角色外行为并不是员工必须履行的工作行为,因此在员工感到较高水平的LMXA时,处于矛盾状态中的员工在最小化消耗认知的目标导向下会首先采取聚焦情绪的应对策略来减少不适感,即尽量回避、拖延做出和角色外行为有关的决策,该策略既能帮助员工减少消极情感也能在一定程度上降低认知消耗,而这也进一步减少了员工角色外行为。此外,从风险评估角度来看,由于员工投入角色外行为往往具有一定的风险性,因此需要组织和领导支持以保证行为达到期望结果,而领导-成员关系影响员工感知到的资源获取能力(杨自伟等,2014),因此员工需要确定与领导的交换关系是高质量的,从而确保实施角色外行为可以获得较好的结果。然而当员工对其与领导的交换关系有着矛盾体验时,由于认知负荷增加以及认知僵化等原因,他们将倾向对角色外行为所产生的结果持有更负面的预期。综上所述,我们提出以下假设:

假设 4:LMXA 对员工角色外行为有负向影响。

4.2.2 情绪调节策略的调节作用

情绪调节理论认为情绪始于对情绪线索的评估,通过对情绪线索的评估会引发一系列的情绪反应倾向,包括行为的和生理系统的等(Gross & John,2003)。根据情绪调节理论,个体有两种基本的情绪调节策略:认知重评(cognitive reappraisal)和表达抑制(expression suppression)。Gross & John(2003)的研究指出,个体在情绪调节的过程中对两种策略的使用更多是自然的反应,并没有太多有意识的控制,可以看作是一种无意识的行为。其中,认知重评是指个体在面对情绪线索时以调整认知的方式来改变情绪轨迹,此时个体通过调整自身认知,试图以更加积极乐观的态度来看待和处理情绪事件。因此,认知重评水平高的个体在面对消极的情绪线索时可以通过改变认知来达到有效地改变整个情绪轨迹,减少消极情绪的影响,并最终实现改变行为的目的。表达抑制策略是指个体通过抑制消极情绪的表达以改变情绪在行为方面的反应趋势。表达抑制策略在本质上对减少消极情绪并没有帮助,同时由于个体在抑制消极情绪表达的过程中需要耗费大量的认知资源,因此甚至可能会使得个体继续累积产生更多的消极情绪并最终引发消极行为。

研究表明,认知重评和表达抑制两种情绪调节策略对员工的认知、态度、情感和行为都有着重要作用(Brockman et al.,2017)。认知重评策略通常会使个体体验到或者表达出更多的积极情绪、更少的消极情绪,因此认知重评通常与积极的行为结果相联系;而表达抑制只是对情绪的表面控制,真实情绪并未消失,表达抑制策略通常会使个体体验或者表达更少的积极情绪、更多的消极情绪,所以表达抑制策略往往会由于消极情绪的累积,最终导致更多的消极行为。基于前文分析,本研究认为员工由于 LMXA 造成的认知不一致以及对行为决策结果的不确定会产生消极情绪,此时 LMXA 构成了情绪线索,员工不同的情绪调节策略水平对 LMXA 和角色外行为的关系起到调节作用。具体来说,认知重评和表达抑制两种策略在这一过程中发挥着不同的边界作用。

1. 认知重评的调节作用

根据情绪调节理论,认知重评是个体进行情绪调节的重要机制之一。认知重评是指个体在面对情绪线索时通过调整自己的认知方式来改变情绪轨迹,试图以更加积极乐观的方式看待和处理情绪事件。在这个过程中,个体通过改变认知来改变整个情绪轨迹,最终减少消极情绪的影响。研究表明,认知重评会对员工的认知、态度、情感和行为产生重要影响(Brockman et al., 2017)。采用认知重评策略的个体通常会体验或表达更多积极情绪和认知,因此认知重评通常与积极结果相联系,如较少消极情感、积极的认知和行为等(Wang et al., 2017)。根据前文分析,当员工对自身和领导的关系有着矛盾的体验时,其在和角色外行为有关的认知和决策方面都会受到负面影响,并且由于对决策结果的不确定会使得个体回避做出相关行为决策,进而导致较少的角色外行为。当矛盾体验作为情绪线索时,个体对情绪线索的认知重评过程将在认知和决策两个方面发挥边界影响作用。

从认知方面来说,认知重评水平较高的员工会通过重评策略对实施主动行为这个问题进行再次认知与评价,这一过程会弱化因矛盾体验所造成的认知僵化和认知偏见,帮助个体识别出可能实施角色外行为的机会,降低个体对决策结果的消极预期以及减少对行为决策可能结果的不确定性,从而削弱LMXA对角色外行为的负面影响。

从决策方面来说,对关系的矛盾体验不仅可能导致个体对决策结果有着过于负面的预期,也可能导致个体在行为决策上的优柔寡断和麻痹(Coser, 1979; Merton, 1976),而认知重评的过程不仅可以提高个体对事情的认知能力和决策质量,帮助个体更积极地思考问题,而且有助于个体尽快从麻痹和抵制状态中脱离出来,避免陷入过度反思甚至产生焦虑,从而更有利于个体积极认知和主动决策。因此认知重评水平较高的员工可能对那些和是否实施角色外行为有关的决策有着更好的决策能力。相反,当员工的认知重评水平较低时,由于矛盾体验,员工寻找积极情境因素和线索的能力、动机都相对较弱,因此无法充分调整对决策结果的负面预期,此时员工仍然会通过回避和延迟决策(即麻痹和抵制状态)达到减少矛盾关系引发不适感的目的,进而使得角色外行为更多地受到LMXA的负向影响。基于以上分析,本研究提出假设:

假设5:认知重评情绪调节策略对LMXA和角色外行为之间的关系具有调节作用,即当员工的认知重评水平较高时,LMXA对角色外行为的负向影响更弱,反之亦然。

2. 表达抑制的调节作用

表达抑制作为情绪调节的另一种重要机制，是指个体通过抑制消极情绪表达，以达到改变情绪在行为方面的反应趋势。从认知方面来说，研究表明，表达抑制有利于员工隐藏消极情感，但对减少消极情绪并没有帮助，这是由于个体在抑制消极情绪过程中仍需要耗费大量认知资源，导致可能产生更多消极情绪(Zhang et al.，2019)。根据 Gross(1998)的研究，相对于认知重评的聚焦前因(antecedent-focused)的内涵策略，表达抑制属于以反应为中心(response-focused)的情绪调节策略，其区别在于认知重评属于事前控制，而表达抑制属于事后控制。换句话说，认知重评策略通过改变个体认知从而减少产生消极情绪(事前)，通常与积极结果相联系，而表达抑制是在消极情绪发生后(事后)对情绪反应的表面控制，真实情绪并未消失。因此，表达抑制会导致个体体验更少积极情绪和更多消极情绪，并且由于在表达抑制过程中仍需要"消耗巨大的认知资源(Richards & Gross, 1999)"，导致表达抑制策略往往会带来更多的消极情绪(Gross & John, 2003)。因此，表达抑制水平较高的员工在矛盾状态下由于负面情绪的累计和认知资源的消耗将无法有效搜集、处理和角色外行为有关的信息，这将进一步加大 LMXA 对角色外行为的负面影响。

从决策方面来说，根据前文分析，LMXA 会导致员工对行为决策结果不确定，并且更加倾向对决策可能产生的结果做出消极预期，这使得 LMXA 构成引发个体消极情绪的情绪线索。表达抑制水平高的员工会试图控制负面情绪，在行为上更多地采取回避方式来减少个体心理资源消耗，从而在更大程度上不投入角色外行为中。有研究证实，表达抑制对社会交换的不同方面都有负面影响，例如 Butler et al.(2003)发现负面情绪的表达抑制会在人际关系的各个阶段都起到负面影响人际关系的作用，并且会影响个人健康。因此，处于高水平表达抑制倾向的个体，更容易在矛盾关系体验中感受到负面影响，从而减少角色外行为。同时，表达抑制仅仅是对矛盾关系所产生的负面情绪的抑制，并没有认知上的改变，并且随着负面情绪的增加和认知资源的消耗，将进一步加强个体的麻痹和抵制状态，不利于个体更好地认知角色外行为所带来的结果，也不利于做出实施角色外行为的相关决策。基于以上分析，本研究提出假设：

假设6：表达抑制情绪调节策略对 LMXA 和角色外行为之间的关系具有调节作用，即当员工的表达抑制水平较高时，LMXA 对角色外行为的负向影响更强，反之亦然。

4.2.3 权力距离导向的调节作用

权力距离(power distance)指的是人们能够接受权力分配不均的程度(Hofstede & Minkov 2010),相对于宏观层面的权力距离概念,越来越多的学者开始关注个体层面的权力距离导向(power distance orientation),即个人在其所处关系中和所在组织中接受权力差异的程度(Clugston et al., 2000)。在高权力距离文化中,员工将严格遵守权力持有者制定的规章和制度。高权力距离文化下的员工注重对权威人物的尊重,并且对结构层次和社会层级分明的以及准确定义工作角色和职位的组织情境感到更舒适(Lam, Kraus, & Ahearne, 2010)。相比之下,低权力距离文化中,人们则避免强调威望和地位,员工更有可能挑战权力拥有者,并就工作中的正式准则和强制性做法提出自己的想法和建议。换句话说,处于低权力距离文化中或有着低权力距离导向的员工可能更倾向于挑战组织的现状。

根据现有研究,员工的权力距离导向虽然受到文化的影响但是仍然具有个体差异性,因此该构念有助于从文化视角对员工如何看待领导-成员关系做出解释(Richard et al., 2020)。权力距离导向高的员工通常对他们的领导感到更满意,且更喜欢指导型的领导风格,同时更加信任领导和尊重权威人物(Loi et al., 2012),这类员工往往更期望得到领导给出的方向和指导,以便对领导保持积极的态度(Lian et al., 2012)。研究表明,高权力距离导向的员工在教练型领导管理下表现更好,因为他们将权威人物视为榜样,而低权力距离导向员工对领导的权威并不尊重,从而可能产生冲突和消极影响(Jeung & Yoon, 2016)。

本研究认为当员工对领导-成员关系持有矛盾的态度时,权力距离导向在LMXA和员工角色外行为之间起到调节作用。权力距离对个体的行为和态度有着重要影响(Mulder et al., 1971)。Kirkman et al.(2009)发现权力距离导向会影响员工的情感、认知以及行为,高权力距离导向的员工对于领导具有更高的承诺和义务感,更愿意迎合领导,对领导也更为依赖(Mulder et al., 1973),这种心理认知倾向将显著影响个体对领导-成员关系的认知和感受。另外也有研究者指出,高权力距离的人往往会对于跨出工作描述边界感到不适而减少角色外行为(Javidan et al., 2006)。根据前文关于角色外行为的认知与决策讨论框架,对于高权力距离导向的个体来说,LMXA对角色外行为的负面影响会更加显著。

在认知上来说,研究表明权力距离会影响个体对领导的依赖程度,并与个体对不确定性的接受度有一定关系。高权力距离导向的个体在不确定的情境中往往更加缺乏心理安全感,表现出更多的负面情绪,此时个体更加重视并依赖自身与领导的关系(Daniels & Greguras, 2014; Schaubroeck et al., 2017)。因此,对自身和领导关系质量的不确定将加剧高权力距离导向的员工的认知僵化和认知偏狭,使其更为依赖领导,减少实施角色外行为的可能。

从决策方面来说,高权力距离导向会使得员工出于对权威的尊重而更加看重自身和领导的关系,并且更加依赖领导,而当员工对自身和领导的关系有着矛盾的体验时,这种对关系的重视和依赖会使得员工对决策结果感到更高的不确定性,进而导致员工更倾向抵制和逃避做出决策,在工作中仅仅被动接受指令,因此进一步减少了角色外行为出现的可能。而当员工的个人权力距离导向水平较低时,由于员工没有将领导视为绝对权威,对领导的依赖程度也较低,这部分员工相比于权力距离导向水平高的员工会更少关注 LMXA 可能带来的消极影响,此时 LMXA 不会在高水平上引发员工的不适感以及对决策结果的不确定感,从而削弱了 LMXA 对员工在组织中行为的影响作用。基于上述讨论,我们提出以下假设:

假设 7:权力距离导向对 LMXA 和角色外行为之间的关系具有调节作用,即当员工的权力距离导向较高时,LMXA 对角色外行为的负向影响更强,反之亦然。

4.3 研究方法

4.3.1 样本选择与数据收集

子研究二的调查样本来自全国不同行业的不同企业。本研究采取多阶段与配对问卷进行调研以尽量避免和减少同源偏差问题。在正式进行数据收集之前,调研企业人力资源部门领导和调研人员配合将所有问卷根据参与人员情况编码,之后员工将在不同的收集阶段收到带有唯一编号的问卷,在第一阶段的问卷发放中,员工收到一份带有唯一编码的员工问卷;在第二阶段的问卷发放中,员工收到一份带有唯一编码的领导问卷,该问卷由员工转交给领导填答,领导在整个填答过程中无须填写个人信息。在问卷发放前,员工被告知本次调查将分两次进行,旨在了解领导-成员关系和员工行为情况。在第一次数据调研中(时间 1),我们首选随机抽取 526 名员工并发放相关调研问卷。其中,员工问卷中包含相关人口统计学变量以及员工对 LMXA 的评价、个人的情绪调节策略水平、权力距离导向等。实际收回员工有效问卷 398 份,回收率 75.7%。在 4 个星期后,针对第一阶段已回收的有效员工问卷的 398 名员工开展第二阶段调研(时间 2),向员工发放领导问卷后由员工转交给领导填答。领导问卷主要包括对员工角色外行为的评价。实际回收员工有效问卷 321 份,回收率 80.7%。两阶段问卷全部回收后根据员工编码进行了员工-领导问卷的匹配,在剔除了无效填答的问卷后,最终获得 292 名员工-领导的有效配对样本。最终有效样本中,员工的人口特征分布为:男性占 62%,平均年龄 31 岁,70.2% 拥有专科及以上学历,平均工作年限 7 年,员工与领导的平均共事年限为 3.7 年。

4.3.2 变量测量

本研究所采用的测量量表均为现有文献中使用过的成熟英文量表,并通过翻译-回翻程序对量表进行了汉化翻译,保证量表在中文语境下的内容一致性(Brislin, 1980)。本研究量表均为 Likert 五点式量表。

为保证量表测量的准确性本研究对量表的信度进行了分析,结果表明各量表的信度系数(Cronbach's α 值)均在 0.70 水平以上,说明各指标内部的问题具有一致性。具体量表来源和信度系数如下:

(1) LMXA:领导-成员交换矛盾关系由员工根据自身实际感受在调研的第一阶段进行打分,和子研究一致,仍采用 Lee et al.(2019)开发的 LMXA 量表进行测量,包括"我有矛盾的想法:我有时觉得我和领导的工作关系很好,有时我又不这么觉得"和"我有矛盾的想法:我有时觉得我的领导理解我的问题和需要,有时我又不这么觉得"等 7 个被测题目。在本研究中,该量表的 Cronbach's α 值为 0.80。

(2) 员工角色外行为:参考以往研究(Erdogan et al., 2020),员工角色外行为采用 Maynes & Podsakoff(2014)的员工建言行为量表进行测量,由领导在数据收集的第二阶段根据员工在工作中的行为表现进行评价,具体包括"这名员工经常提出如何在工作中以新的或更有效的方式做事的建议"和"这名员工经常提出解决与工作有关的问题的建议"等 5 个题项。在本研究中,该量表的 Cronbach's α 值为 0.84。

(3) 认知重评和表达抑制:员工的认知重评和表达抑制水平通过情绪调节策略

量表进行测量(Gross & John,2003)。其中,认知重评主要包括"当我想感受到更积极的情绪时,我会改变我对当下情况的思考方式"和"当我想少一些负面情绪时,我会改变我对当下情况的思考方式"等6个题项;表达抑制主要包括"当我感觉到负面情绪时,我一定不会表达出来"和"我会把自己的情绪隐藏起来"等4个题项。在本研究中,认知重评和表达抑制量表的Cronbach's α 值分别为0.88和0.74。

(4) 权力距离导向:本研究采用Dorfman & Howell(1988)研究中的权力距离测量量表在第一次数据收集时测量员工权力距离导向。由员工自评打分,即评价自己在多大程度上同意相关题项表述,示例题项包括"领导在做大多数决策时无须咨询员工意见"和"领导对待员工时使用权威和权力非常重要"等6个题项。在本研究中,该量表的Cronbach's α 值为0.70。

(5) 控制变量:根据以往研究建议,本研究将性别、年龄、受教育程度等人口统计学变量和工作年限作为控制变量(Harris et al.,2014)。此外,和子研究一一致,本研究仍将LMX和LMX的平方项作为控制变量,以剔除LMX一次项及二次项对结果的影响(Lee et al.,2019),其中LMX的平方项在对LMX中心化处理后经计算得到,LMX的测量采用Graen & Uhl-bien(1995)的量表,共包含比如"我的领导了解我的工作潜力"和"我的领导了解我在工作上的问题和需要"等7个题项,该量表的Cronbach's α 值为0.79。

4.3.3 分析方法

本研究采用Mplus 7.4软件,通过路径分析方法对理论假设进行检验。具体操作如下:本研究首先构建了一个从自变量到结果变量的模型来检验假设4,其中包括自变量LMXA以及结果变量员工角色外行为。之后为了检验假设5、假设6和假设7,本研究采用潜调节结构模型法(the latent moderated structural equations method;Kelava et al.,2011)构建潜变量的交互项。温忠麟等(2013)指出,该方法在检验调节效应的过程中有效控制了测量误差,解决了乘积项非正态产生的估计偏差问题,因此结果相对来说更加精确无偏。具体来说,通过构建LMXA和认知重评、LMXA和表达抑制以及LMXA和权力距离导向的潜变量交互项,分别检验当认知重评、表达抑制和权力距离导向处于高、低不同水平时LMXA和员工角色外行为的关系。

4.4 数据分析结果

4.4.1 验证性因子分析

为了检验本研究中 LMXA、员工角色外行为、认知重评、表达抑制和权力距离导向等关键变量之间的区分效度以及各测量量表相应的测量参数,本研究通过 Mplus 7.4 软件进行验证性因素分析(confirmatory factor analysis,CFA),以证明各变量具有良好的结构效度。检验结果表明,5因子的基准模型拟合较好(χ^2=527.73,df=340,CFI=0.93,TLI=0.92,RMSEA=0.04),该模型的拟合优度显著高于其他3个竞争模型,从而表明测量具有较好的区分效度。具体结果见表4-1。

表4-1 子研究二验证性因素分析

模型	χ^2	df	χ^2/df	CFI	TLI	RMSEA
5因子模型: LMXA;CR;ES;PD;ER-B	527.73	340	1.55	0.93	0.92	0.04
3因子模型: LMXA;CR + ES + PD;ER-B	944.32	347	2.72	0.77	0.75	0.08
2因子模型: LMXA +CR + ES + PD;ER-B	1193.99	349	3.42	0.68	0.66	0.09
1因子模型: LMXA +CR + ES + PD + ER-B	1363.18	350	3.89	0.62	0.59	0.10

注:CR 表示认知重评;ES 表示表达抑制;PD 表示权力距离导向;ER-B 表示员工角色外行为。

4.4.2 描述性统计

本研究通过 SPSS 22.0 软件对所涉及变量的平均值、标准差和相关系数进行了分析,具体结果见表4-2。其中 LMXA 和员工角色外行为显著负向相关,为本研究的假设提供了初步支持。

表 4-2 描述性统计分析：平均值、标准差和相关系数

	变量	平均值	标准差	1	2	3	4	5	6	7	8	9	10	11
1	性别	0.62	0.48	—										
2	年龄	29.90	5.78	−0.20**	—									
3	受教育程度	2.82	0.68	−0.14*	−0.02	—								
4	工作年限	6.99	5.24	−0.15**	0.88**	−0.10	—							
5	共事时间	3.65	2.58	0.01	0.55**	−0.05	0.55**	—						
6	LMX	3.40	0.67	−0.00	0.11	0.07	0.09	0.22**	(0.79)					
7	LMXA	2.89	0.76	0.04	−0.09	−0.05	−0.10	−0.10	−0.15**	(0.80)				
8	角色外行为	3.64	0.84	−0.03	−0.00	0.01	0.01	0.11	0.21**	−0.38**	(0.84)			
9	认知抑制	3.95	0.87	−0.03	0.05	−0.05	0.07	0.12*	0.31**	−0.42**	0.54**	(0.88)		
10	表达抑制	2.98	0.86	0.18**	−0.11	−0.13*	−0.06	−0.08	−0.03	0.29**	−0.34**	−0.24**	(0.74)	
11	权力距离导向	2.79	0.72	−0.07	0.10	−0.05	0.10	0.02	−0.07	0.30**	−0.45**	−0.35**	0.22**	(0.70)

注：N（样本数）= 292；性别：1 = 男性，0 = 女性；受教育程度：1 = 高中及以下，2 = 大专，3 = 本科，4 = 硕士及以上；*，$p < 0.05$；**，$p < 0.01$；对角线上（ ）中加粗字体为对应的变量信度。

4.4.3 LMXA 对员工角色外行为的影响效应检验

为了检验 LMXA 和员工角色外行为之间的关系,本研究使用 Mplus 7.4 软件根据假设进行路径分析。结果表明模型拟合度良好($\chi^2=199.62$,df$=130$,$\chi^2/\text{df}=1.54$,RMSEA$=0.04$,CFI$=0.94$,TLI$=0.93$)。在控制了年龄、性别、受教育程度、工作年限以及 LMX 和 LMX 平方项等控制变量的影响之后,结果表明 LMXA 对员工角色外行为有负向影响($b=-0.36$,$p<0.001$),并且显著,因此假设 4:LMXA 对员工角色外行为有负向影响,得到支持。

4.4.4 情绪调节策略的调节作用检验

1. 认知重评的调节作用检验

如上文所述,LMXA 和员工角色外行为之间的关系是负向的并且显著,接下来将通过潜调节结构方程法检验认知重评对 LMXA 和员工角色外行为关系的调节作用。

模型运算结果表明,LMXA 和认知重评的交互项对员工角色外行为有正向影响($b=0.16$,$p<0.05$),并且是显著的。为了对认知重评的调节作用进行具体分析,本研究采用对调节变量认知重评的均值加减一个标准差的方法绘制调节作用图,即在认知重评均值的基础上加入一个标准差,即为高认知重评取值;在认知重评均值的基础上减去一个标准差,即为低认知重评取值;在图中分别用低和高表示,如图 4-2 所示。

由图 4-2 可知,从整体上来说,拥有较高水平的认知重评策略的员工的角色外行为要高于拥有较低认知重评策略的员工,具体来说,当员工的认知重评情绪调节水平较高时,LMXA 和员工角色外行为之间的关系不显著($b=-0.07$,n.s.);当员工的认知重评情绪调节水平较低时,LMXA 和员工角色外行为之间的关系是负向的($b=-0.29$,$p<0.01$),并且显著。这表明对于认知重评水平较低的员工,LMXA 会负向影响到角色外行为,但是,对于认知重评水平较高的员工,这种负向影响就变得不再显著。此外,当 LMXA 较高时,处于较低认知重评水平下的员工的角色外行为要明显低于 LMXA 较低时。这说明认知重评可以减弱 LMXA 对员工角色外行为的负向影响。这可能是因为当员工对其和领导的关系感到矛盾时,

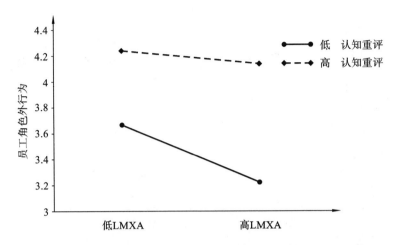

图 4-2 认知重评对 LMXA 与员工角色外行为关系的调节作用图

会激发负面的情绪,而倾向采用认知重评情绪调节策略的员工,可以通过改变认知的方式转化负面的想法,进而使得 LMXA 带来的负面情绪减少,特别是当员工的认知重评水平非常高时,通过认知的改变,使得 LMXA 对角色外行为的负面影响不再显著。以上结果与我们的假设相一致。因此,假设 5(认知重评情绪调节策略对 LMXA 和角色外行为之间的关系具有调节作用,即当员工的认知重评水平较高时,LMXA 对角色外行为的负向影响更弱,反之亦然)得到支持。

2. 表达抑制的调节作用检验

如上文所述,LMXA 和员工角色外行为之间的关系是负向的并且显著,接下来将通过潜调节结构方程法检验表达抑制对 LMXA 和员工角色外行为关系的调节作用。

模型运算结果表明,LMXA 和表达抑制的交互项对员工角色外行为有负向影响($b=-0.29$,$p<0.001$),并且是显著的。为了对表达抑制的调节作用进行具体分析,本研究采用对调节变量表达抑制的均值加减一个标准差的方法绘制调节作用图,在表达抑制均值的基础上加入一个标准差,即为高表达抑制取值;在表达抑制均值的基础上减去一个标准差,即为低表达抑制取值;在图中分别用低和高表示,如图 4-3 所示。

由图 4-3 可知,从整体上来说,在高表达抑制水平下,LMXA 对员工角色外行为的负面影响更强。具体而言,当员工的表达抑制情绪调节水平较高时,LMXA 对员工角色外行为的影响效应是负向的($b=-0.45$,$p<0.001$);当员工的表达抑制

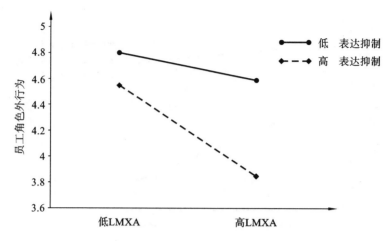

图 4-3 表达抑制对 LMXA 与员工角色外行为关系的调节作用图

情绪调节水平较低时,LMXA 对员工角色外行为的影响效应是负向的($b=-0.14$,$p<0.05$)。另外,当 LMXA 比较低时,员工的角色外行为在表达抑制水平高或者低时的差异不大,但是当 LMXA 比较高时,不同表达抑制水平下的员工角色外行为有着较大的差异。同时,当员工拥有较高水平的表达抑制情绪调节策略时,角色外行为要明显低于表达抑制情绪调节水平低的员工,这说明表达抑制策略可以增强 LMXA 对员工角色外行为的负向影响。这可能是因为当员工对其和领导的关系感到矛盾时,会激发负面的情绪,倾向采用表达抑制情绪调节策略的员工,面对负面情绪会尽量地不在行为上将自己的情绪表露出来,但是这也会导致更多负面情绪的累积,进而导致 LMXA 对角色外行为的负面影响效应更大。以上结果与我们的假设相一致。因此,假设 6(表达抑制情绪调节策略对 LMXA 和角色外行为之间的关系具有调节作用,即当员工的表达抑制水平较高时,LMXA 对角色外行为的负向影响更强,反之亦然)得到支持。

4.4.5 权力距离导向的调节作用检验

如上文所述,LMXA 和员工角色外行为之间的关系是负向的并且显著,接下来将通过潜调节结构方程法检验权力距离导向对 LMXA 和员工角色外行为关系的调节作用。

模型运算结果表明,LMXA 和权力距离导向的交互项对员工角色外行为有负向影响($b=-0.41$,$p<0.001$),并且是显著的。为了对权力距离导向的调节作用进行具体分析,本研究采用对调节变量权力距离导向的均值加减一个标准差的方法绘制调节作用图,其中,高权力距离导向取值为在权力距离导向均值的基础上加入一个标准差;低权力距离导向取值为在权力距离导向均值的基础上减去一个标准差;在图中分别用低和高表示,如图4-4所示。

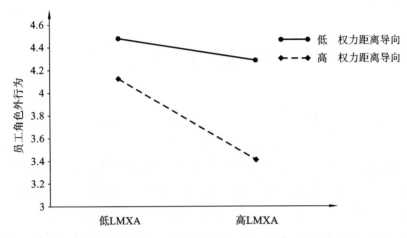

图4-4 权力距离导向对LMXA与员工角色外行为关系的调节作用图

由图4-4可知,从整体上来说,拥有较低水平的权力距离导向的员工的角色外行为要高于拥有较高权力距离导向的员工。具体而言,当员工的权力距离导向较高时,LMXA和员工角色外行为的关系是负向显著的($b=-0.48$,$p<0.001$);当员工的权力距离导向较低时,LMXA和员工角色外行为的关系不显著($b=-0.13$,n.s.)。因此对于权力距离导向较高的员工,LMXA会显著的负向影响角色外行为,但是,对于权力距离导向较低的员工,这种负向影响就变得不再明显。并且当LMXA较低时,不同水平权力距离导向的员工的角色外行为没有太大的差异,但是当LMXA较高时,这种差异变得非常明显,具体来说,权力距离导向处于高水平下的员工角色外行为要低于权力距离导向处于低水平的员工。这说明权力距离导向可以增强LMXA对员工角色外行为的负向影响。这可能是因为权力距离导向较高的员工,在一定程度上更倾向于听从领导的安排,本来就有较低的主动性去做角色外行为,特别是当员工对其和领导的关系感到矛盾时,这种和领导关系的不确定更加会限制这部分员工做出领导指示之外的行为。相反,权力距离导向比较低的员工,并不认为只有领导有权决定所有的事,而员工只能按照领导的指令行事,并

且他们也不认为自己和领导之间存在着巨大的差距,因此领导-成员之间矛盾的关系并不会对这部分员工造成太大的影响,也就是说此时,矛盾的关系不再构成一个情绪刺激源,更加不会成为员工的压力源,因此 LMXA 和员工角色外行为之间的负向关系也就变得不显著。以上结果与我们的假设相一致。因此,假设 7(权力距离导向对 LMXA 和角色外行为之间的关系具有调节作用,即当员工的权力距离导向较高时,LMXA 对角色外行为的负向影响更强,反之亦然)得到支持。

4.5 结果讨论

员工角色外行为对组织的发展起到非常重要的作用,因此一直是组织行为学领域关注的重点之一。以往研究表明,领导-成员关系会对员工的角色外行为有显著影响,但是对于 LMXA 和员工角色外行为的关系却缺乏探讨。鉴于矛盾关系的普遍性和稳定性,本研究探讨并检验了 LMXA 和员工角色外行为之间的关系,同时运用潜变量调节结构方程检验了认知重评和表达抑制两种不同的情绪调节策略,以及员工的权力距离导向对二者关系的调节作用。结果表明,LMXA 负向影响员工角色外行为(假设 4 得到支持),并且认知重评情绪调节策略会减弱二者之间的负向关系(假设 5 得到支持),而表达抑制情绪调节策略(假设 6 得到支持)和员工的权力距离导向(假设 7 得到支持)会增强 LMXA 对角色外行为的负向效应。

4.5.1 理论贡献

本研究在排除了 LMX 及 LMX 平方项的影响后,确认了 LMXA 对员工角色外行为的影响,主要在以下几个方面做出了理论贡献:

第一,本研究丰富了领导-成员关系的本土化研究,拓展了 LMX 理论边界。现有 LMX 理论基于社会交换理论和角色理论提出领导将员工划分为"圈内人"和"圈外人",导致了矛盾关系在组织管理领域的研究中被忽视。本研究基于心理学和社会学的研究基础,对 LMXA 展开了深入探讨,拓展了以往研究对领导-成员关系"非好即坏"的单维度认识,丰富了领导-成员关系的内涵,拓展了 LMX 的理论边界,扩展了本土化关于领导-成员关系的研究。

第二,以往研究表明领导-成员关系是影响员工角色外行为的主要因素之一,但是对LMXA和角色外行为关系的研究却极为不足。因此,本研究基于矛盾视角,根据社会交换理论、LMX理论和矛盾关系的MAID模型确认了LMXA对角色外行为的负向影响,弥补了相关文献的不足。同时解释了面对LMXA时,员工会采用聚焦情绪的应对策略以减少行为决策过程中的不适感,进而分析检验了LMXA和员工角色外行为的关系,发现员工面对和领导之间矛盾的关系会负向影响其角色外行为,补充了LMXA的影响结果研究。这些发现不仅有助于认识LMXA对员工角色外行为的影响,同时提高了领导-成员关系对员工行为的解释力度,有助于更为全面且深入地了解领导-成员关系对员工角色外行为的影响作用。

第三,现有研究缺乏有关LMXA对员工角色外行为直接影响的调节机制研究。本研究从情绪和文化视角讨论了LMXA对员工角色外行为直接影响效应的边界条件,确认了员工的认知重评情绪调节策略水平对LMXA和角色外行为的负向关系起到弱化作用,而员工表达抑制情绪调节策略水平和权力距离导向则强化了LMXA对角色外行为的负面影响,该结果扩展了对于LMXA影响员工角色外行为的边界条件的理解。

4.5.2 管理启示

员工角色外行为对组织的发展非常重要。本研究通过揭示LMXA和员工角色外行为的关系,以及对员工情绪调节策略、权力距离导向的边界作用的探讨,以期帮助组织减少、消除LMXA可能引发的负面影响,为组织的良好发展提供一定的借鉴意义。本研究对组织的管理启示主要有以下几点:

第一,虽然对其自身和领导的关系持有矛盾态度的员工通常会被认为是和领导有着中等水平的质量关系,但是本研究表明LMXA对员工角色外行为有着负面影响,而角色外行为对组织的发展非常重要,因此,人力资源部门应该更多的关注员工对领导-成员关系的态度,通过深入沟通和了解识别对领导-成员关系持有矛盾态度的员工,查明原因并加以疏导,同时也应该在培训中引导并鼓励领导考虑自己的行为,尽量在与员工的工作互动中保持一致,以帮助员工和组织更好的发展。

第二,当今商业环境复杂多变,使得组织中的矛盾体验非常普遍,同时领导也可能不可避免地在某种程度上采用多种相悖的领导方式以达到有效管理的目的,这都会加大员工形成对领导-成员关系的矛盾态度的可能性。因此,为了削弱LMXA对员工角色外行为的负面影响,组织在招聘和甄选中可以根据情绪调节策略的使用倾向和水平对员工加以区分,同时组织也应该注意在培训中鼓励、引导员工多采用认知重评策略来处理情绪,这不仅有利于组织的发展也可以帮助员工更好地融入组织氛围与节奏中。

第三,打造低权力距离的组织环境,并鼓励、引导员工多与领导沟通和交流,以打消其顾虑。权力距离是文化价值观的一个维度,个体的权力距离导向以及组织中的权力距离环境都会受到国家文化的影响(Hofstede,2001)。具有高权力距离导向的员工会更依赖外部控制源,因此也会更加关注外界环境,在组织中这部分员工会对领导表现出更多的依赖和顺从,因此,具有高权力距离导向的员工对领导-成员关系更加敏感,依赖领导做出决策,特别是在对领导-成员关系有着矛盾态度的情况下,这部分员工会更大程度的通过回避减少矛盾关系引起的认知不一致困扰和不确定性带来的不适感,进而表现出更少的角色外行为。因此,鉴于我国作为一个高权力距离的国家,组织更应该注意营造低权力距离的组织环境,并鼓励、引导员工多与领导沟通和交流,以减少 LMXA 引发的不利影响。

4.5.3 研究不足与展望

虽然本研究通过多时段、多来源的纵向研究检验了 LMXA 和员工角色外行为的关系,并且探讨了可能的边界机制,但是仍存在一些不足。首先,鉴于建言行为是一种典型的角色外行为,对组织发展影响极大,并且以往研究也确认了领导-成员关系是影响员工建言行为的重要因素,因此本研究选择考察 LMXA 对建言行为的影响。但是,也有研究根据建言内容、动机等的不同对建言行为做了进一步的分类,比如,促进性建言、防御性建言、攻击性建言等。因此,在未来的研究中可以更为细致、全面的检验 LMXA 对不同类型的建言行为的影响,以更全面的认识 LMXA 对员工行为的影响。此外,本研究从情绪和文化视角考察了情绪调节策略和权力距离导向对 LMXA 和角色外行为的边界作用,未来研究也可以从不同层次和视角考察可能存在的边界机制,比如当员工对领导-成员关系持有矛盾态度时,会引发对行为的结果不确定,而团队成员交换作为团队层面的因素,可以在一定程度上通过加强成员间的交流为员工提供更多的信息资源(朱瑜 & 钱姝婷,2014),增加员工的心理安全感(Anand et al.,2010),进而弥补领导-成员矛盾关系带来的不确定感和不适感,在 LMXA 和角色外行为的关系中发挥缓冲作用,更多的边界机制可以在以后的研究中加以检验。

5 LMXA对员工角色内行为的影响研究

5.1 问题提出

关于员工行为分类定义,被广泛接受与认可的是 Vandewalle et al.(1995)的研究,他们将员工角色内行为定义为个体执行和完成基于工作任务与组织流程所定的角色要求,将员工角色外行为定义为超出工作角色内行为且对组织绩效有利的自发性行为。Williams & Anderson(1991)指出员工表现出角色内行为意味着员工很好地完成了职位规定的工作任务且达到了一定的绩效标准。国内一些学者也对角色内行为进行了一定探讨,如苏中兴(2010)的研究指出员工角色内行为与企业绩效指标之间存在显著关系,并建议中国企业需要进一步提升和规范员工角色内行为。雍少宏 & 朱丽娅(2013)则归纳了员工角色内行为的三个特点,即标准性、强制性、系统性。角色内行为是组织管理研究探讨最多、最广泛的一类行为,因为员工的这类行为直接影响组织的绩效产出。基于员工角色行为的研究,学者们将组织绩效类似地划分为角色内绩效与角色外绩效以便评估和反映员工在组织中的角色行为表现。研究表明,员工在工作中的行为表现在很大程度上受到两个因素的影响:组织内员工感知到外界对自身的角色期望,以及员工对自身在组织中角色的认知(Katz & Kahn,1978)。根据这一观点,有学者将角色内绩效进一步定义为,员工完成组织中职位说明书里所规定的正式角色所要求的行为(Vigoda,2000)。因此,员工角色内行为会通过绩效水平反映出来。不同学者对角色内绩效的前因影响因素进行了探讨,如有研究发现 HPHRP(高绩效人力资源管理实践)和员工胜任特质能够提高员工角色内绩效(仲理峰,2013),员工情绪不稳定性与角色内绩效也有显著的负相关(Raja & Johns,2010)。在组织层面,有研究发现员工感知的组织支持与角色内绩效成正相关(Arshadi,2011)。另外,组织环境、员工对环境感知以及员工的组织承诺都会显著影响员工角色内绩效(Felfe et al.,2014)。Carette et al.(2013)通过测量不同职业发展阶段与员工绩效的关系发现,员工角色内绩效在事业发展初期与工作目标设定显著正相关,而该关系在事业发展中期呈倒 U 型的二次关系。另外,有学者指出领导行为等因素对员工角色内行为有重要影响,比如,领导辱虐会显著降低员工的工作积极性和角色内绩效(Tepper,2007),而道德领导则可以促进员工角色内绩效(Walumbwa et al.,2012),领导-成员交换关系也对员工角色内行为表现发挥着作用。如前文所述,"圈内人"感知代表高质量交换关系,而"圈外人"感知则代表低质量交换关系,在低质量交换关系中更多进行的是"经济交换",这种交换类型往往局限于契约型的交易关系;而在高质量交换关系中更多进行的是"社会及情感交换",这种交换类型往往会有更多超越交易型关系的社会交换互动,交换双方会投入更多信任与情感。根据 LMX 理论,当领导-成员交换关系质量较高时,员工可以从领导获得更多的心理支持和各种资源,从而更容易完成工作任务,员工也更倾向于在工作上做出更好的表现来回报领导和满足互惠规范(Graen & Uhl-Bien,1995)。此外,当员工感到自己属于领导关系的"圈内人"时,员工更愿意投入更多到交换关系中去,并且有更强的动机在工作中和交换互动中表现得更好。在高 LMX 关系质量的促进下,员工往往表现出更好的绩效水平(梅哲群等,2014)、更多的创新行为(孙锐等,2009;彭正龙等,2011)等。现有研究认为良好的领导-成员关系不仅有利于员工角色内绩效表现(Joo,2012),而且可以增强员工改进绩效的动机(Selvarajan et al.,2018)。然而现有研究仅将领导-成员关系质量视为一个由低到高的连续体(王辉,张翠莲,2012),无法将 LMXA 有效的区分出来,针对 LMXA 对员工角色内行为影响的研究相对匮乏,缺少系统讨论和实证检验。Lee et al.(2019)认为研究领导-成员交换关系矛盾体验下员工的行为反应是至关重要的,并呼吁学者们能够填补此处空白。综上所述,本研究拟从社会交换理论、LMX 理论和 MAID 模型探讨 LMXA 对员工角色内行为的影响。

根据前文关于矛盾关系以及 MAID 模型的讨论和叙述,对领导-成员交换关系有着矛盾体验的个体由于认知、态度的不一致会产生强烈的不适感,这会极大限制个体的认知灵活性,同时当个体在矛盾体验下需要做出决策时,矛盾体验使个体对决策后果感到极大的不确定。而个体主要通过两种策略来应对矛盾体验引发的不适感和不确定,即聚焦问题策略和聚焦情绪策略。其中,聚焦情绪策略是指个体通过逃避、拖延做出决策以减少负面情绪;而聚焦问题策略是指在无法回避做出决策的情况下,个体不得不转向关注问题,并试图在最小化消耗认知资源的前提下完成有偏见的认知加工。研究表明聚焦情绪策略是有着矛盾体验的个体在面对决策时的首要选择,但是在决策不可避免时,个体也会同时采用聚焦情绪和聚焦问题两种策略以应对矛盾体验引发的不适感。尽管和角色外行为相比,角色内行为是组织在员工工作任务和工作职责中所明确规定的那些行为,无须员工自主发现问题或者机会,但是员工在多大程度上以及是否出色、高效的实施角色内行为则需要员工做出决策,这也使得员工无法仅仅通过聚焦情绪策略,逃避做出行为决策就能达到减少不适感的目的。因此,本研究认为 LMXA 对员工角色内行为的影响可能相较于对角色外行为的影响机制更加复杂,据此本研究将进一步探讨 LMXA 影响角色内行为的中介机制与边界条件。子研究三的研究框架如图 5-1 所示。

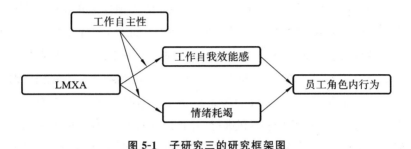

图 5-1 子研究三的研究框架图

5.2 理论分析与研究假设

5.2.1 LMXA 对员工角色内行为影响的情绪、认知双元路径

组织能够正常运转主要得益于以下三个方面:第一,该组织能够吸引员工,使员工愿意留下工作且感到满意;第二,员工留在组织中顺利完成组织中规定的工作;第三,员工进一步表现出主动性,能够在组织中做出超越工作角色和岗位规范中的行为,为组织带来额外且重要的利益(Katz,1964)。前两个方面对应着员工角色内行为,这类行为通常处于组织规范和工作规定范围内,是组织要求员工必须完成的行为,例如留在职位上、完成工作任务等。员工角色内行为在很大程度上直接决定了组织的绩效产出,而该行为会受到多方面因素影响,其中最重要的影响因素是员工与领导的交换关系(Hui et al., 1999)。社会交换理论认为当处于关系中时,双方的行为都会遵循互惠规范,如果员工与领导关系质量高,那么员工会通过积极行为,如出色地完成工作来回报领导。不仅如此,高质量的 LMX 关系也能给员工带来更多的工作资源以及社会情感资源,进而帮助员工更出色地完成角色内行为,提高自身绩效水平;相反低质量的 LMX 关系可能会使员工仅有相对低水平的角色内行为和绩效评价。在组织中,员工需要机会充分展示和发挥自身能力,他

们同时也期望自身表现能受到领导重视并得到好的评价(Han & Bai, 2020)。研究表明组织中领导-成员关系质量会影响领导对员工的绩效评价,由于交换双方的互惠义务是社会交换过程中的内隐规则,因此领导更加倾向给予关系好的"圈内"员工更高的绩效评价(Martin et al., 2016)。因此作为领导关系网络的圈内人可以获得大于付出更多的收益(俞达 & 梁钧平, 2002)。此外,领导不仅对员工有着评价的权力也掌握着更多的组织资源,员工角色内行为能否达到预期结果与领导-成员关系质量密切相关(Graen & Uhl-bien, 1995)。领导给予支持的程度对员工能否顺利完成工作非常重要,而良好的关系质量意味着员工可以在工作中从领导那里得到更多支持,进而保证工作顺利进行,并且与领导有着高质量关系的员工通常会感到更强的工作责任感,认为自己有更大影响力(孙锐 & 李树文, 2017)。另外,拥有高质量 LMX 的员工与领导者间的紧密联系为他们提供了更多的信息和资源(Dienesch & Liden, 1986; Seibert et al., 2001),他们往往会被赋予更具有挑战性的任务,拥有更大的自主权和更多的决策自由。然而,当员工对领导-成员交换关系有着矛盾体验时,由于无法确定自身和领导的关系质量好坏,使得员工既无法确定能在多大程度上从领导处获得支持以保证工作行为取得期望结果,也不确定自身的工作结果能否得到领导的恰当评价,进而导致员工对自身应该在多大程度上完成角色内行为产生决策困难,其实现工作目标的行为会受到抑制(Pratt & Pradies, 2011; Rothman et al., 2017)。因此,本研究认为 LMXA 如何影响员工角色内行为需要深入探讨。

基于前文有关 MAID 模型的叙述,当个体需要在矛盾体验状态下做出决策时可以选择采取两种基本应对策略:聚焦情绪和聚焦问题(Van Harreveld, et al., 2009b)。其中,在聚焦情绪的策略中也包含两种方式,一种是回避行为。Luce et al.(1997)发现个体面对难以决策的情况时会寻求机会逃避做出决策,例如,一个棘手且令人讨厌的工作任务会导致回避行为(Steel, 2007)。研究表明回避行为可以成功的减少消极情感(Luce et al., 1997)。另一种聚焦情绪的应对策略是重新定义情境,即个体会通过否定和回避对决策承担责任的方式以达到减少因决策引起的负面情感。然而在工作实践中,一直采取回避决策或者否定对决策承担责任是不太可能的。因此 Luce et al.(1997)进一步提出,个体也会选择采取聚焦问题策略,在矛盾体验状态下做出决策,这样做的目的是增加对决策的自信。为了在矛盾体验的情况下做出决策,个体需要通过不同的方式来降低因矛盾的不确定性所引发的不适,其中一种方式就是通过改变态度来减少不确定感。这时,个体会投入更多的认知资源以获得更多的情境线索和信息,以求在矛盾体验状态下做出最优决策。因此,有学者指出矛盾体验状态会导致个体对所获得的情境信息进行系统性的处理以达到减少因矛盾体验所引发的不适感,而这个处理过程会大量消耗认知资源和能量(Van Harreveld et al.,2004)。但是,当处于矛盾状态的个体没有足够的认知资源来处理矛盾所带来的问题时,个体的矛盾态度、认知并不会减少。比如,当员工不确定自己和领导的关系质量时,会使得员工无法确定自己的工作能否得到领导的支持,进而对行为能否取得期望的结果产生怀疑。因此根据上述分析,鉴于领导-成员关系质量对于员工绩效评价的重要性,当对领导-成员交换关系有着矛盾体验的员工需要做出和角色内行为有关的决策时,比如在工作中多大程度的尽责和尽力完成任务等,这会进一步激活员工的矛盾体验,他们将无法准确地衡量其工作行为的成本和收益,而矛盾体验引发的不适感会促使员工产生减少矛盾体验的动机,这将进一步加剧认知资源消耗,然而现实中个体往往没有足够的认知资源和精力来充分实现无偏见处理信息,甚至个体在决策过程中产生的认知负荷可能进一步加剧个体的矛盾体验(De Liver et al.,2007)。因此,经历领导-成员交换关系矛盾体验的员工实现工作目标的行为会受到抑制(Pratt & Pradies,2011;Rothman et al.,2017)。

在个体应对矛盾状态的过程中,MAID 模型认为个体通过有偏见系统处理信息也是减少矛盾体验的有效方法(Brownstein,2003)。在认知方面,由于无偏见认知系统需要对积极和消极的想法加以整合以保证个体能客观地处理信息和决策,而整合不一致信息需要更多的处理时间和精力(Van Harreveld et al.,2004),所以有偏见系统往往比无偏见系统消耗更少的认知资源和能量。Brownstein(2003)研究发现在现实生活中这种有偏见的预决定处理确实会发生,并且当个体所需要做的决策越艰难,出现带偏见的认知处理就越多。根据社会信息处理理论,在信息加工的早期阶段,偏见会导致个体对与态度对象相关的信息进行选择性注意和加工,这将有助于个体减少矛盾心理和状态。另外,如果态度倾向于两种极端评价中的一种,这就出现了偏差的方向,这种带偏见性的社会信息加工方式被称为启发式处理,这种方式可以减少矛盾体验,对认知的要求也更低(Chaiken,1980),因此个体可以通过有偏见的认知系统加工减少因矛盾体验而引发的认知负荷和不适感。

处于矛盾体验中的个体可以选择性的采取聚焦情绪的应对策略或者采取聚焦问题的应对策略,但是个体也可以同时采用上述两种不同的策略来应对矛盾体验引发的不适感(Luce et al.,1997;Van Harreveld et al.,2009)。其中,最小化认知努力和最大化准确性是个体在选择应对策略时的两个重要因素(Payne et al.,1993;Van Harreveld et al.,2009)。当处于矛盾体验中的个体很难做出决策时,为了最小化消耗认知往往会倾向选择聚焦情绪,将回避和拖延作为首要应对策略,但无法避免做出决策时,个体专注于问题的应对策略就会开始发挥作用(Luce et al.,1997),这一过程将极大地消耗个体的认知资源。和角色外行为不同的是,尽管工作任务和工作职责中明确规定了角色内行为的相关内容,使得员工不需要自主发现问题或者机会,但是员工对在多大程度上以及是否出色、高效的实施角色内行为仍然需要做出决策,这也使得员工无法仅仅通过聚焦情绪策略,逃避行为决策就能达到减少不适感的目的。因此,LMXA 对员工角色内行为的影响可能相较于对角色外行为的影响机制更加复杂。根据最小化认知努力原则,当面对那些暂时可以逃避、拖延的和工作有关的决策时,员工会首先通过认知消耗最少的情绪路径来减少矛盾带来的不适感;但当员工面对那些必须要完成的角色内行为并要对完成该行为的方式或者努力程度等做出决策时,员工将不得不消耗更多的认知资源来应对因矛盾关系所引发的对决策结果的不确定。综上所述,本研究认为当员工对领导-成员交换关系存在矛盾体验时将无法完全投入工作(Han,2020),继而通过两条路径,即情绪和认知路径来调整和解决自身因矛盾关系引发的不适感。基于以上分析,本研究将进一步探讨和检验情绪、认知两条路径的具体作用机制以及边界效应。

5.2.2　LMXA 与工作自我效能感

工作自我效能感是指个体对自身在工作中有能力完成某些任务的信心(Rigotti et al.,2008),它被认为是与个人能动性有关的最普遍与核心的社会认知机制(Bandura,1986)。Bandura(1986)认为,自我效能感代表了个体对自身具备控制事件的能力的信念,因此那些从事已经熟练掌握的工作的员工往往对自身工作能力更有信心,具有较高的工作自我效能感。相关研究表明工作自我效能感可以正向影响员工任务绩效(Locke et al.,1984)、工作表现(Stajkovic & Luthans,1998)、职业决策(Lent et al.,1994)、工作结果产出等,从而对组织产生积极的作用。此外,研究发现即使工作要求较高,具有高工作自我效能感的员工仍能创造性地进行工作,并愿意甚至渴望在工作中承担新任务(Bandura,1997)。研究表明,个体主要通过以下四种途径获取工作自我效能感:①替代经验(vicarious experience),例如从观察他人获得自我效能感;②言语说服(verbal persuasion),例如受他人鼓励和反馈而产生的自我效能感;③生理唤醒(physiological and affective states),例如与任务绩效相关的情绪状态影响自我效能感;④掌握经验(enactive mastery experience),例如从过去的成功经验中获取自我效能感(Bandura,2000)。

领导作为组织的代理人不仅有权分配组织中的各类资源,也有责任指导和评估员工的工作表现。因此,领导-成员关系质量直接影响员工工作自我效能感的获取(Jawahar et al.,2018)。首先,对领导-成员关系有着矛盾体验的员工无法完全认同领导,因此他们无法以领导为榜样从领导那里获取替代经验。其次,领导者通常会向员工提供绩效反馈(Dulac et al.,2008),当领导-成员关系质量高时,领导更倾向通过积极的言语鼓励员工,给予员工正面的、指导性的反馈;当领导-成员关系质量低时,领导则可能更多给予员工负反馈或者消极的评价(俞达 & 梁钧平,2002)。然而对领导-成员交换关系有着矛盾体验的员工在和领导的互动中既会取得积极线索也会得到消极线索,这种不确定会使得员工无法像"圈内人"那样从领导的言语中获取工作自我效能感。另外,高质量的领导-成员关系可以为员工提供身心健康的环境以促进员工生理唤醒,从而强化员工的自我效能信念(Jawahar et al.,2018)。领导-成员关系影响员工感知到的资源获取能力(杨自伟等,2014),高质量的领导-成员关系让员工感知到更强的自我效能、更加自信且对未来更乐观(Liao et al.,2010)。然而,对于领导-成员交换关系有着矛盾体验的员工往往对自身在组织中的地位有着较低的评价(刘燕君等,2021),并且对工作的稳定性和发展前景都充满了担忧(史烽等,2021),继而导致较低的工作自我效能感。最后,领导可以通过给员工安排具有价值和挑战性的工作任务并为其提供支持来帮助员工更好掌握自己的工作(即获取更多的成功经验),从而增加员工工作自我效能信念(Bauer & Green,1996)。然而和拥有高质量领导-成员关系的员工相比,对领导-成员关系有着矛盾体验的员工并不确定领导对自身的支持,以及是否有能力出色地完成工作(Han,2020),从而因缺乏成功的经验导致较低的工作自我效能感。基于以上分析,本研究提出假设:

假设8:LMXA对员工的工作自我效能感有负向影响。

5.2.3　工作自我效能感的中介作用

根据社会认知理论,工作自我效能感对个体思想、动机和行为产生均有显著影响,并通过一定的反应过程塑造个体行为(Shamir et al., 1993)。早期研究指出工作自我效能感会影响个体在工作中的行动准备和行动改变(Schaubroeck & Merritt, 1997)。通常来说,个体在自我效能感不足的情况下很难在工作中做出努力,除非其相信自己有能力取得预期的结果。以往研究表明工作自我效能感在个体学习和努力实现目标等方面都有着积极的影响。拥有高工作自我效能感的个体在实现目标的过程中往往表现出更多的努力和坚持,并且自我效能感有助于个体形成积极动机,这也促使其通常可以取得更好的绩效表现(Machteld et al., 2015)。例如,Multon et al.(1991)研究发现自我效能感水平高的学生相较于自我效能感低的学生在学业上的绩效表现更好;Moritz et al.(2000)在针对体育运动方面的研究中也再次验证了这一结论;Stajkovic & Luthans(1998)则在工作场合检验了自我效能感对员工工作表现的促进作用。Bandura(2001)认为在组织中个体会根据其工作自我效能感的高低来决定应该进行哪些活动,避免哪些活动,应该付出多少努力,以及在一些工作任务上坚持多久,以取得预期结果。基于此观点,越来越多的研究通过实验、纵向研究和元分析研究,在不同组织环境中验证了自我效能感对员工绩效的积极影响(Bandura & Locke, 2003; Chen, Casper, & Cortina, 2001; Walumbwa, Avolio, & Zhu, 2008; Walumbwa et al., 2009)。另外,也有研究发现拥有高自我效能感的员工有着较高的工作投入(Consiglio et al., 2016),并且倾向设定较高的工作目标(Bandura & Locke, 2003; Walumbwa et al., 2011),因此自我效能感高的员工能够更为出色的履行工作职责,完成工作任务,绩效表现更好。基于上述分析,我们提出以下假设:

假设9:工作自我效能感在LMXA和员工角色内行为之间起中介作用。

5.2.4　LMXA 与情绪耗竭

情绪耗竭是指在工作中个体感到自身的情绪资源被耗尽和剥夺(Maslach & Jackson, 1981)。作为一种面对压力的应激反应(Schaufeli & Enzmann, 1998; Lambert et al., 2013),情绪耗竭是工作场所倦怠(burnout)的主要表现之一

(Maslach et al.,2001;Halbesleben & Bowler,2007)。Cordes et al.(1997)认为员工在与领导的互动过程中会自然地产生压力应激,这使得员工有出现倦怠的可能。有学者提出领导与员工之间积极交流能够缓解这种"压力-应激"关系(Fenlason & Beehr,1994),这是由于积极交流有助于领导和员工之间建立较高质量的关系,而低质量的领导-成员关系则会给员工带来压力从而导致员工情绪耗竭。

对于在领导-成员关系中具有矛盾体验的个体,也存在出现情绪耗竭的可能(Han,2020)。根据 MAID 模型,当员工对上下级对偶关系有着矛盾体验时会引发一系列的情绪反应。由于对关系质量的不确定使得员工在工作决策中会对决策结果产生预期后悔情绪,这种情绪会继而引发不适感,而这种不适感会进一步催生负面情绪(Lee et al.,2019),负面情绪是对情绪资源的一种损耗。

另外,也有学者从平衡与认知失调理论视角来解释矛盾体验的可能后果,认为当个体出现两个互相矛盾的认知时会因认知不一致感到不适与厌恶(Hinojosa et al.,2017),这种不适与厌恶可能来自基本心理需求的不满足以及对自身角色的模糊(Han,2020)。值得注意的是,Leroy et al.(2015)指出上下级关系在支持和满足员工自主性等基本需求满足方面扮演着重要的角色,并且在上下级关系发展过程中的角色塑造对员工的需求满足与工作表现也有着至关重要的影响(Han,2020)。因此,当员工 LMXA 水平高时,员工在领导-成员关系发展过程中的角色定义过程受到影响,对自身角色产生模糊和不一致的定位与认知,这种矛盾体验会影响员工的心理需求满足感,从而产生负面情绪甚至耗竭感。换句话说,在矛盾的上下级关系背景下,员工不能确定自己是"圈外人"还是"圈内人",这种对角色定义的矛盾或差异成了压力源从而导致个体产生需求挫败、角色压力、紧张、困惑和焦虑等反应,最终导致情绪耗竭(Örtqvist & Wincent,2006;Deci et al.,2017)。另外,有着矛盾体验的员工在面对那些不需要立即做出决策的角色内行为时,会采取聚焦情绪的应对策略,通过拖延决策的方式来暂时缓解矛盾体验引发的负面情感,然而这种拖延虽然在初始阶段对减少消极情绪有一定的帮助,但是后续往往会引发更强烈的负面情绪(Steel,2007)。与此同时,对角色内行为决策的逃避也可能导致员工不能很好地设置工作目标,而个体的目标追求、达成和个体的积极情绪与之紧密相关(Diener & Fujita,1995;Sheldon,Kasser,Smith,& Share,2002)。因此,当员工由于矛盾的、不确定的领导-成员交换关系而不能很好地设置和达成工作目标时,他们更容易产生负面情绪甚至耗竭。此外,矛盾关系使得员工也无法确定能否从领导那里获得足够的资源和支持来帮助自身达到工作目标,这也会给员工造成较大的工作不安全感(史烽等,2021),这种工作不安全感以及工作目标的无法实现也会成为员工的压力源(Sheldon et al.,2002),从而引发更多的压力应激反应,加剧员工情绪耗竭。基于以上分析,本研究提出假设:

假设10:LMXA对员工的情绪耗竭有正向影响。

5.2.5 情绪耗竭的中介作用

Hobfoll(2001)认为资源包括实物、个人特质、条件或能量,资源可能本身就有价值,或者因为它们作为获取或保护有价值资源的渠道而有价值。当员工面对实际资源损失、可能失去资源的风险或者投入资源与获得回报不匹配等情况时会感受到压力,进而导致情绪过载或者情绪耗竭(Halbesleben & Bowler,2007;Janssen et al.,2010;Yang et al.,2021)。员工与领导的关系是组织的一种重要资源(Lai et al.,2018),当员工感到他们的"资源"不足以满足当前的工作需求的时候,他们会感到压力并导致情绪耗竭(Halbesleben & Bowler,2007),而情绪失调、耗竭都对角色内行为具有负面影响(Halbesleben & Bowler,2007;Rispens & Demerouti,2016)。当员工面对因LMXA引起的情绪耗竭时,往往会努力保护或补充失去的资源,或者尝试各种办法摆脱这种耗竭的状态(Siegall & McDonald,2004),然而现有研究表明从沉重的工作需求中抽离,减少工作努力和较低的绩效水平成了员工普遍的应对策略(Halbesleben & Bowler,2007;Janssen et al.,2010)。也有研究发现当员工觉得自己对实现所期望的目标几乎没有控制权,那么他们就不太可能投入实现该目标所需的工作(Campbell & Martinko,1998),从而难以激发高的工作表现。Taris(2006)认为,情绪耗竭包含精力和动机两个成分,反映了个体的无力感和不愿意付出努力。Bakker et al.(2004)的研究表明情绪耗竭会降低员工在解决工作相关问题上的自信,进而导致任务绩效水平降低。

综合前文所述,当员工对高回报和互惠性的领导-成员关系有着矛盾体验时,他们的基本心理需求不能得到满足,对自身角色定位也感到模糊,进而对实施角色内行为所造成的结果感到不确定且不可控,在这种情况下由于不确定性的压力以及矛盾体验所带来的认知与情绪损耗使员工更容易产生情绪耗竭感,减少了个体在解决工作问题上的自信、努力和动机,进而进一步减少角色内行为。基于以上分析,本研究提出假设:

假设11:情绪耗竭在LMXA和员工角色内行为之间起中介作用。

5.2.6 工作自主性对认知路径的调节作用

研究表明,工作特征本身具有一些核心的属性,比如自主性等,能够在一定程度上满足员工心理上的需求,从而帮助其保持较高的工作动机,并且这些工作的核心属性能够缓解员工的工作压力和心理资源耗竭,帮助员工将外在动机进行内化,从而最终提高员工工作绩效表现(Deci & Ryan, 2008; Bakker & Demerouti, 2007)。工作自主性作为工作核心特征之一,具体是指组织内,员工对自身工作和工作涉及的相关活动的自主决定程度(Hackman & Oldham, 1975)。工作自主性高的员工拥有更多机会扩大角色边界,灵活安排相关工作,这使得员工对资源、信息等工作因素的整合能力变强(Hackman & Oldham, 1975)。当员工工作自主性低时,员工的工作流程和要求固定,员工的行为模式会受到各种限制,这将不利于员工的资源整合能力发展,甚至降低员工满意度,影响员工绩效。近年来,越来越多的研究证实了工作自主性对员工的积极作用,例如工作自主性高的员工更善于获取和转化不同工作资源,并表现出较高的绩效和更多的角色外行为(杜鹏程等,2014),并且工作自主性对员工建言行为、主动行为以及组织承诺感、工作满意度都有着正面影响(Bolino et al., 2002; Bakker & Demerouti, 2007)。Behrman & Perreault(1984)认为组织给予员工充分的工作自主性时,员工能够感知到组织对自己的重视以及对自己贡献的认可。另外,当工作自主性高时,员工在工作执行过程中具有更高的灵活性和控制感,此时员工对领导的依赖要明显低于工作自主性低的员工。因此,本研究认为当员工的工作自主性高时,员工可以获得一定的心理需求满足,增加员工的工作满意度,继而提高员工认知灵活性,激活和唤醒员工积极的工作情绪和动机。此外,由于工作自主性为员工提供了空间、权力和资源,这使得他们在对领导-成员关系有着矛盾体验时,有机会通过获取更多的社会信息和关系线索来解决矛盾体验引发的不适感,比如通过相对无偏差系统进行认知加工,帮助员工做出正确决策,在工作中获得更多成功经验。因此,高工作自主性通过满足员工心理需求和令员工无须过度关注与领导的关系,削弱了 LMXA 对员工工作自我效能感的负面影响。而当员工的工作自主性低时,员工没有充分的工作资源以及使用各种资源的权力,需要更大程度地按照领导的指示工作,这就导致员工不得不密切关注自身与领导之间的关系,此时员工自我效能感的获取更多地源自领导。另外,低工作自主性使得员工在工作动机和情绪上都处于低激活水平,此时领导-成员关系的矛盾体验会进一步加大员工认知消耗,降低自我效能感。因此在低工作自主性水平的情况下,LMXA对员工自我效能的负面影响更强。基于上述分析,我们提出以下假设:

假设12:工作自主性对LMXA和工作自我效能感之间的关系具有调节作用,即当工作自主性水平较高时,LMXA对工作自我效能感的负向影响更弱,反之亦然。

假设13:工作自主性负向调节LMXA和员工角色内行为之间经由工作自我效能感产生的间接效应,即当工作自主性水平较高时,上述间接效应更弱。

5.2.7 工作自主性对情绪路径的调节作用

工作自主性给予员工在工作中更多的决策自由满足了员工的自主性需求,使得员工在工作中表现更好(Langfred & Moye, 2004; Stern et al., 2008)。当员工的工作自主性较高时,他们往往会有更强的兴趣与动机来完成工作,甚至对参与工作活动抱有较强的兴奋感(Oldham & Cummings, 1996;刘小禹等,2018),因此,对于有着领导-成员交换关系矛盾体验的员工来说,工作自主性不仅在认知决策路径上发挥着调节作用,在情绪路径上同样也会有着积极效用。Chang et al. (2021)研究发现高工作自主性可以减少个体的焦虑情绪;Dreison et al. (2018)也在研究中验证了工作自主性可以减少员工压力感;李君锐 & 李万明(2016)的研究证实工作自主性可以正向影响员工心理可得性,而这与员工对工作中情绪资源的感知密不可分。付晔等(2020)认为工作自主性体现出组织对员工能力的认可和重视,这些积极的价值认可和反馈有利于员工的积极情感。员工在与领导的互动过程中,由于职级差异不可避免地会令员工感到压力,而这种压力不仅会影响员工的认知,也会引发员工负面情绪。当工作自主性高时,意味着工作设计上的自主性可以在一定程度上使得员工对领导的依赖程度降低,进而削弱领导的作用,这被称作为领导抵消因素(Kerr & Jermier, 1978)。当员工对领导的依赖程度降低,其对自身与领导的关系质量也就不再过度关注,进而使得领导-成员关系对员工情绪的影响也会减弱。除此之外,员工对领导-成员关系的矛盾体验会大量消耗员工的认知,降低员工的决策能力,这一过程极大的消耗了员工的心理资源,进而导致员工感到情绪资源上的剥夺与耗竭。因此,当工作自主性高时,员工由于获得了更多的空间、权力和资源,这使得他们可以由关注关系转向关注工作,从而减弱LMXA引发的情绪

消耗。基于上述分析,我们提出以下假设:

假设14:工作自主性对LMXA和员工情绪耗竭之间的关系具有调节作用,即当工作自主性水平较高时,LMXA对员工情绪耗竭的正向影响更弱,反之亦然。

假设15:工作自主性负向调节LMXA和员工角色内行为之间经由员工情绪耗竭产生的间接效应,即当工作自主性水平较高时,上述间接效应更弱。

5.3 研 究 方 法

5.3.1 样本选择与数据收集

子研究三的调查样本来自全国的多家企业,包括服务和IT等多个行业。本研究采取多阶段与配对问卷进行调研以尽量避免和减少同源偏差问题。在正式进行数据收集之前,调研企业人力资源部门领导和调研人员配合将所有问卷根据参与人员情况进行编码,之后员工在不同收集阶段收到带有唯一编号的问卷,在第一阶段的问卷发放中,员工将收到一份带有唯一编码的员工问卷。在第二阶段的问卷发放中,员工将同时收到一份带有唯一编码的员工问卷和一份带有唯一编码的领导问卷,领导问卷由员工转交给领导填答,领导在整个填答过程中无须填写个人信息。在问卷发放前,员工被告知本次调查将分两次进行,旨在了解领导-成员关系和员工行为情况。随后,在第一阶段调研中(时间1),我们向随机抽取的500名员工发放了相应问卷。其中,员工问卷中包含相关人口统计学变量以及员工对LMXA的评价、工作自主性等。实际收回员工有效问卷407份,回收率81.4%。在4个星期后,针对第一阶段已回收的有效员工问卷中的364名员工开展第二阶段调研(时间2),同时发放员工问卷和领导问卷。员工问卷主要包括工作自我效能感、情绪耗竭等变量。领导问卷主要是对员工角色内行为的测量,由员工转交领导填答。实际回收员工问卷328份,领导问卷292份。两阶段问卷全部回收后根据员工编码进行了员工-领导问卷的匹配,在剔除了无效填答的问卷后,最终获得261名员工-领导的有效配对样本。最终有效样本中,员工的人口特征分布为:男性占65%,平均年龄30岁,54.8%拥有本科学历,平均工作年限7年,员工与领导的平均共事年限为3.5年。

5.3.2 变量测量

本研究所采用的测量量表均为现有文献中使用过的成熟英文量表,并通过翻译-回翻程序对量表进行了汉化翻译,保证量表在中文语境下的内容一致性(Brislin,1980)。本研究量表均为 Likert 五点式量表。

为保证量表测量的准确性本研究对量表的信度进行了分析,结果表明各量表的信度系数(Cronbach's α 值)均在 0.70 水平以上,说明各指标内部的问题具有一致性。具体量表来源和信度系数如下:

(1) LMXA:领导-成员交换矛盾关系的测量和子研究一、子研究二一致,仍然采用 Lee et al.(2019)开发的 7 题项 LMXA 量表,该量表测量题项包括"我有矛盾的想法:我有时觉得我和领导的工作关系很好,有时我又不这么觉得"和"我有矛盾的想法:我有时觉得我很清楚领导怎么看待我,有时我又不这么觉得"等。本量表在数据调研第一阶段由员工根据自己在工作中对自身和领导关系的实际感受对每项条目进行打分,1 分代表"完全不同意",5 分代表"完全同意",在本研究中量表的 Cronbach's α 值为 0.89。

(2) 工作自我效能感:工作自我效能感由员工根据自身情况在调研的第二阶段进行打分,采用 Spreitzer(1995)量表中的关于工作自我效能感维度的题项进行测量,包括"我掌握了完成工作所需要的各项技能""我对自己完成工作的能力非常有信心"等 3 个被测题目。在本研究中,该量表的信度系数为 0.84。

(3) 情绪耗竭:情绪耗竭由员工根据自身在工作中的实际感受在调研的第二阶段进行打分,根据 Deery et al.(2002)的研究,情绪耗竭采用 Wharton(1993)开发的量表进行测量,其中包括"工作使我的情绪低落"和"工作使我感到沮丧"等 5 个被测题目。在本研究中,该量表的信度系数为 0.88。

(4) 工作自主性:工作自主性的测量包括 3 个题项(Bakker & Bal,2011),比如"我可以自主决定如何完成工作""我在工作时有很大的自主权"等,由员工在数据收集的第一阶段根据自身在工作中的实际情况对每项条目进行打分,1 分代表"完全不符合",5 分代表"完全符合"。在本研究中,该量表的 Cronbach's α 值为 0.82。

(5) 员工角色内行为:参考 Huang & Hsieh(2015)对员工角色内行为的测量方式,本研究采用 Williams & Anderson(1991)开发的量表测量员工角色内行为。量表共包含5个题项,由领导在数据收集的第二阶段根据员工在工作中的实际情况针对每个选项打分,具体题项包括"这名员工恰当地完成分配的任务""这名员工的工作符合工作的正式绩效要求"等。在本研究中,该量表的 Cronbach's α 值为0.73。

(6) 控制变量:根据以往研究建议,本研究将性别、年龄、教育等人口统计学变量以及工作年限作为控制变量(Huang & Hsieh, 2015)。此外,与之前研究一致,本研究仍将 LMX 和 LMX 的平方项作为控制变量,以剔除 LMX 一次项及平方项对结果的影响(Lee et al., 2019),其中 LMX 的平方项在对 LMX 中心化处理后经计算得到,LMX 的测量采用 Graen & Uhl-Bien(1995)的量表,共包含比如"我的领导了解我的工作潜力"和"我的领导了解我在工作上的问题和需要"等7个题项,该量表的 Cronbach's α 值为0.89。

5.3.3 分析方法

本研究采用 Mplus 7.4 软件,通过路径分析方法对理论假设进行检验。具体操作如下:本研究首先构建了一个从自变量经过两条中介路径到结果变量的中介模型来检验假设8和假设10,其中包括自变量 LMXA,中介变量工作自主效能感和情绪耗竭,以及结果变量员工角色内行为;并且通过 Bootstrapping 重复抽样的方法,经过20 000次抽样得到中介效应的95%置信区间,以检验假设9和假设11;之后,本研究加入调节变量工作自主性,将 LMXA 和工作自主性交互项加入模型后对假设12和假设14进行检验;通过 Bootstrapping 重复抽样的方法,经过20 000次抽样得到调节变量处在高、低不同水平时中介效应的95%置信区间,以验证假设13和假设15。

5.4 数据分析结果

5.4.1 验证性因素分析

为了检验本研究中 LMXA、工作自我效能感、情绪耗竭、工作自主性、员工角色内行为等关键变量之间的区分效度以及各测量量表相应的测量参数,本研究通过Mplus 7.4软件进行验证性因素分析(confirmatory factor analysis,CFA),以证明各变量具有良好的结构效度。检验结果表明,5因子的基准模型拟合较好($\chi^2=344, df=220, CFI=0.96, TLI=0.95, RMSEA=0.05$),该模型的拟合优度显著高于其他3个竞争模型,从而表明测量具有较好的区分效度。具体结果见表5-1。

表5-1 子研究三验证性因素分析

模型	χ^2	df	χ^2/df	CFI	TLI	RMSEA
5因子模型: LMXA;JA;WS-E;EE;IR-B	344	220	1.56	0.96	0.95	0.05
4因子模型: LMXA+JA;WS-E;EE;IR-B	691.74	224	3.09	0.83	0.81	0.09
3因子模型: LMXA+JA;WS-E + EE;IR-B	957.28	227	4.22	0.74	0.71	0.11
1因子模型: LMXA+JA+WS-E + EE + IR-B	1567.31	230	6.81	0.53	0.48	0.15

注:JA表示工作自主性;WS-E表示工作自我效能感;EE表示情绪耗竭;IR-B表示员工角色内行为。

5.4.2 描述性统计

本研究通过SPSS 22.0软件对所涉及变量的平均值、标准差和相关系数进行了分析,具体结果见表5-2。其中LMXA和工作自我效能感、情绪耗竭都显著相关,为本研究的假设提供了初步支持。

表 5-2 描述性统计分析：平均值、标准差和相关系数

	变量	平均值	标准差	1	2	3	4	5	6	7	8	9	10	11
1	性别	0.65	0.48	—										
2	年龄	29.54	3.74	0.04	—									
3	受教育程度	2.70	0.67	0.10	0.11	—								
4	工作年限	7.11	3.64	0.05	0.84**	−0.16*	—							
5	共事时间	3.54	2.56	0.06	0.54**	0.08	0.50**	—						
6	LMX	3.33	0.76	−0.02	0.03	0.14*	−0.02	0.19**	(0.89)					
7	LMXA	2.69	0.80	0.07	−0.13*	−0.04	−0.09	−0.09	−0.25**	(0.89)				
8	工作自我效能感	3.75	0.76	0.06	0.01	0.13*	−0.02	0.15*	0.60**	−0.27**	(0.84)			
9	情绪耗竭	2.44	0.88	0.05	−0.02	−0.14*	0.02	−0.05	−0.40**	0.52**	−0.37**	(0.88)		
10	角色内行为	3.85	0.60	−0.05	0.03	0.21**	−0.06	0.13*	0.31**	−0.25**	0.40**	−0.44**	(0.73)	
11	工作自主性	3.67	0.82	0.02	0.06	0.07	0.08	0.17**	0.48**	−0.14	0.45**	−0.34**	0.38**	(0.82)

注：N（样本数）=261；性别：1=男性，0=女性；受教育程度：1=高中及以下，2=大专，3=本科，4=硕士及以上；*，$p<0.05$；**，$p<0.01$；对角线上（）中加粗字体为对应的变量信度。

5.4.3　LMXA 对员工角色内行为影响效应检验

1. 理论模型与其他模型的比较

为了保证研究模型最优拟合度,本研究在进行双重中介效应检验之前将理论、嵌套和替代三个模型进行了相互比较,来确定最优模型。这是因为对于可能存在多重中介路径的模型来说,通过结构方程模型法能够控制测量误差。本研究在原有理论模型的基础上对相关嵌套模型增加从工作自我效能感到情绪耗竭的路径来检验是否存在链式中介。分析结果显示本研究理论模型与嵌套模型均具有较好的拟合度(拟合指标分别为:$\chi^2=350.15$,$df=223$,$\chi^2/df=1.57$,$RMSEA=0.05$,$CFI=0.96$,$TLI=0.95$ 与 $\chi^2=348.04$,$df=222$,$\chi^2/df=1.57$,$RMSEA=0.05$,$CFI=0.96$,$TLI=0.95$)。而两个模型相比后的 χ^2 变化值并不显著($\Delta\chi^2(1)=2.11$, n.s.),说明嵌套模型增加从工作自我效能感到情绪耗竭路径对理论模型的改善不显著。接着,本研究将替代模型设置为不含中介的直接效应模型,将 LMXA、工作自我效能感、情绪耗竭、工作自主性均设置为与员工角色内行为直接相关。分析结果显示替代模型也具有较好的拟合度(拟合指标:$\chi^2=344$,$df=220$,$\chi^2/df=1.56$,$RMSEA=0.05$,$CFI=0.96$,$TLI=0.95$)。这说明还需要进一步比较理论模型与替代模型的关系,本研究根据 Vrieze(2012)的方法,对两个模型的 BIC(贝叶斯信息准则)指标进行检验,其中理论模型的 BIC 值小于替代模型的 BIC 值(分别为 13 968.20 和 14 249.69),这说明总体来看本研究提出的理论模型要优于替代模型,即理论模型能够更好地描述变量之间的关系。

2. 双元路径的中介作用检验

为了检验工作自我效能感和情绪耗竭在 LMXA 和员工角色内行为之间的双中介作用,本研究使用 Mplus 7.4 软件根据假设通过建立结构方程模型进行检验。具体结果如图 5-2 所示。

在控制了年龄、性别、教育水平、工作年限、员工和领导的共事时间等控制变量的影响之后,其中 LMXA 对员工角色内行为影响的认知路径(LMXA→工作自我效能感→员工角色内行为)所包含的两条路径的系数分别为:LMXA→工作自我效能感($b=-0.13$,$p<0.05$),工作自我效能感→员工角色内行为($b=0.31$,$p<0.01$)。结果表明,LMXA 负向影响工作自我效能感,并且显著,因此,假设 8(LMXA 对员工的工作自我效能感有负向影响)得到支持;并且工作自我效能感对员工角色内行为有显著正向影响。LMXA 对员工角色内行为影响的情绪路径

(LMXA→情绪耗竭→员工角色内行为)所包含的两条路径的系数分别为:LMXA→情绪耗竭($b=0.49$,$p<0.001$),情绪耗竭→员工角色内行为($b=-0.27$,$p<0.01$)。结果表明,LMXA 正向影响情绪耗竭,并且显著,因此假设 10(LMXA 对员工情绪耗竭有正向影响)得到支持;并且情绪耗竭显著负向影响员工角色内行为。

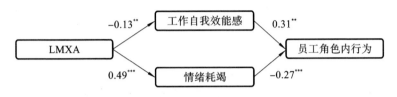

注: *,$p<0.05$; **,$p<0.01$; ***,$p<0.001$。

图 5-2　子研究三的双元中介理论模型结果

为了进一步检验工作自我效能感和情绪耗竭在 LMXA 和员工角色内行为的双元路径中介作用,本研究使用 Bootstrapping 方法,重复抽样 20 000 次,根据 95% 置信区间是否包含 0 对中介效应进行验证。表 5-3 显示了模型认知、情绪路径效应值与置信区间。

如表 5-3 所示,认知路径:LMXA→工作自我效能感→员工角色内行为(CI=[-0.10,-0.01])在 95% 的置信区间不包含 0,因此,假设 9(工作自我效能感在 LMXA 和员工角色内行为之间起中介作用)得到支持;情绪路径,LMXA→情绪耗竭→员工角色内行为(CI=[-0.24,-0.06])在 95% 的置信区间不包含 0,因此假设 11(情绪耗竭在 LMXA 和员工角色内行为之间起中介作用)得到支持。认知路径和情绪路径的中介效应差异性显著($b=0.10$,$p<0.05$)。另外,LMXA 对员工角色内行为的直接作用不显著($b=0.01$,n.s.),说明 LMXA 对员工角色内行为的影响完全通过工作自我效能感和情绪耗竭两条中介路径实现,总效应大小为($b=-0.18$,$p<0.001$)。

因此,上述分析结果表明 LMXA 通过认知(工作自我效能感)和情绪(情绪耗竭)两条路径负向影响员工角色内行为。研究假设 8、假设 9、假设 10 和假设 11 均得到支持。

表 5-3　LMXA 和员工角色内行为之间的双元中介效应估计结果

中介路径		Bootstrapping 结果		95%置信区间	
		系数	标准误	下限	上限
认知路径	LMXA→工作自我效能感→员工角色内行为	-0.04	0.02	-0.10	-0.01

续表

中介路径		Bootstrapping 结果		95％置信区间	
		系数	标准误	下限	上限
情绪路径	LMXA→情绪耗竭→员工角色内行为	−0.14	0.04	−0.24	−0.06
	总中介效应	0.18	0.05	0.30	0.09

5.4.4 工作自主性对认知路径的调节作用检验

如上文所述，LMXA 和工作自我效能感之间的关系是负向的并且显著，因此为了检验工作自主性对 LMXA 和员工角色内行为之间的认知路径的调节作用，接下来首先将对工作自主性对 LMXA 和工作自我效能感关系的调节作用进行检验。

模型运算结果表明，在排除了控制变量的影响之后，LMXA 和工作自主性的交互项对工作自我效能感有正向影响（$b=0.19$，$p<0.01$），并且是显著的。为了对工作自主性的调节作用进行具体分析，本研究采用对调节变量工作自主性的均值加减一个标准差的方法绘制调节作用图，即在工作自主性均值的基础上加入一个标准差，即为高工作自主性取值；在工作自主性均值的基础上减去一个标准差，即为低工作自主性取值；在图中分别用低和高表示，如图 5-3 所示。

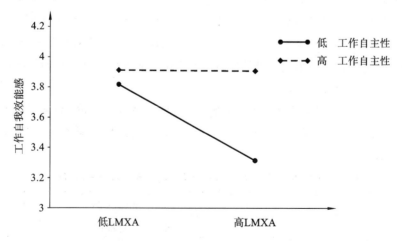

图 5-3　工作自主性对 LMXA 与工作自我效能感关系的调节作用图

由图 5-3 可知，从整体上来说，当工作自主性水平较高时，员工的工作自我效能感要高于工作自主性水平处于较低时。具体来说,当员工感知工作自主性水平较高时,LMXA和工作自我效能感之间的关系不显著($b=-0.01$, n.s.);当员工感知工作自主性水平较低时,LMXA和工作自我效能感之间的关系是负向的($b=-0.31$, $p<0.001$),并且显著。此外,当工作自主性处于比较低的水平时,LMXA会显著负向影响员工工作自我效能感,但是,当工作自主性处于比较高的水平时,LMXA对员工工作自我效能感的这种负向影响就变得不再明显。并且,当LMXA较低时,无论工作自主性的水平如何,工作自我效能感的差异不大,但是当LMXA较高时,处于低工作自主性水平下的员工的工作自我效能感要明显低于高工作自主性时的情况。这说明工作自主性可以减弱LMXA对员工工作自我效能感的负向影响。这可能是因为当员工的工作自主性比较高时,在工作中受到的限制更少,可以自主决定如何完成工作,使得员工不需要过分依赖领导才能保证工作的顺利进行,也就不用过分的关注其自身和领导的关系,并且工作自主性可以增加员工的工作满意度,增强员工对顺利完成工作的自信,所以此时LMXA对工作自我效能感的负面影响不再显著。但是当工作自主性比较低时,意味着员工需要严格按照领导的要求开展工作,需要和领导建立良好的关系以确保工作进展的顺利,员工也会因此更加关注自身和领导的关系质量,当员工对自己和领导的关系持有矛盾的不确定的态度时,就会带来对工作自我效能感更大的负面效应。以上结果与我们的假设相一致。因此,假设12(工作自主性对LMXA和工作自我效能感之间的关系具有调节作用,即当工作自主性水平较高时,LMXA对工作自我效能感的负向影响更弱,反之亦然)得到支持。

接下来将检验在工作自主性调节下,工作自我效能感在LMXA和员工角色内行为之间的中介效应。具体而言,本研究认为当工作自主性处于不同水平下,LMXA通过工作自我效能感对员工角色内行为的间接作用会有显著差别。因此,本研究通过Bootstrapping方法,重复抽样20 000次分别检验了在工作自主性水平高和低的两种情况下,LMXA通过工作自我效能对员工角色内行为的间接作用大小。具体检验结果如表5-4所示。

表5-4 被工作自主性调节的中介效应(认知路径)分析结果

调节变量	水平	间接效应	Bootstrapping 标准误	95%置信区间 下限	95%置信区间 上限
工作自主性	高	−0.01	0.01	−0.03	0.02
	低	−0.08	0.03	−0.14	−0.03

续表

调节变量	水平	间接效应	Bootstrapping 标准误	95%置信区间 下限	95%置信区间 上限
组间差异(高-低)		0.07	0.03	0.02	0.13

由表 5-4 可知,当工作自主性水平处于高和低两种取值时,本研究计算了间接效应的值,并且通过 Bootstrapping 的方式构建了置信区间。当工作自主性低时,工作自我效能感在 LMXA 与员工角色内行为之间的间接作用是负向显著的(间接效应=-0.08,95%置信区间[-0.14,-0.03]);当工作自主性水平高时,工作自我效能感在 LMXA 与员工角色内行为之间的间接作用是负向的(间接效应=-0.01,95%置信区间[-0.03,0.02]),95%置信区间包括 0,说明间接作用不显著。当员工感知到的工作自主性处于高、低不同水平时,LMXA 对角色内行为的影响有显著差异(95%置信区间[0.02,0.13]),不包含 0。因此,假设 13(工作自主性负向调节 LMXA 和员工角色内行为之间经由工作自我效能感产生的间接效应,即当工作自主性水平较高时,上述间接效应更弱)得到支持。

5.4.5　工作自主性对情绪路径的调节作用检验

如上文所述,LMXA 和情绪耗竭之间的关系是正向的并且显著,因此为了检验工作自主性对 LMXA 和员工角色内行为之间的情绪路径的调节作用,接下来首先将对工作自主性对 LMXA 和情绪耗竭关系的调节作用进行检验。

模型运算结果表明,在排除了控制变量的影响后,LMXA 和工作自主性的交互项对情绪耗竭有负向影响($b=-0.15$, $p<0.05$),并且是显著的。为了对工作自主性的调节作用进行具体分析,本研究仍采用对调节变量工作自主性的均值加减一个标准差的方法绘制调节作用图,即在工作自主性均值的基础上加入一个标准差,即为高工作自主性取值;在工作自主性均值的基础上减去一个标准差,即为低工作自主性取值;在图中分别用低和高表示,如图 5-4 所示。

由图 5-4 可知,从整体上看,工作自主性水平较低时,LMXA 对员工的情绪耗竭的负面影响效应更大。具体来说,当员工感知工作自主性水平较高时,LMXA 对情绪耗竭的影响效应是正向的($b=0.39$, $p<0.001$);当员工感知工作自主性水平较低时,LMXA 对情绪耗竭的影响效应是正向的($b=0.62$, $p<0.001$)。当 LMXA

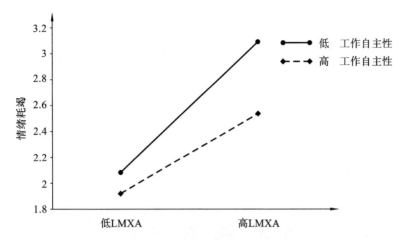

图 5-4　工作自主性对 LMXA 与情绪耗竭关系的调节作用图

低时,处于不同工作自主性水平下的员工在工作中的情绪耗竭差异相对不大;当 LMXA 高时,处于高工作自主性水平下的员工相比处于低工作自主性水平下的员工来说在工作中的情绪耗竭更低,这与我们的假设一致。因此,假设 14(工作自主性对 LMXA 和员工情绪耗竭之间的关系具有调节作用,即当工作自主性水平较高时,LMXA 对员工情绪耗竭的正向影响更弱,反之亦然)得到支持。

接下来将检验在工作自主性调节下,情绪耗竭在 LMXA 和员工角色内行为之间的中介效应。具体而言,本研究认为当工作自主性处于不同水平下,LMXA 通过情绪耗竭对员工角色内行为的间接作用会有显著差别。因此,本研究通过 Bootstrapping 方法,重复抽样 20 000 次分别检验了在工作自主性水平高和低的两种情况下,LMXA 通过情绪耗竭对员工角色内行为的间接作用大小。具体检验结果如表 5-5 所示。

表 5-5　被工作自主性调节的中介效应(情绪路径)分析结果

调节变量	水平	间接效应	Bootstrapping 标准误	95%置信区间	
				下限	上限
工作自主性	高	−0.10	0.03	−0.16	−0.04
	低	−0.15	0.04	−0.25	−0.08
组间差异(高-低)		0.05	0.03	0.01	0.13

由表 5-5 可知,当工作自主性水平处于高和低两种取值时,本研究计算了间接效应的值,并且通过 Bootstrapping 的方式构建了置信区间。当工作自主性高时,

情绪耗竭在 LMXA 与角色内行为之间的间接作用是负向显著的(间接效应＝－0.10,95％置信区间[－0.16,－0.04]);95％置信区间不包含0。当工作自主性低时,情绪耗竭在 LMXA 与角色内行为之间的间接作用是负向并且显著的(间接效应＝－0.15,95％置信区间[－0.25,－0.08]);95％置信区间不包含0。并且,当员工感知到的工作自主性处于高、低水平时,LMXA 对角色内行为的影响有显著差异(95％置信区间[0.01,0.13]),不包含0。因此,假设 15(工作自主性负向调节 LMXA 和员工角色内行为之间经由员工情绪耗竭产生的间接效应,即当工作自主性水平较高时,上述间接效应更弱)得到支持。

5.5 结 果 讨 论

本研究基于社会交换理论、LMX 理论和矛盾关系 MAID 模型探讨了 LMXA 对员工角色内行为的影响、揭示了认知和情绪路径的中介机制以及边界条件,具体包括 LMXA 通过工作自我效能感(认知路径)和情绪耗竭(情绪路径)两条路径影响员工角色内行为,并且工作自主性在认知和情绪路径发挥边界作用。通过应用 Mplus 7.4 软件构建结构方程模型对样本数据进行了分析。结果表明,LMXA 通过工作自我效能感和情绪耗竭双元路径的中介作用,间接、负向影响员工角色内行为,并且 LMXA 与员工角色内行为无直接关系(假设 8、假设 9、假设 10 和假设 11 均得到支持)。此外,工作自主性调节 LMXA 通过认知路径对角色内行为的影响,当工作自主性越高时,LMXA 通过工作自主效能感对员工角色内行为的负向影响效应越小(假设 12 和假设 13 得到支持);工作自主性也在情绪路径发挥调节效应,当工作自主性水平越高时,LMXA 通过情绪耗竭对角色内行为的负向影响效应越弱(假设 14 和假设 15 得到支持)。

5.5.1 理论贡献

本研究通过构建结构方程模型确认了 LMXA 对员工角色内行为的负向影响,主要有以下几点理论贡献:

第一,本研究基于以往有关社会关系的研究结论,不再将关系简单地视为从低到高的单阶的连续体,而是从矛盾视角针对领导-成员关系展开研究,将隐藏在中等关系质量区间的矛盾关系区别出来,不仅极大地丰富了组织情境下领导-成员关系的概念和内涵,也在一定程度上拓展了 LMX 的理论边界,有助于加强对组织情境下领导-成员关系的认识和理解。

第二,本研究根据社会交换理论、LMX 理论和矛盾关系的 MAID 模型,揭示了 LMXA 通过认知和情绪两条路径对员工角色内行为的间接影响作用,在我国组织情境下再次确认了 LMXA 对情绪的影响(Cropanzano et al.,2017),并且对认知路径(LMXA 通过工作自我效能感间接影响员工角色内行为)的揭示回应了学者关于探讨除情感以外的可能中介机制的呼召(Lee et al.,2019)。因此,本研究填补了 LMXA 对员工认知影响研究的空缺,有助于全面、深入地认识 LMXA 对员工认知、情绪以及远端行为的影响效果。

第三,通过工作自主性这一重要的组织情境因素探讨了 LMXA 和员工角色内行为之间的边界机制。以往研究主要聚焦于组织中的社会支持对员工矛盾体验的缓冲作用,本研究的结果表明工作自主性弱化了 LMXA 对员工角色内行为的负向影响,扩展了对于 LMXA 发挥影响作用的边界条件的理解,为日后有关 LMXA 的研究提供了一定的借鉴。

5.5.2 管理启示

员工角色内行为对员工个人的职业发展和组织的良好运转都有着非常重要的意义,本研究通过揭示 LMXA 和员工角色内行为的关系,以期为组织减少矛盾关系引发的不利影响提供一定的借鉴。本研究对组织的管理启示主要有以下几点:

第一,组织应该更深入、全面地掌握员工对领导-成员关系的态度。矛盾关系在组织情境中非常普遍(Methot,et al.,2017;Rothman,et al.,2017),并且会在相对较长的一段时间内稳定地存在(Ballinger & Rockmann,2010;Methot et al.,2017),矛盾的体验不仅不利于员工获得幸福感(Van Harreveld,et al.,2009;2015)也会对员工的行为产生负面影响,这对组织的发展也极为不利,而长久以来对矛盾关系的忽视使得组织很可能忽视了那些对其自身和领导关系持有矛盾态度的员工,因此,人力资源部门和领导应该注意深入了解员工对领导-成员关系的态度,在帮助员工积极处理矛盾体验的同时,通过加强沟通来打消员工对领导-成员关系的顾虑。

第二,本研究确认了工作自我效能感和情绪耗竭在 LMXA 和员工角色内行为之间的中介作用，为了减少 LMXA 对员工角色内行为的负面影响，组织应该关爱员工，帮助员工减少因为对行为结果的负面预期而导致的情绪耗竭，并提升员工对工作完成的自信，一方面可以通过加强领导和员工之间的沟通和交流帮助员工减少对矛盾关系的顾虑，帮助员工恰当处理矛盾体验；另一方面可以通过培训加强员工技能的提升，增强员工的自信，并在工作中及时的肯定员工的贡献以减少工作中的情绪耗竭。

第三，尽量创建工作自主性高的工作环境。本研究确认了工作自主性在 LMXA 和员工角色内行为间的调节作用，为了减少 LMXA 对角色内行为的负面影响效应，组织应该尽量打造工作自主性高的组织环境，以帮助员工减少对领导的依赖，进而减少员工由于对领导-成员关系质量的顾虑和担忧而产生情绪耗竭并削弱了工作中的效能感。

5.5.3 研究不足与展望

虽然本研究通过多时段、多来源的纵向研究检验了 LMXA 和员工角色内行为的关系，并且揭示了中介机制和边界条件，但是仍存在一些局限性，可以在未来的研究中改进。首先，本研究从 LMXA 兼具矛盾关系和领导-成员关系的特性出发，基于社会交换理论、LMX 理论和 MAID 模型提出并验证了工作自我效能感在 LMXA 和员工角色内行为关系的中介作用，但是研究主要局限在个体层，未来研究可以从团队层面展开，比如子研究一的结果表明领导不一致的行为会引发员工对领导-成员交换关系产生矛盾体验，这很可能会进一步导致团队中的大多数成员都对自身和领导的关系形成矛盾的态度，那么在这样的情境下，团队层面的 LMXA 就可能会影响到团队的整体效能感。其次，工作自主性是非常重要的组织情境，本研究通过实证检验发现了其对 LMXA 和角色内行为的关系的调节作用，未来研究也可以考虑从其他理论视角切入，比如组织公平，考察其他组织情境因素在 LMXA 和员工角色内行为之间的调节作用，以拓展和完善作用机制的相关研究。

6 研究结论与展望

6.1 总体研究结论

本书旨在深入探讨 LMXA 的前因影响因素，以及 LMXA 对员工的角色外行为和角色内行为的影响，同时考虑了相关的中介和调节机制。为了检验这些理论模型，本书构建了 15 个不同的理论假设，并通过多来源、多时段的问卷调查方法进行了三个实证研究来验证这些假设。研究结果表明，这些假设得到了数据的支持，以下是对研究主要发现的详细解释：首先，研究探究了 LMXA 的前因影响因素。在这个方面，研究主要关注领导双元行为。通过分析领导的威权-仁慈行为，研究揭示了领导双元行为对 LMXA 的影响。这有助于我们更好地理解 LMXA 的形成过程。其次，研究分析了 LMXA 对员工的角色外行为和角色内行为的影响。角色外行为指的是员工在工作规定职责之外的行为，而角色内行为则是员工在工作中的任务和职责的履行。研究结果显示，LMXA 可以显著负向影响员工在这两个方面的表现。这表明 LMXA 对员工的工作绩效和组织行为都产生了不同程度的影响。此外，研究还考察了相关的中介调节机制。这些机制帮助我们理解 LMXA 对员工行为的影响方式。可能的中介变量包括情感、效能感等。研究发现，这些中介变量在 LMXA 和员工行为之间起着重要的中介作用，进一步说明了 LMXA 的影响机制。总的来说，本书通过多种方法和理论模型的验证，深入剖析了 LMXA 的前因影响因素、对员工行为的影响以及相关的中介和调节机制。这些发现对组织和管理实践具有重要的启示，可以帮助组织更好地理解 LMXA，以提高员工绩效和组织绩效。这项研究的数据支持为相关领域的学术研究提供了坚实的基础，也有助于深化对领导与员工关系的理解。具体结果如表 6-1 所示。

表 6-1 研究整体假设验证结果

子研究一：领导威权行为-仁慈行为水平一致性对 LMXA 的影响研究		支持与否
假设 1	威权-仁慈领导一致性和 LMXA 之间存在正相关。和不一致相比，二者越一致，LMXA 越高。	得到支持
假设 2	在领导威权行为-仁慈行为一致的情况下，领导威权行为-仁慈行为高高一致时 LMXA 高于低低一致的情况。	得到支持
假设 3	在领导威权行为-仁慈行为不一致的情况下，领导威权高-仁慈低时，LMXA 高于领导威权低-仁慈高的情况	得到支持

续表

	子研究二:LMXA 对员工角色外行为影响结果研究	
假设 4	LMXA 对员工角色外行为有负向影响。	得到支持
假设 5	认知重评情绪调节策略对 LMXA 和角色外行为之间的关系具有调节作用,即当员工的认知重评水平较高时,LMXA 对角色外行为的负向影响更弱,反之亦然。	得到支持
假设 6	表达抑制情绪调节策略对 LMXA 和角色外行为之间的关系具有调节作用,即当员工的表达抑制水平较高时,LMXA 对角色外行为的负向影响更强,反之亦然。	得到支持
假设 7	权力距离导向对 LMXA 和角色外行为之间的关系具有调节作用,即当员工的权力距离导向较高时,LMXA 对角色外行为的负向影响更强,反之亦然	得到支持
	子研究三:LMXA 对员工角色内行为影响结果研究	
假设 8	LMXA 对员工的工作自我效能感有负向影响。	得到支持
假设 9	工作自我效能感在 LMXA 和员工角色内行为之间起中介作用。	得到支持
假设 10	LMXA 对员工的情绪耗竭有正向影响。	得到支持
假设 11	情绪耗竭在 LMXA 和员工角色内行为之间起中介作用。	得到支持
假设 12	工作自主性对 LMXA 和工作自我效能感之间的关系具有调节作用,即当工作自主性水平较高时,LMXA 对工作自我效能感的负向影响更弱,反之亦然。	得到支持
假设 13	工作自主性负向调节 LMXA 和员工角色内行为之间经由工作自我效能感产生的间接效应,即当工作自主性水平较高时,上述间接效应更弱。	得到支持
假设 14	工作自主性对 LMXA 和员工情绪耗竭之间的关系具有调节作用,即当工作自主性水平较高时,LMXA 对员工情绪耗竭的正向影响更弱,反之亦然。	得到支持
假设 15	工作自主性负向调节 LMXA 和员工角色内行为之间经由情绪耗竭产生的间接效应,即当工作自主性水平较高时,上述间接效应更弱	得到支持

尽管矛盾关系在社会关系中广泛存在,但是针对领导-成员矛盾关系的研究却较为缺乏。为了更深入、全面地认识组织情境下的领导-成员关系,本书构建并实证

检验了三个子研究，主要目的在于探讨中国文化情境下较为常见的威权-仁慈双元领导行为对 LMXA 的影响效应，以及 LMXA 和员工角色内和角色外行为的关系及相关作用机制。基于上述理论假设的检验结果，本书得出以下三点总体结论：

第一，领导在威权行为和仁慈行为方面表现出一定程度的一致性或不一致性，对 LMXA 产生着重要而复杂的影响。具体来说，恩威并重型领导是指领导者在行为上同时表现出威权和仁慈两种不同的特质或行为方式。威权行为通常表现为领导者对员工要求高、监管严格、决策权集中等，而仁慈行为则强调领导者的关怀、支持、鼓励和信任。一致性和不一致性是指领导在这两种行为方式之间的关系，即领导威权行为水平和仁慈行为水平之间的一致性或不一致性。结果表明，一致性和不一致性的双元领导都会对员工 LMXA 产生影响，但影响的方式和程度会有所不同。当领导威权行为水平和仁慈行为水平一致时，员工会感受到领导的一致性，这意味着领导在行为上表现出一致的特质。在这种情况下，员工通常会对领导-成员交换关系感到矛盾。这是因为员工可能会感到困惑，不确定应该如何与这样的领导互动。一方面，领导者要求高、决策权集中可能会让员工感到压力，但另一方面，领导的仁慈行为又给员工带来了支持和关怀。这种矛盾感受可能会导致员工对 LMXA 产生不确定感和矛盾态度。另一方面，在领导威权行为水平和仁慈行为水平不一致的情况下，员工的 LMXA 感知也会受到影响。特别是，当领导威权行为水平高而仁慈行为水平低时，员工更可能感到焦虑和不满意。这是因为员工会感到领导要求高但却缺乏足够的支持和关怀。这种情况下，员工可能会对领导-成员关系持有更多的矛盾态度。相反，如果领导威权行为水平低而仁慈行为水平高，员工可能会对关系感到更高程度的满意和支持，削弱了矛盾感知。这些影响的机制可以理解为一种权衡过程。员工需要在威权和仁慈之间寻找平衡，以满足领导的期望，同时获得足够的支持和关怀。一致性和不一致性的双元领导行为方式会让员工在这个权衡过程中面临更多的挑战和冲突，从而影响了他们对自身和领导关系的感知和态度。

第二，LMXA 对员工角色外行为产生负向影响。具体来说，领导与员工之间的关系是组织中一种特殊的关系，它通常涉及领导对员工的特殊照顾、支持和资源分配等。然而，有时候员工可能会对这种关系持有矛盾的态度，这可能源于对领导的期望与实际体验之间存在差距，或者由于领导的威权行为与仁慈行为之间的不一致性。当员工对关系有着矛盾的态度时，他们可能会在角色外行为上表现出消极的影响，例如减少主动表达对组织的真实想法的频率等。此外，员工的情绪调节策略和权力距离导向对LMXA和员工角色外行为之间的关系起到调节作用。首先，员工的认知重评调节策略涉及对情绪和认知的重新解释，通常与积极应对问题和减轻情绪负面影响相关。结果表明，当员工的认知重评水平较高时，他们更有可能采用积极的心态来看待LMXA，降低了LMXA对角色外行为的负向影响。相反，当员工的认知重评水平较低时，他们可能更容易受到LMXA的负面影响。其次，员工的表达抑制调节策略涉及抑制和控制情绪的表达，通常与情感管理能力相关。结果显示，当员工的表达抑制水平较高时，他们可能更容易隐藏或控制与LMXA相关的消极情绪，但这种情绪抑制可能会导致累积的负面影响，增强了LMXA对角色外行为的负向影响。因此，在这种情况下，员工的角色外行为可能会受到更严重的负面影响。最后，员工的权力距离导向指的是对权力分配和关系等权力动态的个体态度。当员工的权力距离导向较高时，他们可能更容易接受领导的威权行为，而不会受到威权行为的负面影响。这种积极的权力距离导向可能会减轻LMXA对角色外行为的负向影响。相反，当员工的权力距离导向较低时，他们可能更容易感受到威权行为的负面影响，从而加强了LMXA对角色外行为的负向影响。

第三，当员工对其自身和领导之间的关系持有矛盾态度时，这种矛盾态度会通过认知和情绪两个中介途径来负向影响员工的角色内行为。同时，员工感知到的工作自主性在这一过程中发挥了调节作用。具体来说，认知路径是指LMXA通过对工作自我效能感的负向影响，从而负向影响员工的角色内行为。这意味着当员工感到对LMXA持有矛盾态度时，他们可能会对自己在工作中的能力和自我价值感到怀疑，降低了工作自我效能感。这种自我效能感的下降可能会导致员工在角色内行为方面表现出较差的绩效，如缺乏积极主动的工作态度、任务履行不力等。情绪路径是指LMXA通过对情绪耗竭的正向作用，从而负向影响员工的角色内行为。情绪耗竭是指员工在工作中长期承受情感压力，导致情绪资源耗尽。研究发现，当员工对LMXA感到矛盾时，他们可能会更容易经历情绪耗竭，因为他们需要不断调整自己的情感反应以应对复杂的领导-成员关系。情绪耗竭可能会降低员工的工作投入和情感耐力，从而对角色内行为产生负向影响。员工感知到的工作自主性在认知路径和情绪路径中都起到了调节作用。工作自主性指的是员工在工作中拥有更多自主决策权和控制权。首先，在认知路径中，工作自主性对LMXA和工作自我效能感之间的关系具有负向调节作用，这意味着当员工在工作中拥有更多的自主性时，LMXA对工作自我效能感的负向影响会减弱。此外，工作自主性还负向调节了LMXA对员工角色内行为的间接影响,即当工作自主性水平较高时,上述认知路径的影响会减弱。在情绪路径中,工作自主性同样具有负向调节作用,这意味着当员工拥有更多的自主性时,LMXA对情绪耗竭的负向影响会减弱。工作自主性还负向调节了LMXA对员工角色内行为的间接影响,即当工作自主性水平较高时,上述情绪路径的影响会增强。结果揭示了LMXA对员工角色内行为的负向影响,以及通过认知-情绪双元路径实现的机制。工作自主性在这一关系中起到了重要的调节作用,强调了组织在管理LMXA时应重视员工的工作自主性,以减轻LMXA对员工的负面影响,促进员工更积极地参与角色内行为。

6.2 理论贡献

矛盾是人类生活和社会互动中普遍存在的现象,涉及不同需求、期望、信仰或价值观之间的冲突。在心理学和社会学领域,研究矛盾关系和矛盾态度的文献丰富,涵盖了广泛的主题,如认知失调、冲突解决、态度变化等。然而,尽管矛盾是组织生活中一个常见的现象,但在组织情境下从矛盾视角展开的研究相对有限,尤其是关于领导-成员之间的矛盾关系体验的实证研究(Lee et al.,2019;Rothman et al.,2017),研究的缺失很大程度上是因为研究者们一直以来都采用单维度二极的连续体视角来描述和测量领导-成员关系,这就将关系质量仅被简单地界定为低质量或高质量,进而忽视了广泛存在且更为复杂的矛盾关系。另外,鉴于矛盾关系的特殊性,现有针对LMXA影响结果的研究缺乏系统性。本书的3个子研究从多方面回应了学者对领导-成员关系领域相关研究的呼召(Lee et al.,2019),基于我国文化背景不仅对LMXA的前因做了探讨,同时基于社会交换理论、LMX理论和基于矛盾不适反应的MAID模型,从多路径系统全面地讨论了LMXA对员工行为的影响机制以及可能的边界条件。本书整体上在以下几方面为现有组织中领导-成员关系研究做出了理论贡献:

第一,本书基于心理学和社会学的研究基础,不仅致力于深入理解领导-成员关系,而且还超越了以往对这种关系的单一维度、两极构念的简单认知,进一步聚焦于领导-成员交换关系前沿构念,展开对更为复杂的矛盾关系的研究。这一研究方向丰富了领导-成员关系的内涵,拓展了LMX理论的理论边界。结合前文分析可知,现有LMX理论,从员工的视角来看,通常假定员工对自身和领导的关系有着非常清晰的态度,采用非好即坏的简单二分法,也就是假设员工能够明确地感知到自己是领导的"圈内人"还是"圈外人",并且认为一个时间段内,员工只能稳定、静态地处于"圈内"或"圈外"。这种简单的二元分类未能捕捉到实际领导-成员关系中的复杂性。事实上社会关系与社会互动常常是动态的且信息模糊的,并且有研究发现个体对非常重要的人际关系的态度经常会出现矛盾,不能完全明确自己对该关系质量的评价和态度(Methot et al., 2017;Lee et al., 2019)。在组织情境下,员工很可能同时对自己和领导的关系同时抱有正面和负面的评价与态度,因而不能明确地将这段关系简单定义和归类为"好"或"不好"。尽管矛盾关系广泛存在,但一直以来被领导-成员关系领域的大部分研究所忽视。如果管理者过于依赖简单的关系分类方法,可能会误判员工的真实感受和需求,导致管理决策的失误。例如,一个被认为是"圈内人"的员工可能实际上同时对领导有所不满,但这种不满被忽视,从而导致潜在的冲突和问题。对员工而言,可能会对被简单分类为"圈内"或"圈外"感到不满或沮丧。他们可能会感觉自己的情感和需求被忽视或误解,从而导致情感上的疏离和组织承诺的降低。如果领导和员工对二者之间的关系质量并没有一致的评估,很可能会导致沟通的障碍和误解。员工可能不愿意与领导沟通自己的真实想法和感受,从而导致信息的不对称和决策的失误。因此,本书将矛盾关系引入领导-成员关系概念范畴中,在控制了 LMX 及其二次项的可能影响后,检验了 LMXA 的前因变量的影响作用以及 LMXA 对员工角色内行为和角色外行为的影响,丰富了领导-成员关系的相关研究,同时也有助于更深入、全面地理解领导-成员关系的不同状态及其影响。通过将矛盾关系引入领导-成员关系的研究,我们不再仅仅将领导-成员关系视为内部或外部交换的简单分类,而是开始理解其中更为微妙和复杂的变化。这有助于我们更全面地解释员工与领导之间的互动,以及员工如何感知、应对和适应这些互动,我们将有机会更深入地探讨员工与领导之间的复杂关系,并探讨影响这些关系的因素。这有助于丰富 LMX 理论,使其能够更好地解释和预测组织中的各种现象,从而为组织管理和领导实践提供更有力的支持。本书基于中国文化情境展开研究,填补了领导-成员交换矛盾关系相关研究的空缺,呼应了 Nahum-Shani et al. (2014)认为不一致领导行为会带给员工不确定性的观点,在扩展了本土化研究的同时也丰富了 LMXA 在不同文化背景下的研究结论。这对于我们更深入地理解组织中的领导-成员关系以及员工的态度和行为是非常有价值的。

第二，尽管关于领导-成员关系对员工行为影响的研究相对较多，但是目前针对LMXA对员工行为的影响以及LMXA和员工行为直接关系间存在哪些边界条件的相关探讨相对较少，并且缺乏整合。组织生活充满了各种复杂情境，缺乏整合的研究可能难以解释和预测LMXA在这些复杂情境下的效果，使我们无法充分理解这一关键领域的复杂性，只能看到问题的一部分，而无法获得全面的洞察力。在组织管理领域，对LMXA和员工行为关系的深入理解至关重要。缺乏整合的研究可能使我们不了解LMXA对员工行为的影响方式以及影响因素，难以预测潜在的问题和挑战，无法为组织提供明确的管理建议，很难制定有效的干预策略来改善员工行为和组织绩效，帮助领导者更好地管理团队和员工。缺乏整合的研究也可能限制相关领域的理论发展。如果我们无法建立理论模型，来解释LMXA如何影响员工行为以及在哪些情境下会受到调节，那么就难以为未来研究提供坚实的理论基础。为了填补相关研究的空缺，充分理解LMXA对员工行为的影响，本书基于矛盾关系的特性，从个体矛盾应对反应视角出发，根据社会交换理论、LMX理论和MAID模型，首先详细阐述了员工通过聚焦情绪应对策略以减少在角色外行为决策过程中矛盾状态引发的不适感。由于角色外行为不在员工的工作任务和工作守则内，需要员工自主发现问题或者机会，并且这类行为不仅不一定能够获得奖励还可能伴有一定的风险性。因此，一方面LMXA削弱了员工的认知能力；另一方面，面对非组织规定的必须行为，处于矛盾状态中的员工在最小化消耗认知的目标导向下会优先采取聚焦情绪的应对策略来减少不适感。此外，从风险评估角度来看，当员工对其与领导的交换关系有着矛盾体验时，由于认知负荷，他们将倾向对关系质量给出更低评价，并且对角色外行为结果也持有更高的负面预期。同时，鉴于建言行为不仅是一种典型的角色外行为，而且有别于其他类型的角色外行为，建言行为需要员工直接向领导表述其对组织的建设性意见或者指出组织中需要改进的不足之处，因此在员工施行建言行为的过程中不可避免的需要直接面对领导，和领导进行行面对面的交流、互动。然而，对于领导-成员交换关系有着矛盾体验的员工而言，为了减轻因矛盾体验引发的不适感他们可能会对领导产生心理疏远，尽可能地回避与领导互动，因此，本书选择聚焦建言行为针对LMXA对角色外行为的影响展开研究。据此本书检验了LMXA和员工角色外行为的负向关系，扩充了LMXA的影响结果研究。此外，本书还发现情绪策略倾向和嵌入在文化背景中的权力距离导向作为两个重要的个体因素在LMXA和员工角色外行为之间发挥着不同的调节作用。具体来说，员工认知重评情绪调节策略水平对LMXA和角色外行为的负向关系起到弱化作用,而员工表达抑制情绪调节策略水平和权力距离导向则强化了 LMXA 对角色外行为的负面影响。这些发现有助于全面且深入地认识 LMXA 对员工角色外行为的影响效果以及确定 LMXA 构念的相关理论边界。

第三,本书从矛盾关系视角,根据社会交换理论、LMX 理论和 MAID 模型将员工在面对领导-成员交换矛盾关系时,通过聚焦情绪应对策略和聚焦问题应对策略来缓解矛盾状态带来的不适感作为解释机制,有助于在理论上系统整合 LMXA 对员工角色内行为和角色外行为影响的研究。社会交换理论为这一研究提供了坚实的理论基础。社会交换理论强调了在组织关系中,个体和组织之间的互动是一种社会交换过程,其中资源、支持和关心是交换的核心。领导-成员关系被视为一种社会交换,领导者提供了资源和支持,员工以回报的方式提供了忠诚和工作绩效。LMX 理论为研究提供了关于领导-成员关系的深入理解。LMX 理论强调了领导-成员关系的多维性,包括高质量交换和低质量交换。高 LMX 关系通常伴随着更多的资源和支持,而低 LMX 关系可能导致员工感到被忽视或不被关心。通过 LMXA,研究者可以更准确地衡量员工与领导之间的关系质量,以及这种关系对员工的影响。情绪管理和聚焦问题应对策略的引入为解释机制提供了关键性的维度。情绪管理理论强调了个体如何识别、评估和调节情绪以应对各种情境。在面对领导-成员交换关系引发的矛盾体验时,员工可能会经历负面情感,例如焦虑、不安或愤怒。情绪管理策略可以帮助员工处理这些情绪,以减轻矛盾状态带来的不适感。与情绪管理不同,聚焦问题应对策略强调了个体如何消耗认知解决问题,而不是情绪反应。有别于角色外行为,由于角色内行为是组织规定的必须行为,因此员工很难完全逃避做出和角色内行为有关的工作决策,这也使得员工无法仅仅通过聚焦情绪策略就能达到减少不适感的目的。因此,LMXA 对员工角色内行为的影响相较于对角色外行为的影响机制更加复杂。根据最小化认知努力原则,当面对那些暂时可以逃避、拖延的和工作有关的决策时,员工会首先通过认知消耗最少的情绪路径来减少矛盾带来的不适感;但当员工面对那些必须要完成的角色内行为并要对完成该行为的方式或者努力程度等做出决策时,员工将不得不采取聚焦问题策略来应对因矛盾关系所引发的对决策结果的不确定。据此本书揭示了 LMXA 和员工角色内行为关系之间存在的情绪、认知双元中介路径,并探讨了工作自主性作为一种重要的组织情境对不同路径的调节作用。综上所述,本书不仅扩充了 LMXA 与员工角色内行为关系的相关研究及其中介机制的理论解释,也扩展了对于 LMXA 发挥影响作用的边界条件的理解。

第四,目前关于LMXA的研究还非常有限,并且主要局限在西方文化背景下。本书在中国组织文化情境下,探讨了更符合我国组织文化的"恩威并施"领导行为一致性对LMXA的影响,而且对LMXA和员工行为的关系进行了全面的研究,在多文化背景下检验LMXA是一项具有重要意义的研究举措,因为它有助于我们理解领导与成员之间的关系矛盾体验在不同文化背景下的异同。同时,这种研究也能够为跨文化管理和组织实践提供有益的见解。这一方面回应了Lee et al.(2019)关于在多文化背景下检验LMXA的呼召,另一方面也响应了做好中国情境研究的主张,扩展了对我国文化背景下现代职场关系的认识和理解。首先,多文化研究的重要性在于它有助于揭示文化因素对LMXA的影响。不同的文化传统和价值观可能会塑造员工对领导行为的期望和评价标准。在某些文化中,例如中国,领导者被寄予了更多家长和导师的角色,员工通常期望领导者不仅仅是组织中的管理者,而且要提供支持和关怀。考虑到中国的独特文化传统,特别是"恩威并施"领导风格在中国组织中的广泛存在,研究"恩威并施"领导行为一致性对LMXA的影响非常有意义。这一研究突出了在中国文化情境下,员工如何感知和评价领导的威权行为和仁慈行为的一致性,以及这种一致性如何影响LMXA。这有助于我们更好地理解中国组织中领导-成员关系的独特特点,并为中国组织提供了有益的管理启示。其次,通过全面探讨LMXA和员工行为之间的关系,这项研究有助于深入了解LMXA对员工在中国文化情境下的影响。员工在面对领导-成员关系时的态度和行为对于组织的绩效和员工的幸福感都具有重要影响。中国文化强调家庭和社会关系,这在领导-成员关系中也得到了体现。员工可能会在领导者与自己的关系质量和互动上基于文化背景作出不同的判断。因此,对LMXA与员工行为之间关系的深入研究有助于揭示这些影响的机制,并为组织管理提供了更精准的建议。通过本书,我们能够更好地理解中国文化情境下领导-成员关系的独特性,不同文化背景下的领导-成员关系可能会呈现出不同的模式和机制,深入了解中国文化情境下的LMXA与员工行为之间的关系,有助于建立更全面和多元化的跨文化组织管理理论,为组织管理实践提供更多有针对性的建议,并为跨文化研究提供重要的实证基础。此外,本书采用间接测量法,即通过二元语义测量法检验了LMXA量表在我国针对领导-成员交换矛盾关系体验测量的有效性,有助于克服文化差异带来的问题。在跨文化研究中,常常会遇到文化差异引起的测量问题,即某些文化背景下的受访者可能对特定问题有不同的理解和回答方式。采用二元语义测量法可以在一定程度上检验测量量表是否存在这种问题。这有助于确保在不同文化情境下的测量结果的可比性,使研究更具一般化和可推广性,进一步为该量表在我国组织情景下的适用性提供了支持。这种方法的应用有助于提高研究质量,并为未来在不同文化情境下的研究提供了有益的启示。

6.3 管理启示

领导-成员关系在组织中的重要性不容忽视。员工对领导-成员关系的态度会影响到员工的情绪、身心健康和行为等(Liao et al.,2017)。对领导-成员关系全面、深入地认识可以帮助组织更好的发展。本书通过解析员工对领导-成员交换关系持有矛盾的态度这一普遍存在又长久以来被忽视的现象,探讨了领导威权行为-仁慈行为一致性对LMXA的影响以及LMXA和员工行为之间的关系与内部机制、边界条件,以期为组织和领导预防LMXA以及减少LMXA对员工行为的负面影响提供有价值的参考。本书将在以下几个方面为企业管理实践提供新思考:

第一,帮助领导谨慎、恰当地使用"恩威并施"领导风格。"恩威并施"的概念来源于中国的文化和历史背景。字面上,"恩"指的是仁慈、宽厚、友善,而"威"则指的是威严、权威、严肃。在领导风格和领导行为的背景下,"恩威并施"的领导者在处理下属或团队成员时,既可以展现出关心和仁慈,也可以展现出威严和权威。领导者能够在仁慈和威严之间维持微妙的平衡,根据不同的情境和需求灵活切换似乎一直以来都是管理实践所追崇的领导之道,然而"恩威并施"的领导风格遵循灵活性和平衡性,这种风格的领导者所表现出的既威严又宽容却很容易造成员工对自身和领导关系的不确定。特别是在特殊的商业环境中,比如,商业环境严苛,对员工遵守制度、规范要求严格的,需要领导维持高威权管理的组织中(林姿荨等,2017;黄旭,2017),领导要慎重选择"恩威并施"。在这种情况下,"恩威并施"可能会导致员工对自身和领导之间的关系感到不稳定和不可预测。当领导者不断地在仁慈和威权之间摇摆时,员工可能会感到困惑,不知道领导者到底希望他们做什么,也不确定自己在工作中有多大的决策权。这种不确定性可能导致员工在工作中犹豫不决,担心做出错误的决策。员工可能会不断猜测领导的真实意图,在这个过程中他们可能会变得越来越不信任领导者,导致信任感下降。持续的不确定性可能会导致员工与领导者之间的情感疏远。员工可能会开始避免与领导者互动,这会进一步削弱组织的凝聚力。员工可能会担心,由于和领导关系的不稳定和不可预测性，他们的职业前景和发展机会可能受到威胁。这可能导致员工的士气下降，并且由于矛盾体验引发的不确定性使得员工可能会在决策时过分小心，导致决策过程迟滞，在工作中的投入减少。为了保护自己，员工也可能采取防御性行为，如隐瞒信息或避免承担责任。这种行为可能会损害组织的整体效率和效果。虽然"恩威并施"在某些情况下可能是一种有效的管理策略，但领导者应该小心使用，确保它不会引发员工关系矛盾体验。然而不可忽视的是，在组织中员工很难避免对领导-成员交换关系产生矛盾体验，这一方面是由领导-成员关系的"依赖-从属"以及"竞争-合作"的天然特质所决定。员工通常依赖领导，因为领导拥有决策权、资源分配权和指导员工的责任。员工依赖领导来提供指导、支持、反馈和资源，以便完成工作任务和实现个人职业目标。从属是指员工在组织中的地位相对较低，他们通常需要服从领导的指令、遵守组织政策和规定，以维持组织的秩序。从属于领导是组织中层级结构的一部分。竞争意味着员工与领导之间也可能存在争夺资源、机会、奖励或认可的情况。员工可能会竞争升职、项目分配或其他职业机会。合作是指员工与领导之间协同工作、共享信息、共同解决问题的过程。在领导-成员关系中，这两类关系可能会交织在一起，导致潜在矛盾关系的产生；另一方面是因为兼容并蓄、对立和统一并存的矛盾观念普遍存在于东方文化中（Spencer-Rodgers et al.，2004），在东方文化中，兼容并蓄的矛盾观念意味着人们接受事物和观念之间的差异和矛盾，并试图将它们和谐地融合在一起。东方文化的艺术和文学作品通常表现了对矛盾的包容和融合。中国的水墨画以其模糊的边界和含蓄的表达而闻名，传达出兼容并蓄的美学观念。东方文化中的统一并存观念强调了矛盾之间的统一性和相互关联性。这意味着即使存在对立和冲突，也可以找到统一的平衡点，或者将不同的观点融合在一起。它们影响了东方社会的价值观、行为方式，为东方文化的多样性和复杂性提供了重要的基础。这也为"恩威并施"领导方式和LMXA提供了土壤（刘燕君等，2017），当领导采用会对关系形成相反影响的不同风格的领导方式时，员工会对自己和领导的交换关系产生矛盾体验，既感恩于领导的关怀，又会为领导的专权、控制所困扰。因此，当领导威权行为和领导仁慈行为水平都很高时，员工对领导-成员关系的矛盾体验最强。但是威权领导的研究表明，在严苛的商业环境下，或者在管理制度、规范要求严格，需要员工谨守组织章程的组织环境中，威权领导可以有效地保证并在长远上提高组织绩效（黄旭，2017），而威权领导的顺利实施，不可避免地会加大权力距离、削弱员工的工作自主性（Duan et al.，2018）。因此，本书建议如果领导不可避免的需要以威权领导的形式管理员工，那么就需要适当控制仁慈行为水平。LMXA 在威权和仁慈一致时比威权和仁慈不一致时更高,特别是当二者都很高时,LMXA 水平最高,如果领导要向员工展示仁慈行为,那么就需要保持在适中的程度,因为高威权低仁慈比低威权高仁慈时员工的 LMXA 水平要更高。此外,在不特别强调威权的组织环境中,领导则可以尽可能地展示仁慈行为,因为较低的威权行为可以提供一定的约束力,保证组织的正常运行(钟琳莉,2018),并且这种情况所引起的 LMXA 最低,同时仁慈的领导行为可以引导员工形成相对较低的权力距离导向,结合子研究二的研究结论,较低的权力距离导向可以进一步缓解 LMXA 对员工角色外行为的负面效应。

第二,在招聘、甄选人员和培训中注意关注员工对不同情绪调节策略的使用倾向。在激烈的市场竞争中,人才是组织最重要的竞争资本。招聘和人员甄选决定了谁将加入组织,频繁的招聘不仅需要消耗大量的时间和资源,还可能导致组织的招聘成本增加。通过正确的人员甄选,组织可以确保每一位新员工都是合适的,从而减少未来的招聘需求和成本。而每一位新成员的行为表现都和组织的文化、效率和长期成功息息相关。选择合适的人员不仅可以增强组织的竞争力,还能够为组织的长远发展打下坚实的基础。特别是员工角色外行为对组织的发展非常重要,然而面对当今复杂多变的商业环境,组织中的矛盾体验非常普遍,并且领导也可能更多的通过使用多种相悖的领导方式以达到有效管理的目的,这就加大了员工对领导-成员交换关系产生矛盾态度的可能性。为了削弱 LMXA 对员工角色外行为的负面影响,组织在招聘和培训以及日常工作中要重视对员工情绪调节策略倾向的甄别和培养。认知重评作为一种重要的情绪调节策略,其核心是通过改变对某一情境的解释或看法来调节情绪反应。这种策略对于处理消极情绪尤为有效,因为它允许个体从一个更积极、更健康的视角看待问题或压力情境。组织首先要确保面试官了解情绪调节策略的重要性,并培训他们如何在面试中评估应聘者的情绪调节策略。组织在招聘过程中可以根据情绪调节策略的使用倾向和水平对应聘者加以评价和考察,并且在培训中注意鼓励、引导员工更多地采用认知重评情绪调节策略以妥善处理消极情绪。在开始招聘和甄选过程中,组织可以询问应聘者在过去的工作中如何处理压力、冲突和失败等情况。通过情景模拟或行为描述型问题,探究应聘者在特定情境下如何调节情绪。比如设计情境判断测试,模拟工作中可能遇到的情感挑战。观察应聘者如何响应,从中判断其情绪调节策略,或者组织评估中心活动,如团队合作任务、角色扮演和情境模拟,观察应聘者在不同情境下的情绪反应和调节策略,也可以使用心理测评工具来评估应聘者的情绪智慧和情绪调节策略。这些工具可以提供关于应聘者情绪处理能力的定量数据，也可以通过与前雇主或同事的沟通，了解应聘者的情绪稳定性、应对压力的能力以及他们在冲突中的行为。一旦员工被录用，组织可以在入职培训中强调情绪调节策略的重要性，并提供相关的培训和资源。比如向员工介绍情绪调节的概念，让员工清楚当面对一个挑战时，可以将其看作是一个威胁，也可以将其看作是一个学习和成长的机会。通过认知重评策略对情绪的调节，可以更积极地看待情境，从而减少消极情绪和增强积极情绪。组织也可以为员工提供相关的书籍、文章和在线资源，帮助他们更深入地了解认知重评。解释为什么情绪调节在工作中如此重要，帮助员工认识到在现代的工作环境中，员工不可避免的经常面临各种压力和挑战，从紧张的工作节奏到复杂的人际关系。为了维持工作效率和职业发展，情绪调节变得尤为关键。帮助员工认识到认知重评的原理和好处，将其视为一个强有力的工具，员工能够有意识的主动采用认知重评策略处理情绪，从不同的角度看待问题，更好地处理消极情绪，应对压力和挑战。另外，也可以提供真实的工作情境案例，引导员工进行情绪分析。在这一过程中鼓励员工尝试用认知重评的方式重新解释这些情境，从而改变他们的情绪反应。或者通过角色扮演的方式，让员工模拟工作中的压力情境。在小组中讨论和分享他们如何使用认知重评来调节情绪。并且在培训中，为员工提供关于他们情绪调节策略的反馈和指导，帮助员工识别他们在情绪调节中可能遇到的障碍，提供策略和方法来克服这些障碍。另外，也为员工提供在日常工作中实践认知重评的机会。并为员工提供家庭作业，鼓励他们在工作和生活中应用认知重评的情绪调节策略，可以建立一个在线社区或论坛，让员工可以分享他们的经验和故事。

  培养员工的情绪调节策略选择倾向是一个持续的过程，不仅需要在培训中加强，而且还需要在培训后持续跟进和支持。员工在日常工作中面临的情境和挑战是多种多样的，对情绪调节策略的需求和运用也会随之变化。因此，在培训结束后，也要定期跟进员工的情绪调节进展。提供进一步的支持和资源，帮助员工持续改进他们的情绪调节策略。与技能训练相似，情绪调节也需要持续的实践和反思。员工可能在培训中掌握了认知重评的情绪调节策略，但在实际工作中如何运用，还需要时间和经验。通过定期跟进，组织可以帮助员工巩固和加深对情绪调节策略的理解和运用。情绪调节不是一次性的任务，而是一个长期的过程。组织需要为员工制订情绪调节的长期计划，确保他们在日常工作中持续运用和改进所学的策略。比如可以建立一个情绪调节的反馈机制，让员工分享自己在实际工作中的情绪调节经验和挑战。这不仅可以帮助员工互相学习，还可以为组织提供宝贵的反馈，以改进未来的培训和支持。另外领导在培养员工情绪调节策略中的作用也不能忽视。他们不仅是员工的模范，还是他们的支持者和指导者。组织需要加强与领导的沟通与合作，确保他们对情绪调节策略的重要性有所了解，能够为员工树立良好的榜样并提供必要的支持和指导。

总的来说，情绪调节的责任在于员工本身。通过系统的培训和支持，组织可以有效地鼓励和引导员工自我管理与自我反思，采用认知重评的情绪调节策略以帮助他们更好地应对工作中的压力和挑战。这不仅有利于组织的发展也可以帮助员工更好地融入组织氛围与节奏中从而提高工作效率、促进团队合作，增强组织的竞争力。

第三，尽量打造工作自主性高、权力距离低的组织环境，引导员工形成低权力距离导向，以期减少 LMXA 引发的负面效应。工作自主性与员工的主动性、自我决策和创新能力密切相关。在现代组织中，打造一个工作自主性高的组织环境已经被认为是提高员工满意度和组织绩效的关键。高度的工作自主性意味着领导对员工的信任。工作自主性是员工在工作中拥有更多自主权和决策权的体现，领导对员工能力和自我管理的信任是构建这种自主性的前提和基础。当领导鼓励员工在工作中拥有更多的自主权时，他们实际上是在表达对员工能力的信任。领导者相信员工具备足够的能力和判断力，能够自主地完成任务和做出适当的决策，而不需要过多的监督或干预。因此，高度的工作自主性本质上是领导对员工信任的一种体现。当员工感受到这种信任时，他们更有可能对领导持有积极的态度，反之亦然。这种相互信任的关系为组织打下了坚实的基础，有助于减少因监控和管理而带来的负面影响。当员工感到他们有能力控制自己的工作，他们的工作满意度和组织承诺都会得到提高。员工感到他们的专业知识和技能得到了认可，感到被尊重和有价值，这会使他们对自己和领导的关系给出积极的评价。员工对自己的工作有更高的自主性，他们可以根据自己的节奏和方式来完成任务，这通常会提高工作效率。面对不断变化的外部环境，在一个工作自主性高的组织环境中，领导的角色从传统的命令和控制转变为辅导和支持。员工不需要完全等待领导的指示，可以根据实际情况做出决策，直接采取行动，也就使得他们不必因为领导的过度约束而需要关注领导以及自己和领导的关系。高度的工作自主性要求员工具备较强的自我管理能力，包括时间管理、任务管理和情绪管理等。在传统的工作环境中，员工往往需要经常与领导沟通，获取指示和反馈。员工的工作任务、职责和目标通常由上级决定,员工的主要职责是执行上级的指示。这种工作模式强调对规则和程序的遵守,减少了员工的主动性和自主权。但在一个高度自主的工作环境中,当员工能够有效地管理自己,更独立地做决策,他们更少地依赖于外部的监督和指导,从而减少了与领导的互动和依赖。当员工有高度的工作自主性,他们的内在动机往往被激发出来。内在动机来自个人对某件事情的真正兴趣和热情。当员工有足够的自主权,他们可以按照自己的方式完成任务,这使得他们更容易找到工作的意义和价值。例如,一个设计师如果能够自由地决定设计的方向和风格,那么他更容易投入到工作中,因为这是他真正热爱的。当员工的内在动机被激发出来时,他们更少地依赖于外部的奖励,如加薪、晋升或奖金。虽然这些外部奖励仍然很重要,但员工更加关注工作本身带来的满足感和成就感。在这种情况下,员工的工作满意度和对组织的承诺都会增强,他们不再需要过多地关注与领导的关系,而是更加关注自己的职业生涯和发展,他们更容易根据自己的兴趣和能力来规划自己的职业生涯。他们不再受限于固定的职位和职责,而是可以根据自己的发展需要来选择合适的工作和项目。高度自主的工作环境往往建立在信任的基础上。当领导信任员工并赋予他们决策权时,员工也更容易建立起对领导的信任。在这种互信的关系中,员工不需要过多地关注如何取悦领导或如何避免领导的不满,因为他们知道只要他们尽职尽责,领导就会给予他们信任和支持。员工不再需要过多地关注如何取悦领导,而是更加专注于自己的工作和成长。这有助于建立一个更加和谐和健康的工作环境,也有助于领导建立与员工之间更为紧密和有意义的关系。低权力距离的组织倾向于强调平等和参与,而高权力距离的组织则强调等级和权威。在低权力距离的组织中,领导和员工之间的关系更加开放和亲密,这有助于建立和维护互信。员工感觉他们的意见被重视,而领导也更容易获得员工的真实反馈和建议。在一个权力距离低的环境中,员工更有可能参与决策过程,这不仅使他们感到自己是组织的一部分,而且还可以提高他们的工作投入和满意度。低权力距离意味着更开放、频繁和双向的沟通。员工更有可能分享他们的想法和担忧,而领导也更容易了解员工的需求和期望。低权力距离鼓励员工提出新的想法和建议,而不是简单地遵循命令和指示。因此,低权力距离的工作环境可以让员工更为直接地融入组织决策中。通过发挥工作自主性和权力距离的边界调节作用,启发员工通过情绪(短期)和认知(长期)两个不同的路径来减少 LMXA 对员工工作行为带来的负面影响,通过打造高工作自主性和低权力距离的组织环境,比如建立扁平化的组织结构,减少组织中的管理层级,使决策过程更加迅速和高效,鼓励员工自主管理和决策,特别是允许员工参与决策过程,尤其是与他们工作相关的决策,在设计激励制度和奖励制度,鼓励员工参与的同时,也鼓励员工试错,当出现错误时,把它看作是学习和成长的机会,并且为员工提供沟通的渠道和机会,如定期的团队会议、反馈会议和开放日,来帮助员工减少对领导的工作依赖,转移员工对领导-成员交换关系的过度专注,进而减轻 LMXA 对员工角色内行为、角色外行为的负面影响。

第四,关爱员工,更全面的考察、关注员工和领导之间的关系。以往针对领导-成员交换关系的考察可以分别将拥有高质量和低质量领导-成员交换关系的员工有效识别出来,但是却无法有效识别出对领导-成员关系持有矛盾态度的员工,通常这部分员工在以往的考察中仅能作为领导-成员关系质量处于中等水平反映出来,这就导致长久以来对组织中矛盾关系的忽视。当管理者过分简化对员工与领导之间关系的分类,即将其简单地归为"圈内人"或"圈外人",这种过度简化的评估可能会带来一系列的问题。这种简化的分类方法,可能会导致对员工真实情感和需求的误判,从而影响管理实践。在工作场所,员工与领导之间的关系远比简单的"圈内"和"圈外"分类要复杂得多。员工可能在某些方面与领导关系良好,但在其他方面又存在不满。例如,一个员工可能对领导的某些决策表示支持,但对其他决策持反对意见。当管理者仅仅将这名员工归为"圈内人"时,他可能会忽略这名员工对某些决策的反对意见,导致员工感到被忽视或误解。对关系的简单分类也可能使得员工感到自己的情感和需求被忽视或误解,他们可能会感到情感上的疏离。这种情感的疏离不仅会降低员工的工作满意度和组织承诺,还可能导致他们在决策过程中与领导产生分歧或冲突。如果领导和员工对彼此的关系质量没有一致的看法,这可能会导致沟通的障碍。比如,员工可能会因为无法判断建言行为是否会得到领导支持,或者不确定是否会被误解、惩罚,而选择不与领导沟通自己的真实想法和感受。这种沟通的障碍不仅会导致信息的不对称,还可能影响组织的决策效率和准确性。当领导基于不完整或不准确的信息做出决策时,可能会做出错误的决策。进而导致组织效率的降低甚至与员工产生更深的误解和冲突。当员工长时间被矛盾体验困扰时,他们可能会选择离开组织,寻找一个关系质量更加确定的工作环境。这种高员工流动率不仅会导致组织的人才流失,还可能增加组织的招聘和培训成本。总的来说,过度简化对员工与领导之间关系的分类可能会带来一系列的管理问题。为了避免这些问题,管理者应该更加细致和深入地了解员工的真实情感和需求,建立真正的互信和沟通,特别是考虑到矛盾的关系在较长的时间内可能是普遍且稳定的,并且本书证实LMXA会对员工的行为造成负面的影响,因此,组织应该注意关爱员工,通过深入谈话真正了解、掌握员工对自身和领导之间交换关系的真实体验,以避免矛盾关系造成负面影响。当了解到员工对自己和领导的关系感到不确定,认为关系既好又不好时,应该鼓励员工与领导进行开放、诚实的沟通,分享他们的感受、想法和担忧。领导应该定期与员工进行一对一的沟通,了解员工的工作进展、感受和需求,及时地向员工提供反馈,表扬他们的工作成果,指出需要改进的地方。员工也应该主动向领导分享他们对工作和组织的看法和建议。组织也可以提供沟通技巧和人际关系的培训,帮助员工和领导更好地理解和相互交流。并对领导进行培训,提高他们的领导能力和人际交往能力。组织可以定期举办团队建设活动,增强领导和成员之间的信任和合作。在规章制度方面,组织应该确保每个员工都明确自己的职责和领导的期望,具有适度的工作自主性,这可以减少矛盾体验引发的负面影响。另外,本书涉及的LMXA测量量表以及二元语义测量法研究都为组织更准确测量和识别有着矛盾体验的员工提供了工具和方法。

6.4 研究局限与未来展望

虽然本书在整体上采用以多时段、多来源的数据调研方式为主的研究设计方案,通过三个子研究分别探讨了LMXA的前因、行为结果以及中介机制和边界条件,但是由于在数据收集方面社会资源、时间等诸多因素限制,整体研究在样本的选择上有一定的局限性。比如,由于三个子研究的数据收集工作独立进行,故无法针对LMXA的前因和结果进行整合检验。未来研究可以进一步整体检验LMXA对员工角色行为的影响,并探讨LMXA在领导行为一致性与员工行为之间的中介作用。

此外,尽管本书相关变量的测量均采用了来自国际一流期刊的量表,但是考虑到目前针对LMXA的研究在国内外都相对较少,因此本书还通过二元语义测量法针对LMXA量表的有效性做了进一步验证,但这仍具有一定的局限性。东西方文化在辩证思维、对矛盾体验的包容度等方面存在一定差异(Spencer-Rodgers et al.,2004),辩证思维是一种能够看到事物复杂性、对立性和发展性的思维方式。它强调事物的相互关联性和变化性,以及事物之间的矛盾和对立。对矛盾体验的包容度是指对矛盾或冲突情境的接受和理解的能力。高包容度的人可以更容易地接受和处理矛盾情境，而不是避免或忽视它们。东方文化，特别是儒家文化，强调事物的相互关联性和和谐。在这种文化背景下，人们更倾向于辩证地看待事物，认为事物是相互关联和影响的，而不是孤立存在的。东方文化还强调事物的变化性和发展性。例如，阴阳思想就是一个典型的例子，它认为事物之间存在着对立和统一的关系，而这种关系是不断变化和发展的。西方文化强调事物的独立性和分析性。在这种文化背景下，人们更倾向于分析事物，将其分解为独立的部分，然后再进行研究和理解。西方文化还强调事物的稳定性和确定性。例如，西方的逻辑思维就强调事物之间的固定关系和规律。东方文化强调和谐和平衡，因此对矛盾体验的包容度往往较高。在这种文化背景下，人们更容易接受和处理矛盾情境，而不是避免或忽视它们。东方文化还强调个人与群体之间的和谐关系。因此，人们往往会更加注重团队合作和互助，而不是个人竞争和利益。西方文化强调个人主义和自由，因此对矛盾体验的包容度往往较低。在这种文化背景下，人们更容易避免或忽视矛盾情境，而不是接受和处理它们。西方文化还强调个人的权利和自由。因此，人们往往会更加注重个人的利益和权利，而不是团队合作和互助。东西方文化在辩证思维和对矛盾体验的包容度上确实存在的差异性是基于深层次的、长期的历史、地理、宗教和哲学发展的。如果未来研究可以开发或选用本土领导-成员关系矛盾体验量表进行研究，可能会进一步发现东西方文化的影响下，员工对领导-成员交换关系矛盾体验的差异性，使研究结果与本土实际更加贴近。另外，有关组织中矛盾关系的测量，未来研究可以进一步考虑使用诸如评价空间网格等二维度单极构念的测量方法，从而更加精确地区分不同关系类型群体。空间网格或二维度评价模型是一种常用于社会科学研究的测量方法，在心理学、市场营销和消费者行为研究中比较常见。该模型通常使用两个维度来表示和测量一个或多个构念，例如：满意度和重要性、积极和消极、功能性和情感性等。这种测量方法很简单和直观，如辅以深度访谈或多维度量表等其他测量方法可能会得到可靠和有价值的结果。

结合上述的研究不足，为了更进一步地分析组织中 LMXA 的可能前因，以及 LMXA 在组织中可能的影响，未来研究可以考虑针对领导行为和 LMXA 的关系进行更为深入的因果关系研究，比如，通过实验、ESM、日记法等多种方法确定领导行为和 LMXA 的因果关系。未来的进一步研究可以从更多视角展开。对于任何复杂的概念或问题,单一的视角很难提供一个完整的画面。从多个角度进行研究可以帮助研究者更全面地理解主题,捕捉到可能被忽略或低估的细节。除了如前文所述应用不同的研究方法以外,采用多视角的方法也可以为研究提供多个数据来源和验证手段,从而增加研究的有效性和可靠性。这种方法可以帮助研究者避免偏见,并确保研究结果的准确性。面对一个问题或挑战,不同的视角也可能会提供不同的解决策略和建议。这种多样性可以为决策者提供更多的选择,从而制定更有效的解决方案。例如,未来研究也可以进一步考察其他双元领导行为的一致性对LMXA的影响。研究表明领导在工作中很可能同时出现自恋型领导与谦逊型领导、辱虐型领导与支持型领导等领导风格(Owens et al., 2015;Yagil, 2006),当这些会对领导-成员交换关系造成相反影响效应的领导行为同时出现时,很可能会进一步产生与"恩威并施"领导行为相似的影响,导致员工对自身和领导的关系持有矛盾的态度。比如,辱虐型领导风格以控制和惩罚为主,领导者可能会经常批评、嘲笑、羞辱或威胁员工。这种风格的领导者通常关注权力和控制,他们可能会利用员工或在组织中制造恐惧。支持型领导风格强调努力为员工提供工作中所需的各项资源,创造一个积极和鼓励创新的工作环境。当领导者同时使用辱虐型和支持型的领导风格时,员工可能会感到困惑和不安。员工可能会不确定如何满足领导的期望,因为这两种风格给出了相互矛盾的信息。例如,当领导者一方面表现出对员工的支持,另一方面又批评和威胁员工时,员工可能会不知道如何应对。特别是辱虐型领导往往会破坏员工对领导的信任。当领导者同时采用支持型领导风格时,员工可能会怀疑领导的真实意图和动机,从而对领导的任何行动都持有怀疑态度。员工也可能会对领导的这种矛盾风格产生强烈的情感反应。例如,他们可能会感到愤怒、失望或焦虑,这些情感可能会影响他们的工作绩效和工作态度。研究表明,辱虐型领导与员工的组织承诺负相关。当员工感到被领导虐待或不受尊重时,他们可能会减少对组织的承诺,这可能会导致更高的离职率、更低的工作绩效和更多的工作失误。另外,虽然验证了LMXA对员工角色内行为和角色外行为的负向影响,未来研究可以试图探寻是否在一定边界机制下LMXA对员工行为存在着积极的影响。比如,根据矛盾关系的特性,矛盾体验包含矛盾情绪和矛盾认知两个方面(Van harrenveld et al., 2015),Fong(2006)通过两个实验确认了经历矛盾情绪的个体对周围的环境更加敏感,能够更好地识别不同概念之间的关系,进而有助于提升个体创造力。经历矛盾情绪,或者所谓的"情绪复杂性",通常意味着一个人可以同时体验和处理相互冲突或对立的情绪。这种能力在心理学和情绪研究中被认为是一种重要的心理资本。当个体经历矛盾情绪时,他们必须同时处理和整合这些情绪,以达到一个平衡或稳定的情绪状态。为了做到这一点,他们需要更加关注和敏感地觉察自己的内部情绪和外部环境的变化。这种高度的觉察力使他们能够更加敏感地捕捉到周围环境中的细微变化和复杂性。由于矛盾情绪的个体对自己的情绪和外部环境有更深入的认知,他们通常能够更好地识别和理解不同概念之间的关系。他们可以看到事物之间的联系和互动,而不是将它们视为孤立的实体。这种能力使他们能够更好地理解和处理复杂的问题和情境。创造力的研究始于二十世纪五十年代,强调个体的认知能力和人格特质,研究对象已逐渐延伸至团队和组织中(Kurtzberg & Amabile,2001)。个体的人格特质和认知能力都是在一个不断变化的工作环境中帮助创造力提升。创造力或创造绩效将经历、社会和心理能力、资源概念化成一个独创性的过程。创造力被定义为一个"塑造我们关于我们自己和周围世界认知的交互式的、社会化构造的推力"的概念(Kurtzberg,2005)。目前对于创造力的认知主要分为三个流派:基于过程的创造力、基于人的创造力、基于产品的创造力。最早将创造力看作一种过程,将其定义为个人看清问题本质和内在的逻辑联系,进而提出创造性解决方案的过程。而 Koestler(1964)则在此基础上扩大了创造力定义的范围,将其比作异类联想过程,即将原本没有关系的两类观点或知识联系起来,从而产生新的发明或者解决方案。Mumford(2000)则认为创造力是个体与外界之间不断互动和创造发明的过程。然而这类定义尽管描述了创造力产生的过程,却忽略了人的认知和能力对于创意产生的作用。Amabile(1985)首先研究了内部动机对创造力的影响。他通过实验调查学生参与实验的动机对创作创意的作用,结果发现对写作具有爱好和兴趣的学生写出的作品更加富有创造力。内部动机驱使个人在面临不确定性时仍能保持高昂的工作热情,进而激发更多的创意。创造力是创新的基础,因为它提供了新的思考方式和新的观点。没有创造力,创新将无从谈起。在组织中,创造力可以表现为员工提出的新点子、解决问题的独特方法以及创造性的团队协作。组织需要鼓励和培养创造力,以激发创新。创新是将创造力转化为实际成果的过程。这可以涵盖产品创新、流程创新、市场创新等。创新通常需要一系列步骤,包括问题识别、创意生成、概念开发、测试和实施。组织需要建立创新文化和创新流程,以促进创造力的应用并推动创新。在当今竞争激烈的商业环境中,创新已经成为组织保持竞争力的关键因素之一。创新能够帮助组织不断适应市场变化、满足客户需求、提高效率、降低成本并开拓新市场。创新驱动的组织通常更具灵活性和适应性,能够更好地应对不确定性和挑战。但是创新过程和结果的高度不确定性也不容忽视,创新并非一蹴而就,而是需要通过一系列不断尝试产生的,在此过程中通常包含着失败和困难,这意味着创新必然包含着高风险(Tesluk et al., 1997)。为了开发新颖实用的产品和流程,个体必须愿意尝试探索并承担潜在的失败,而个体的风险偏好以及理解和处理复杂的问题和情境的能力则决定了其承担风险的意愿。如果员工努力规避失败,他们更愿意采取常规化的工作方式去解决问题,不愿意尝试新的途径和方法。有学者提出了调节焦点理论来解释风险偏好和创造力的关系。领导力与创造力之间的关系也已经得到学者广泛的认可。Gu et al. (2013)基于关系的视角,探讨了道德领导与员工创造力之间的关系。他们通过问卷调研,证实了道德领导对员工创造力的促进作用,以及员工对自身和领导关系的认同在道德领导与下属创造力之间起到中介作用。因此,未来研究可以从不同视角进一步探索当员工对自身和领导关系持有矛盾体验时,对员工创造力绩效、创新行为的可能影响,以及哪些组织层面的因素和 LMXA 交互作用后可能对员工创造力产生影响,比如组织学习(Tafvelin et al., 2017)、组织工作嵌入(Bos-Nehles & Audenaert, 2019)、组织文化(Terpstra-tong et al., 2020)等。工作重塑是指个体对工作任务或者关系的认知边界的改变(Wrzensniewski & Dutton, 2001),通过工作重塑个体可以更好地平衡和利用资源。因此,当员工对领导-成员交换关系存在矛盾体验时,为了减少矛盾体验带来的不适感,员工可能会通过工作重塑的方式改变认知和现状,进而改善自身和领导的关系。比如,工作重塑允许员工对自己的工作有更多的控制权。当员工能够根据自己的能力、兴趣和需求调整自己的工作职责时,他们可能会感到更有控制感和自主性。这种控制感可以增加员工的自信心,减少对领导的依赖,从而减少与领导关系中的矛盾体验。工作重塑可以帮助员工明确自己的工作内容、标准和目标,从而减少工作中的不确定性。当员工对自己的工作有更明确的认识和期望时,他们可能会更少地担心与领导的矛盾和误解。工作重塑也可能涉及调整工作关系,例如与领导的交互方式、沟通频率和质量。工作重塑的过程通常需要员工与领导进行频繁的沟通和反馈。这种持续的交互为员工提供了向领导表达自己的需求、期望和感受的机会,从而帮助双方建立更为坦诚和开放的关系,从而减少矛盾和冲突的产生。当员工能够成功地重塑自己的工作并看到明显的效果时,他们的自我效能感可能会增强。高自我效能感的员工更有可能信任自己的判断，更少受到与领导的关系矛盾体验的影响。工作重塑不仅仅是对工作内容的调整，它也提供了一种解决工作中问题和挑战的策略。当员工面对与领导的矛盾体验时，他们可以使用工作重塑的策略来寻找和实施解决方案。

参 考 文 献

[1] AHERN G L,SCHWARTZ G E. Differential lateralization for positive and negative emotion in the human brain: EEG spectral analysis [J]. Neuropsychologia,1985,23(6):745-755.

[2] ANAND S,VIDYARTHI P R,LIDEN R C,et al. Good citizens in poor-quality relationships: idiosyncratic deals as a substitute for relationship quality[J]. Academy of management journal,2010,53(5):970-988.

[3] ANTONAKIS J,ATWATER L. Leader distance: a review and a proposed theory[J]. The leadership quarterly,2002,13(6):673-704.

[4] ARMITAGE C J,ARDEN M A. Felt and potential ambivalence across the stages of change[J]. Journal of health psychology,2007,12(1):149-158.

[5] ARSHADI N. The relationships of perceived organizational support (POS) with organizational commitment, in-role performance, and turnover intention:mediating role of felt obligation[J]. Procedia-social and behavioral sciences,2011,30:1103-1108.

[6] ASHFORTH B E,ROGERS K M,PRATT M G,et al. Ambivalence in organizations:a multilevel approach[J]. Organization science,2014,25(5):1453-1478.

[7] AUDREZET A,PARGUEL B. Using the Evaluative Space Grid to better capture manifest ambivalence in customer satisfaction surveys[J]. Journal of retailing and consumer services,2018,43:285-295.

[8] BAEK Y M. An integrative model of ambivalence[J]. The social science journal,2010,47(3):609-629.

[9] BAKKER A B,BAL M P. Weekly work engagement and performance: a study among starting teachers[J]. Journal of occupational and organizational psychology,2011,83:189-206.

[10] BAKKER A B,DEMEROUTI E. The Job Demands - Resources model: state of the art[J]. Journal of managerial psychology,2007,22(3):309-328.

[11] BALLINGER G A,ROCKMANN K W. Chutes versus ladders: anchoring events and a punctuated-equilibrium perspective on social exchange relationships[J]. Academy of management review,2010,35(3):373-391.

[12] BANDURA A. Social foundations of thought and action: a social cognitive theory[M]. Englewood Cliffs NJ: Prentice Hall,1986.

[13] BANDURA A. Self-efficacy: the exercise of control[M]. New York: Worth Publishers,1997.

[14] BANDURA A. Exercise of human agency through collective efficacy[J]. Current directions in psychological science,2000,9(3):75-78.

[15] BANDURA A. Social cognitive theory: an agentic perspective[J]. Annual review of psychology,2001,52(1):1-26.

[16] BANDURA A, LOCKE E A. Negative self-efficacy and goal effects revisited[J]. Journal of applied psychology,2003,88:87-99.

[17] BAUER T N , GREEN S G. Development of leader-member exchange: a longitudinal test [J]. Academy of management journal, 1996, 39(6): 1538-1567.

[18] BEHRMAN D N , PERREAULT W. A role stress model of the performance and satisfaction of industrial salespersons [J]. Journal of marketing,1984,48(4):9-21.

[19] BECKER T E ,KERNAN M C. Matching commitment to supervisors and organizations to in-role and extra-role performance [J]. Human performance,2003,16(4):327-348.

[20] BHAL K T ,GULATI N ,ANSARI M A. Leader - member exchange and subordinate outcomes: test of a mediation model [J]. Leadership and organization development journal,2009,30(1-2):106-125.

[21] BLAU P. Exchange and power in social life[M]. New Brunswick N J: Transaction Books,1973.

[22] BLOOR L E , UCHINO B N , HICKS A , et al. Social relationships and physiological function: the effects of recalling social relationships on

cardiovascular reactivity[J]. Annals of behavioral medicine,2004,28(1):29-38.

[23] BOEKHORST J A. The role of authentic leadership in fostering workplace inclusion:a social information processing perspective[J]. Human resource management,2015,54(2):241-264.

[24] BOLINO M C,TURNLEY W H,BLOODGOOD J M. Citizenship behavior and the creation of social capital in organizations[J]. Academy of management ,2002,27(4):505-522.

[25] BOLLEN J, TRICK L, LLEWELLYN D, et al. The effects of acute inflammation on cognitive functioning and emotional processing in humans: a systematic review of experimental studies[J]. Journal of psychosomatic research,2017,94:47-55.

[26] BONANNOG A, NOTARIUS C I, GUNZERATH L, et al. Interpersonal ambivalence, perceived relationship adjustment, and conjugal loss[J]. Journal of consulting and clinical psychology,1998,66(6):1012-1022.

[27] BOS-NEHLES A, AUDENAERT M. LMX and HRM:a multi-level review of how LMX is used to explain the employment relationship[J]. Chapters, 2019,23:336-351.

[28] BRAIKER H B, KELLEY H H. Conflict in the development of close relationships[J]. Social exchange in developing relationships, 1979: 135-168.

[29] BRISLIN R W. Cross-Cultural Research Methods[M]. Boston: Springer,1980

[30] BROCKMAN R, CIARROCHI J, PARKER P, et al. Emotion regulation strategies in daily life:mindfulness, cognitive reappraisal and emotion suppression[J]. Cognitive behaviour therapy,2017,46(2):91-113.

[31] BROWNSTEIN A L. Biased predecision processing[J]. Psychological bulletin,2003,129(4):545-568.

[32] BURRIS E R,DETERT J R,CHIABURU D S. Quitting before leaving:the mediating effects of psychological attachment and detachment on voice[J]. Journal of applied psychology,2008,93(4):912.

[33] BUSHMAN B B, HOLT-LUNSTAD J. Understanding social relationship

maintenance among friends: Why we don't end those frustrating friendships[J]. Journal of social and clinical psychology, 2009, 28(6): 749-778.

[34] BUTLER E A, EGLOFF B, WLHELM F H, et al. The social consequences of expressive suppression[J]. Emotion, 2003, 3(1): 48-67.

[35] CACIOPPO J T, BERNTSON G G. Relationship between attitudes and evaluative space: a critical review, with emphasis on the separability of positive and negative substrates[J]. Psychological bulletin, 1994, 115(3): 401-423.

[36] CACIOPPO J T, GARDNER W L, BERNTSON G G. Beyond bipolar conceptualizations and measures: the case of attitudes and evaluative space [J]. Personality and social psychology review, 1997, 1(1): 3-25.

[37] CAI Z, HUO Y, LAN J, et al. When do frontline hospitality employees take charge? Prosocial motivation, taking charge, and job performance: the moderating role of job autonomy[J]. Cornell hospitality quarterly, 2019, 60 (3): 237-248.

[38] CAMPBELL C R, MARTINKO M J. An integrative attributional perspective of empowerment and learned helplessness: a multimethod field study[J]. Journal of management, 1998, 24(2): 173-200.

[39] CAMPO R A, UCHINO B N, VAUGHN A, et al. The assessment of positivity and negativity in social networks: the reliability and validity of the social relationships index[J]. Journal of community psychology, 2009, 37(4): 471-486.

[40] CARETTE B, ANSEEL F, LIEVENS F. Does career timing of challenging job assignments influence the relationship with in-role job performance? [J]. Journal of vocational behavior, 2013, 83(1): 61-67.

[41] CHAIKEN S. Heuristic versus systematic information processing and the use of source versus message cues in persuasion[J]. Journal of personality and social psychology, 1980, 39(5): 752-766.

[42] CHAMBERLIN M, NEWTON D W, LEPINE J A. A meta-analysis of voice and its promotive and prohibitive forms: identification of key

associations, distinctions, and future research directions[J]. Personnel psychology,2017,70(1):11-71.

[43] CHAN S C,MAK W M. Benevolent leadership and follower performance: the mediating role of leader-member exchange (LMX)[J]. Asia pacific journal of management,2012,29(2):285-301.

[44] CHANG P C,RUI H,WU T. Job autonomy and career commitment: a moderated mediation model of job crafting and sense of calling[J]. SAGE Open,2021,11(1):215824402110041.

[45] CHEN G,CASPER W J,CORTINA J M. The roles of self-effi cacy and task complexity in the relationships among cognitive ability, conscientiousness, and work-related performance: a meta-analytic examination[J]. Human performance,2001,14:209-230.

[46] CHEN X P,EBERLY M B,CHIANG T J,et al. Affective trust in Chinese leaders: linking paternalistic leadership to employee performance[J]. Journal of management,2014,40(3):796-819.

[47] CHENG B S,CHOU L F,HUANG M P,et al. A triad model of paternalistic leadership: evidence from business organization in mainland China[J]. Indigenous psychological pesearch in Chinese societies,2003,20: 209-252.

[48] CHENG B S,BOER D,CHOU L F,et al. Paternalistic leadership in four East Asian societies: generalizability and cultural differences of the triad model[J]. Journal of cross-cultural psychology,2014,24:45-68.

[49] CHIABURU D S,HARRISON D A. Do peers make the place?[J]. Journal of applied psychology,2008,93(5):1082-1103.

[50] LIGHT D,COSER R. Training in ambiguity: learning through doing in a mental hospital[J]. Contemporary sociology,1980,9:568.

[51] CORDES C L,DOUGHERTY T W,BLUM M. Patterns of burnout among managers and professionals: a comparison of models[J]. Journal of organizational behavior,1997,18(6):685-701.

[52] CLARK J K,WEGENER D T,FABRIGAR L R. Attitude accessibility and message processing:the moderating role of message position[J]. Journal of

experimental social psychology,2008,44(2):354-361.

[53] CLUGSTON M, HOWELL J P, DORFMAN P W. Does cultural socialization predict multiple bases and foci of commitment? [J]. Journal of management,2000,26(1):5-30.

[54] COGLISER C C, SCHRIESHEIM C A. Exploring work unit context and leader-member exchange: a multi - level perspective [J]. Journal of organizational Behavior,2000,21(5):487-511.

[55] CONSIGLIO C, BORGOGNI L, TECCO C D, et al. What makes employees engaged with their work? The role of self-efficacy and employee's perceptions of social context over time [J]. Career development international,2016,21(2):125-143.

[56] COTTERELL N, EISENBERGER R, SPEICHER H. Inhibiting effects of reciprocation wariness on interpersonal relationships [J]. Journal of personality and social psychology,1992,62(4):658-668.

[57] CREMER D D, DIJKE V M, BOS A. Distributive justice moderating the effects of self-sacrificial leadership[J]. Leadership organization development journal,2004,25(5):466-475.

[58] CROPANZANO R, ANTHONY E L, DANIELS S R, et al. Social exchange theory: a critical review with theoretical remedies [J]. Academy of management annals,2017,11(1):479-516.

[59] DANIELS M A, GREGURAS G J. Exploring the nature of power distance: implications for micro- and macro-level theories, processes, and outcomes [J]. Journal of management,2014,40 (5):1202-1229.

[60] DANSEREAU J F, GRAEN G, HAGA W J. A vertical dyad linkage approach to leadership within formal organizations: a longitudinal investigation of the role making process[J]. Organizational behavior and human performance,1975,13(1):46-78.

[61] DAWSON J F. Moderation in management research: What, why, when, and how[J]. Journal of business and psychology,2014,29(1):1-19.

[62] DAY D V, CRAIN E C. The role of affect and ability in initial exchange quality perceptions [J]. Group organization management, 1992, 17 (4):

380-397.

[63] DEERY S, IVERSON R, WALSH J. Work relationships in telephone call centres: understating emotional exhaustion and employee withdrawal[J]. Journal of management studies, 2002, 39(4): 471-496.

[64] LIVER D Y, PLIGT J, WIGBOLDUS D. Positive and negative associations underlying ambivalent attitudes [J]. Journal of experimental social psychology, 2007, 43(2): 319-326.

[65] DECI E L, RYAN R M. Self-determination theory: a macrotheory of human motivation, development, and health[J]. Canadian psychology/psychologie canadienne, 2008, 49(3): 182.

[66] DECI E L, OLAFSEN A H, RYAN R M. Self-determination theory in work organizations: the state of a science[J]. Annual review of organizational psychology and organizational behavior, 2017, 4: 19-43.

[67] DELUGA R J. Supervisor trust building, leader - member exchange and organizational citizenship behaviour [J]. Journal of occupational and organizational psychology, 1994, 67(4): 315-326.

[68] DETERT J R, TREVIN O L K. Speaking up to higher-ups: how supervisors and skip-level leaders influence employee voice[J]. Organization science, 2010, 21(1): 249-270.

[69] DIENER E, FUJITA F. Resources, personal strivings, and subjective well-being: a nomothetic and idiographic approach[J]. Journal of personality and social psychology, 1995, 68(5): 926-935.

[70] DIENESCH R M, LIDEN R C. Leader-member exchange model of leadership: a critique and further development[J]. Academy of management review, 1986, 11(3): 618-634.

[71] DREISON K C, WHITE D A, BAUER S M, et al. Integrating self-determination and job demands-resources theory in predicting mental health provider burnout[J]. Administration and policy in mental health and mental health services research, 2018, 45(1): 121-130.

[72] DORFMAN P W, HOWELL J P. Dimensions of national culture and effective leadership patterns: hofstede revisited [J]. Advances in

international comparative management,1988,10(3):127-150.

[73] DUAN J,BAO C,HUANG C,et al. Authoritarian leadership and employee silence in China[J]. Journal of management and organization,2018,24(1): 62-80.

[74] DUFFY M K,GANSTER D C,PAGON M. Social undermining in the workplace[J]. Academy of management journal,2002,45(2):331-351.

[75] DULAC T,HENDERSON D J,WAYNE S J,et al. Not all responses to breach are the same: the interconnection of social exchange and psychological contract processes in organizations[J]. Academy of management journal,2008,51(6):1079-1098.

[76] DULEBOHN J H,BOMMER W H,LIDEN R C,et al. A meta-analysis of antecedents and consequences of leader-member exchange: integrating the past with an eye toward the future[J]. Journal of management,2012,38 (6):1715-1759.

[77] DUTTON J E,RAGINS B R. Moving forward: positive relationships at work as a research frontier[M]. New Jersey:Lawrence Erlbaum Associates Publishers,2007

[78] EBY L T,BUTTS M M,DURLEY J,et al. Are bad experiences stronger than good ones in mentoring relationships? Evidence from the protégé and mentor perspective[J]. Journal of Vocational Behavior,2010,77(1):81-92.

[79] EDWARDS J R. Alternatives to difference scores: polynomial regression analysis and response surface methodology[J]. Perspectives on organizational fit,2002.

[80] EDWARDS J R. Person-environment fit in organizations:an assessment of theoretical progress[J]. The academy of management annals,2008,2: 167-230.

[81] EDWARDS J R,PARRY M E. On the use of polynomial regression equations as an alternative to difference scores in organizational research [J]. Academy of management journal,1993,36(6):1577-1613.

[82] EISENBERGER R,KARAGONLAR G,STINGLHAMBER F,et al. Leader-member exchange and affective organizational commitment: the

contribution of supervisor's organizational embodiment[J]. Journal of applied psychology,2010,95(6):1085.

[83] EISENBERGER R, LYNCH P, ASELAGE J, et al. Who takes the most revenge? Individual differences in negative reciprocity norm endorsement [J]. Personality and social psychology bulletin,2004,30(6):787-799.

[84] ENGLE E M, LORD R G. Implicit theories, self-schemas, and leader-member exchange[J]. Academy of management journal,1997,40(4):988-1010.

[85] EPITROPAKI O, MARTIN R. LMX and work attitudes: is there anything left unsaid or unexamined? [M]. New York: Oxford University Press,2016

[86] ERDOGAN B, BAUER T N. Leader-member exchange theory: a glimpse into the future[M]. New York: Oxford University Press,2015.

[87] ERDOGAN B, KARAEMINOGULLARI A, BAUER T N, et al. Perceived overqualification at work: implications for extra-role behaviors and advice network centrality[J]. Journal of management,2020,46(4):583-606.

[88] EYAL T, LIBERMAN N, TROPE Y, et al. The pros and cons of temporally near and distant action[J]. Journal of personality and social psychology, 2004,86(6):781-795.

[89] FARH J L, CHENG B S. A cultural analysis of paternalistic leadership in Chinese organizations[J]. Management and organizations in the Chinese context,2000:84-127.

[90] FARH J L, CHENG B S, CHOU L F, et al. China's domestic private firms: Multidisciplinary perspectives on management and performance [M]. New York: Sharpe Reference,2006.

[91] FELFE J, SCHYNS B, TYMON A. The impact of university students' commitment on in-and extra-role performance [J]. Journal of applied research in higher education,2014,6(1):149-167.

[92] FENLASON K J, BEEHR T A. Social support and occupational stress: effects of talking to others[J]. Journal of organizational behavior,1994,15(2):157-175.

[93] FERRIS G R, LIDEN R C, MUNYON T P, et al. Relationships at work:

Toward a multidimensional conceptualization of dyadic work relationships [J]. Journal of management,2009,35(6):1379-1403.

[94] FINCHAM F D,LINFIELD K J. A new look at marital quality:can spouses feel positive and negative about their marriage? [J]. Journal of family psychology,1997,11(4):489-502.

[95] FINGERMAN K L. Consequential strangers and peripheral ties: the importance of unimportant relationships[J]. Journal of family theory review,2009,1(2):69-86.

[96] FOA E B,FOA U G. Resource theory of social exchange[J]. Handbook of social resource theory,2012:15-32

[97] FONG C T. The effects of emotional ambivalence on creativity[J]. Academy of management journal,2006,49(5):1016-1030.

[98] GERSTNER C R, DAY D V. Meta-analytic review of leader-member exchange theory: correlates and construct issues[J]. Journal of applied psychology,1997,82(6):827-844.

[99] GOULDNER A W. The norm of reciprocity: a preliminary statement[J]. American sociological review,1960,25(2):161-178.

[100] GRAEN G B,UHL-BIEN M. Relationship-based approach to leadership: development of leader-member exchange (LMX) theory of leadership over 25 years: applying a multi-level multi-domain perspective [J]. The leadership quarterly,1995,6(2):219-247.

[101] GRAEN G, CASHMAN, J. F. A role making model in formal organizations:a developmental approach[J]. Leadership frontiers,1975: 143-165.

[102] GRAEN G,SCHIEMANN W. Leader-member agreement: a vertical dyad linkage approach[J]. Journal of applied psychology,1978,63(2):206.

[103] GRANT A M. Rocking the boat but keeping it steady:the role of emotion regulation in employee voice[J]. Academy of management journal,2013,56 (6):1703-1723.

[104] GROSS J J. Antecedent-and response-focused emotion regulation: divergent consequences for experience, expression, and physiology[J].

Journal of personality and social psychology,1998,74(1):224-237.

[105] GROSS J J,JOHN O P. Individual differences in two emotion regulation processes:implications for affect,relationships,and well-being[J]. Journal of personality and social psychology,2003,85(2):348-362.

[106] GU J, WANG G, LIU H, et al. Linking authoritarian leadership to employee creativity: the influences of leader-member exchange, team identification and power distance[J]. Chinese management studies, 2018, 12(2):384-406.

[107] HACKMAN J R, OLDHAM G R. Development of the job diagnostic survey[J]. Journal of Applied psychology,1975,60(2):159-170.

[108] HAN G H,BAI Y. Leaders can facilitate creativity:the moderating roles of leader dialectical thinking and LMX on employee creative self-efficacy and creativity[J]. Journal of managerial psychology,2020,35(5):405-417.

[109] HAN Y. Ambivalence in the leader-follower relationship: dispositional antecedents and effects on work-related well-being[D]. Ottawa:Carleton University,2020.

[110] HALBESLEBEN J R, BOWLER W M. Emotional exhaustion and job performance: the mediating role of motivation[J]. Journal of applied psychology,2007,92(1),93-106.

[111] HARRIS T B,LI N,KIRKMAN B L. Leader-member exchange (LMX) in context:how LMX differentiation and LMX relational separation attenuate LMX's influence on OCB and turnover intention [J]. Leadership Quarterly,2014,25(2):314-328.

[112] HARRIST S. A phenomenological investigation of the experience of ambivalence[J]. Journal of phenomenological psychology, 2006, 37(1): 85-114.

[113] HINOJOSA A S, GARDNER W L, WALKER H J, et al. A review of cognitive dissonance theory in management research: opportunities for further development[J]. Journal of management,2017,43(1):170-199.

[114] HOBFOLL S E. The influence of culture, community, and the nested-self in the stress process:advancing conservation of resources theory[J].

Applied psychology,2001,50(3):337-421.

[115] HOFSTEDE G. Culture's consequences: comparing values, behaviors, institutions and organizations across nations[J]. Administrative science quarterly,2001,27(3):127-131.

[116] HOFSTEDE G, MINKOV M. Long-versus short-term orientation: new perspectives[J]. Asia Pacific business review,2010,16(4):493-504.

[117] HSIUNG H H. Authentic leadership and employee voice behavior: a multi-level psychological process[J]. Journal of business ethics,2012,107(3): 349-361.

[118] HUANG J T, HSIEH H H. Supervisors as good coaches: influences of coaching on employees' in-role behaviors and proactive career behaviors [J]. International journal of human resource management,2015,26(1):42-58.

[119] HUI C, FOK H, BOND M. Who feels more ambivalence? Linking dialectical thinking to mixed emotions[J]. Personality and individual differences,2009,46:493-498.

[120] HUI C, LAW K S, CHEN Z X. A structural equation model of the effects of negative affectivity, leader-member exchange, and perceived job mobility on in-role and extra-role performance: a Chinese case[J]. Organizational behavior and human decision processes,1999,77(1):3-21.

[121] ILIES R, NAHRGANG J D, MORGESON F P. Leader-member exchange and citizenship behaviors: a meta-analysis[J]. Journal of applied psychology,2007,92(1):269-277.

[122] INGRAM P, ZOU X. Business friendships[J]. Research in organizational behavior,2008,28:167-184.

[123] ITO T A, CACIOPPO J T, LANG P J. Eliciting affect using the international affective picture system: trajectories through evaluative space [J]. Personality and social psychology bulletin,1998,24(8):855-879.

[124] ITO T A, LARSEN J T, SMITH N K, et al. Negative information weighs more heavily on the brain: the negativity bias in evaluative categorizations [J]. Journal of personality and social psychology,1998,75(4):887-900.

[125] JACOBSON N S. Family therapy outcome research: potential pitfalls and prospects[J]. Journal of marital and family therapy,1985,11(2):149-158.

[126] JANSEN K J,KRISTOF-BROWN A L. Marching to the beat of a different drummer:examining the impact of pacing congruence[J]. Organizational behavior human decision processes,2005,97(2):93-105.

[127] JANSSEN O, LAM C K, HUANG X. Emotional exhaustion and job performance: The moderating roles of distributive justice and positive affect[J]. Journal of organizational behavior,2010,31(6):787-809.

[128] JAVIDAN M,DORFMAN P W,DE L,et al. In the eye of the beholder: cross cultural lessons in leadership from project GLOBE[J]. Academy of management perspectives,2006,20(1):67-90.

[129] JAWAHAR I M, SCHREURS B, MOHAMMED S J. How and when LMX quality relates to counterproductive performance: a mediated moderation model[J]. Career development international, 2018, 23(7): 557-575.

[130] JEUNG C W, YOON H J. Leader humility and psychological empowerment: investigating contingencies[J]. Journal of managerial psychology,2016,31(7):1122-1136.

[131] JOHNSON D R, WHITE L K, EDWARDS J N, et al. Dimensions of marital quality: toward methodological and conceptual refinement[J]. Journal of family issues1986,7(1):31-49.

[132] JOO B K. Leader-member exchange quality and in-role job performance: the moderating role of learning organization culture[J]. Journal of leadership organizational studies,2012,19(1):25-34.

[133] JUDGE T A, KAMMEYER - MUELLER J D. General and specific measures in organizational behavior research: considerations, examples, and recommendations for researchers[J]. Journal of organizational behavior,2012,33(2):161-174.

[134] JUDGE T A,THORESEN C J,BONO J E,et al. The job satisfaction-job performance relationship: a qualitative and quantitative review[J]. Psychological bulletin,2001,127(3):376-407.

[135] KATZ D. The motivational basis of organizational behavior[J]. Behavioral science,1964,9(2):131-146.

[136] KATZ I, GLASS D C. An ambivalence-amplification theory of behavior toward the stigmatized[J]. The social psychology of intergroup relations, 1979,55:70-86.

[137] KATZ I, HASS R G. Racial ambivalence and American value conflict: correlational and priming studies of dual cognitive structures[J]. Journal of personality and social psychology,1988,55(6):893-905.

[138] KATZ D, KAHN R L. The social psychology of organizations[M]. New York:Wiley,1978.

[139] KELAVA A, WERNER C S, SCHERMELLEH-ENGEL K, et al. Advanced nonlinear latent variable modeling: distribution analytic LMS and QML estimators of interaction and quadratic effects[J]. Structural equation modeling: a multidisciplinary journal,2011,18(3):465-491.

[140] KERR S, JERMIER J M. Substitutes for leadership: their meaning and measurement[J]. Organizational behavior and human performance,1978, 22(3):375-403.

[141] KIRKMAN B L, CHEN G, FARH J L, et al. Individual power distance orientation and follower reactions to transformational leaders: a cross-level, cross-cultural examination[J]. Academy of management journal, 2009,52(4):744-764.

[142] KLOPFER F J, MADDEN T M. The middlemost choice on attitude items: ambivalence, neutrality, or uncertainty?[J]. Personality and social psychology bulletin,1980,6(1):97-101.

[143] KRAIMER M L, WAYNE S J. An examination of perceived organizational support as a multidimensional construct in the context of an expatriate assignment[J]. Journal of management,2004,30(2):209-237.

[144] KRAIMER M L, SEIBERT S, ASTROVE S. Consequences of high LMX: career mobility and success[J]. The Oxford handbook of leader-member exchange,2015,14:241-259.

[145] KRISHNAN V R. Impact of transformational leadership on followers

influence strategies[J]. Leadership organization development journal, 2004,25(1):58-72.

[146] LAI J Y,CHOW C W,LOI R. The interactive effect of LMX and LMX differentiation on followers' job burnout: evidence from tourism industry in Hong Kong[J]. The international journal of human resource management,2018,29(12):1972-1998.

[147] LAM S K,KRAUS F,AHEARNE M. The diffusion of market orientation throughout the organization: a social learning theory perspective[J]. Journal of marketing,2010,74(5):61-79.

[148] LAMBERT E G,KELLEY T,HOGAN N L. Hanging on too long: the relationship between different forms of organizational commitment and emotional burnout among correctional staff[J]. American journal of criminal justice,2013,38(1):51-66.

[149] LANGFRED C W,MOYE N. Effects of task autonomy on performance: an extended model considering motivational, informational, and structural mechanisms[J]. Journal of applied psychology,2004,89(6):934-945.

[150] LARSEN J T,MCGRAW A P,CACIOPPO J T. Can people feel happy and sad at the same time?[J]. Journal of personality and social psychology, 2001,81(4):684-696.

[151] LAU W K, PHAM L, NGUYEN L D. Remapping the construct of paternalistic leadership[J]. The leadership organization development journal,2019,40(7):764-776.

[152] LAU W K,LI Z,OKPARA J. An examination of three-way interactions of paternalistic leadership in China[J]. Asia pacific business review,2020,26 (1):32-49.

[153] LEE A, THOMAS G, MARTIN R, et al. Leader-member exchange (LMX) ambivalence and task performance: the cross-domain buffering role of social support[J]. Journal of management,2019,45(5):1927-1957.

[154] LENT R W, BROWN S D, HACKETT G. Toward a unifying social cognitive theory of career and academic interest, choice, and performance [J]. Journal of vocational behavior,1994,45(1):79-122.

[155] LEPINE J A,EREZ A,JOHNSON D E. The nature and dimensionality of organizational citizenship behavior:a critical review and meta-analysis[J]. Journal of applied psychology,2002,87(1):52-62.

[156] LEROY H, ANSEEL F, GARDNER W L, et al. Authentic leadership, authentic followership,basic need satisfaction,and work role performance: a cross-level study[J]. Journal of management,2015,41(6):1677-1697.

[157] LI Y,LONG Z,CAO D,et al. Social support and depression across the perinatal period:a longitudinal study[J]. Journal of clinical nursing,2017, 26(18):2776-2783.

[158] LIAN H,FERRIS D L,BROWN D J. Does power distance exacerbate or mitigate the effects of abusive supervision? It depends on the outcome[J]. Journal of applied psychology,2012,97(1):107-123.

[159] LIAO H,LIU D,LOi R. Looking at both sides of the social exchange coin: a social cognitive perspective on the joint effects of relationship quality and differentiation on creativity[J]. Academy of management journal,2010,53 (5):1090-1109.

[160] LIAO S, HU D, CHUNG Y, et al. LMX and employee satisfaction: mediating effect of psychological capital [J]. Leadership organization development journal,2017,38(3):433-449.

[161] LIDEN R C,SPARROWE R T,WAYNE S J. Leader-member exchange theory:the past and potential for the future[J]. Research in personnel and human resources management,1997,15:47-120.

[162] LIU W,ZHU R,YANG Y. I warn you because I like you:voice behavior, employee identifications, and transformational leadership [J]. The leadership quarterly,2010,21(1):189-202.

[163] LOCKE E A,FREDERICK E,Lee C,et al. Effect of self-efficacy,goals, and task strategies on task performance[J]. Journal of applied psychology, 1984,69(2):241.

[164] LOI R,LAM L W,CHAN K W. Coping with job insecurity:the role of procedural justice,ethical leadership and power distance orientation[J]. Journal of business ethics,2012,108(3):361-372.

[165] LUCE M F, BETTMAN J R, PAYNE J W. Choice processing in emotionally difficult decisions[J]. Journal of experimental psychology: learning,memory,and cognition,1997,23(2):384-405.

[166] MACHTELD V D H, DEMEROUTI E, PEETERS M C W. The job crafting intervention:effects on job resources,self - efficacy,and affective well - being[J]. Journal of occupational organizational psychology,2015, 88(3):511-532.

[167] MAIO G R,GREENLAND K,BERNARD M,et al. Effects of intergroup ambivalence on information processing: the role of physiological arousal [J]. Group processes intergroup relations,2001,4(4):355-372.

[168] MASLACH C,JACKSON S E. The measurement of experienced burnout [J]. Journal of organizational behavior,1981,2(2):99-113.

[169] MASLACH C,SCHAUFELI W B,LEITER M P. Job burnout[J]. Annual review of psychology,2001,52(1):397-422.

[170] MARTIN R, GUILLAUME Y, THOMAS G, et al. Leader-member exchange (LMX) and performance: a meta - analytic review [J]. Personnel psychology,2016,69(1):67-121.

[171] MATTSON R E,ROGGE R D,JOHNSON M D,et al. The positive and negative semantic dimensions of relationship satisfaction[J]. Personal relationships,2013,20(2):328-355.

[172] MAYER R C,DAVIS J H,SCHOORMAN F D. An integrative model of organizational trust [J]. Academy of management review, 1995, 20: 709-734.

[173] MAYNES T D, PODSAKOFF P M. Speaking more broadly: an examination of the nature,antecedents,and consequences of an expanded set of employee voice behaviors[J]. Journal of applied psychology,2014,99 (1):87-112.

[174] MELWANI S, ROTHMAN N. Research: love-hate relationships at work might be good for you[J]. Harvard business review,2015.

[175] MENGUC B,AUH S,KATSIKEAS C S,et al. When does (MIS)fit in customer orientation matter for frontline employees' job satisfaction and

performance?[J]. Journal of marketing,2016,80(1):65-83.

[176] MERTON R K. The ambivalence of scientists. In essays in memory of imre lakatos[M]. Dordrecht:Springer,1976.

[177] METHOT J R,MELWANI S,ROTHMAN N B. The space between us:a social-functional emotions view of ambivalent and indifferent workplace relationships[J]. Journal of management,2017,43(6):1789-1819.

[178] MILLER D, LE B I. Managing for the long run:lessons in competitive advantage from great family businesses[M]. Brighton:Harvard Business Press,2005

[179] MILLIKEN F J,MORRISON E W,HEWLIN P F. An exploratory study of employee silence:issues that employees don't communicate upward and why[J]. Journal of management studies,2003,40(6):1453-1476.

[180] MORITZ S E,FELTZ D L,FAHRBACH K R,et al. The relation of self-efficacy measures to sport performance:a meta-analytic review[J]. Research quarterly for exercise and sports,2000,71:280-294.

[181] MORRISON E W,PHELPS C C. Taking charge at work:extrarole efforts to initiate workplace change[J]. Academy of management journal,1999,42(4):403-419.

[182] MORRISON E W. Employee voice behavior:integration and directions for future research[J]. Academy of management annals,2011,5(1):373-412.

[183] MOWDAY R T, PORTER L W, STEERS R M. Employee-organization linkages:the psychology of commitment,absenteeism,and turnover[M]. New York:Academic press,2013.

[184] MULDER M, VEEN P, HARTSUIKER D,et al. Cognitive processes in power equalisation[J]. European journal of social psychology,1971,1(1):107-130.

[185] MULDER M, VEEN P, HIJZEN T, et al. On power equalization:a behavioral example of power-distance reduction. Journal of personality and social psychology,1973,26(2):151-158.

[186] MULTON K D,BROWN S D,LENT R W. Relation of self-efficacy beliefs to academic outcomes:a meta-analytic investigation[J]. Journal of

counseling psychology,1991,38:30-38.

[187] NAHRGANG J D, MORGESON F P, ILIES R. The development of leader-member exchanges: exploring how personality and performance influence leader and member relationships over time[J]. Organizational behavior and human decision processes,2009,108(2):256-266.

[188] NAHUM-SHANI I, HENDERSON M M, LIM S. Supervisor support: does supervisor support buffer or exacerbate the adverse effects of supervisor undermining? [J]. Journal of applied psychology,2014,99(3):484-503.

[189] NAZIR S , SHAFI A, ASADULLAH M A, et al. Linking paternalistic leadership to follower's innovative work behavior:the influence of leader-member exchange and employee voice[J]. European journal of innovation management,2020,24(4):1354-1378.

[190] NG T W, FELDMAN D C. The relationships of age with job attitudes:a meta-analysis[J]. Personnel psychology,2010,63:677-718.

[191] NIEHOFF B P, MOORMAN R H. Justice as a mediator of the relationship between methods of monitoring and organizational citizenship behavior[J]. Academy of management journal,1993,36(3):527-556.

[192] NORDGREN L F, VAN H F, VAN D P. Ambivalence, discomfort, and motivated information processing [J]. Journal of experimental social psychology,2006,42(2),252-258.

[193] OGLENSKY B D. The ambivalent dynamics of loyalty in mentorship[J]. Human relations,2008,61(3):419-448.

[194] OLDHAM G R, CUMMINGS A. Employee creativity: personal and contextual factors at work[J]. Academy of management journal,1996,39(3):607-634.

[195] ORGAN P, PODSAKOFF P M, MACKENZIE S. Organizational citizenship behavior: its nature, antecedents, and consequences[J]. Sage Thousand Oaks,2006,16:43-44.

[196] OWENS B P, WALLACE A S, WALDMAN D A. Leader narcissism and follower outcomes: the counterbalancing effect of leader humility[J].

Journal of applied psychology,2015,10(4):1203-1213.

[197] PAYNE J W, BETTMAN J R, JOHNSON E. J. The use of multiple strategies in judgment and choice[M]. New Jersey:Lawrence Erlbaum Associates,1993.

[198] PEARCE C L,WASSENAAR C L,BERSON Y,et al. Toward a theory of meta-paradoxical leadership [J]. Organizational behavior and human decision processes,2019,155:31-41.

[199] PHILLIPS A S, BEDEIAN A G. Leader-follower exchange quality:the role of personal and interpersonal attributes[J]. Academy of management journal,1994,37(4):990-1001.

[200] PODSAKOFF P M,MACKENZIE S B,LEE J Y,et al. Common method biases in behavioral research:a critical review of the literature and recommended remedies[J]. Journal of applied psychology,2003,88(5):879-903.

[201] PRATT M G, DOUCET L. Ambivalent feelings in organizational relationships[M]. London:Sage Publishing,2000.

[202] PRATT M G,PRADIES C. Just a good place to visit? Exploring positive responses to psychological ambivalence [J]. The Oxford handbook of positive organizational scholarship,2011:924-937.

[203] RAGINS B R, COTTON J L, MILLER J S. Marginal mentoring:the effects of type of mentor,quality of relationship,and program design on work and career attitudes[J]. Academy of management journal,2000,43(6):1177-1194.

[204] RAJA U,JOHNS G. The joint effects of personality and job scope on in-role performance, citizenship behaviors, and creativity [J]. Human relations,2010,63(7):981-1005.

[205] RICHARD O C,BONCOEUR O D,CHEN H,et al. Supervisor abuse effects on subordinate turnover intentions and subsequent interpersonal aggression:the role of power-distance orientation and perceived human resource support climate[J]. Journal of business ethics,2020,164(3):549-563.

[206] RICHARDS J M, GROSS J J. Composure at any cost? The cognitive consequences of emotion suppression [J]. Personality and social psychology bulletin, 1999, 25(8): 1033-1044.

[207] RIGOTTI T, SCHYNS B, MOHR G. A short version of the occupational self-efficacy scale: structural and construct validity across five countries [J]. Journal of career assessment, 2008, 16(2): 238-255.

[208] RISPENS S, DEMEROUTI E. Conflict at work, negative emotions, and performance: a diary study [J]. Negotiation and conflict management research, 2016, 9(2): 103-119.

[209] ROSING K, FRESE M, BAUSCH A. Explaining the heterogeneity of the leadership-innovation relationship: ambidextrous leadership [J]. The leadership quarterly, 2011, 22(5): 956-974.

[210] ROTHMAN N B, PRATT M G, REES L, et al. Understanding the dual nature of ambivalence: why and when ambivalence leads to good and bad outcomes [J]. Academy of management annals, 2017, 11(1): 33-72.

[211] RUSSELL J A, CARROLL J M. On the bipolarity of positive and negative affect [J]. Psychological bulletin, 1999, 125(1): 3-30.

[212] SALANCIK G R, PFEFFER J. A social information processing approach to job attitudes and task design [J]. Administrative science quarterly, 1978: 224-253.

[213] SAWICKI V, WEGENER D T, CLARK J K, et al. Feeling conflicted and seeking information: when ambivalence enhances and diminishes selective exposure to attitude-consistent information [J]. Personality and social psychology bulletin, 2013, 39(6): 735-747.

[214] SCANDURA T A, PELLEGRINI E K. Trust and leader-member exchange: a closer look at relational vulnerability [J]. Journal of leadership organizational studies, 2008, 15(2): 101-110.

[215] SCHAUBROECK J, MERRITT D E. Divergent effects of job control on coping with work stressors: the key role of self-efficacy [J]. Academy of management journal, 1997, 40: 738-754.

[216] SCHAUBROECK J M, SHEN Y, CHONG S. A dualstage moderated

mediation model linking authoritarian leadership to follower outcomes[J]. Journal of applied psychology,2017,102 (2):203- 214.

[217] SCHNEIDER L A. The role of public relations in four organizational types [J]. Journalism quarterly,1985,62(3):567-594.

[218] SEIBERT S E, KRAIMER M L, LIDEN R C. A social capital theory of career success[J]. Academy of management journal,2001,44(2):219-237.

[219] SELVARAJAN T T, SINGH B, SOLANSKY S. Performance appraisal fairness, leader member exchange and motivation to improve performance: a study of US and Mexican employees[J]. Journal of business research, 2018,85:142-154.

[220] SHAMIR B. Social distance and charisma: theoretical notes and an exploratory study[J]. The leadership quarterly,1995,6(1):19-47.

[221] SHAMIR B, HOUSE R J, ARTHUR M B. The motivational effects of charismatic leadership: a self-concept based theory [J]. Organization science,1993,4(4):577-594.

[222] SHANOCK L R, BARAN B E, GENTRY W A, et al. Polynomial regression with response surface analysis: a powerful approach for examining moderation and overcoming limitations of difference scores[J]. Journal of business and psychology,2010,25(4):543-554.

[223] SCHAUFELI W, ENZMANN D. The burnout companion to study and practice:a critical analysis[M]. Boca Raton:CRC Press,1998.

[224] SHELDON K M, KASSER T, SMITH K, et al. Personal goals and psychological growth: testing an intervention to enhance goal-attainment and personality integration[J]. Journal of personality,2002,70:5-31.

[225] SHERF E N, VENKATARAMANI V. Friend or foe? The impact of relational ties with comparison others on outcome fairness and satisfaction judgments[J]. Organizational behavior and human decision processes, 2015,128:1-14.

[226] SIEGALL M, MCDONALD T. Person-organization value congruence, burnout and diversion of resources[J]. Personnel review,2004,33(3):291-301.

[227] SLUSS D M, ASHFORTH B E. Relational identity and identification: defining ourselves through work relationships [J]. Academy of management review, 2007, 32(1): 9-32.

[228] SLUSS D M, THOMPSON B S. Socializing the newcomer: the mediating role of leader-member exchange[J]. Organizational behavior and human decision processes, 2012, 119(1): 114-125.

[229] SMITH W K, TUSHMAN M L. Managing strategic contradictions: a top management model for managing innovation streams[J]. Organization science, 2005, 16(5): 522-536.

[230] SPENCER-RODGERS J, ANDERSON E, MA-KELLAMS C, et al. What is dialectical thinking? Conceptualization and measurement [M]. New York: Oxford University Press, 2018.

[231] SPENCER-RODGERS J, PENG K, WANG L, et al. Dialectical self-esteem and East-West differences in psychological well-being [J]. Personality and social psychology bulletin, 2004, 30(11): 1416-1432.

[232] SPREITZER G M. Psychological empowerment in the workplace: dimensions, measurement, and validation[J]. Academy of management journal, 1995, 38(5): 1442-1465.

[233] STAJKOVIC A D, LUTHANS F. Self-efficacy and work-related performance: a meta-analysis [J]. Psychological bulletin1998, 124(2): 240-261.

[234] STEEL P. The nature of procrastination: a meta-analytic and theoretical review of quintessential self-regulatory failure[J]. Psychological bulletin, 2007, 133(1): 65-94.

[235] STERN Z, KATZ-NAVON T, NAVEH E. The influence of situational learning orientation, autonomy, and voice on error making: the case of resident physicians[J]. Management science, 2008, 54(9): 1553-1564.

[236] SUNDARAMURTHY C, LEWIS M. Control and collaboration: paradoxes of governance[J]. Academy of management review, 2003, 28(3): 397-415.

[237] TAFVELIN S, VON T S, HASSON H. In agreement? Leader-team perceptual distance in organizational learning affects work performance

[J]. Journal of business research,2017,75:1-7.

[238] TARIS T W. Is there a relationship between burnout and objective performance? A critical review of 16 studies[J]. Work stress,2006,20(4):316-334.

[239] TEPPER B J. Abusive supervision in work organizations: Review, synthesis,and research agenda[J]. Journal of management,2007,33(3):261-289.

[240] TEPPER B J,TAYLOR E C. Relationships among supervisors and subordinates procedural justice perceptions and organizational citizenship behaviors[J]. Academy of management journal,2003,46(1):97-105.

[241] TERPSTRA-TONG J,RALSTON D A,TREVIN O L J,et al. The quality of leader-member exchange (LMX): a multilevel analysis of individual-level, organizational-level and societal-level antecedents[J]. Journal of international management,2020,26(3):106-124.

[242] TESTA M R. National culture,leadership and citizenship: implications for cross-cultural management [J]. International journal of hospitality management,2009,28(1):78-85.

[243] THOMPSON M M, ZANNA M P, GRIFFIN D W. Let's not be indifferent about (attitudinal) ambivalence [J]. Attitude strength: antecedents and consequences,1995,4:361-386.

[244] TOWNSEND J C, SILVA N D, MUELLER L,et al. Attributional complexity: a link between training, job complexity, decision latitude, leader-member exchange, and performance[J]. Journal of applied social psychology,2002,32(1):207-221.

[245] TU Y,LU X. Do ethical leaders give followers the confidence to go the extra mile? The moderating role of intrinsic motivation[J]. Journal of business ethics,2016,135(1):129-144.

[246] TYLER T R. Psychological models of the justice motive[J]. Journal of personality and social psychology,1994,67(5):850-863.

[247] UCHINO B N,CAWTHON R M,SMITH T W,et al. Social relationships and health: Is feeling positive, negative, or both (ambivalent) about your

social ties related to telomeres? [J]. Health psychology,2012,31(6):789-796.

[248] UCHINO B N,HOLT-LUNSTAD J,SMITH T W,et al. Heterogeneity in social networks:a comparison of different models linking relationships to psychological outcomes[J]. Journal of social and clinical psychology,2004, 23(2):123-139.

[249] UCHINO B N,HOLT-LUNSTAD J,UNO D,et al. Heterogeneity in the social networks of young and older adults:prediction of mental health and cardiovascular reactivity during acute stress[J]. Journal of behavioral medicine,2001,24(4):361-382.

[250] VAN D L, KAMDAR D,JOIREMAN J. In-role perceptions buffer the negative impact of low LMX on helping and enhance the positive impact of high LMX on voice[J]. Journal of applied psychology,2008,93(6):1195.

[251] VAN H F,NOHLEN H U,SCHNEIDER I K. The ABC of ambivalence: affective,behavioral,and cognitive consequences of attitudinal conflict[J]. In Advances in experimental social psychology,2015,52:285-324.

[252] Van H F, RUTJENS B, ROTTEVEEL M, et al. Ambivalence and decisional conflict as a cause of psychological discomfort:feeling tense before jumping off the fence [J]. Journal of experimental social psychology,2009,45:167-173.

[253] VAN H F, RUTJENS B T, SCHNEIDER I K, et al. In doubt and disorderly:ambivalence promotes compensatory perceptions of order[J]. Journal of experimental psychology:general,2014,143(4):1666.

[254] VAN H F,VAN D P,Liver Y N. The agony of ambivalence and ways to resolve it: introducing the MAID model [J]. Personality and social psychology review,2009,13(1):45-61.

[255] VAN H F, VAN D P, VRIES N K,et al. Ambivalence and information integration in attitudinal judgment [J]. British journal of social psychology,2004,43(3):431-447.

[256] VANDEWALLE D,VAN D L,KOSTOVA T. Psychological ownership: an empirical examination of its consequences [J]. Group organization

management,1995,20(2):210-226.

[257] VIGODA E. Internal politics in public administration systems: an empirical examination of its relationship with job congruence, organizational citizenship behavior, and in-role performance[J]. Public personnel management,2000,29(2),185-210.

[258] VRIEZE S I. Model selection and psychological theory: a discussion of the differences between the Akaike information criterion (AIC) and the Bayesian Information Criterion (BIC)[J]. Psychological methods,2012,17(2):228-243.

[259] WALUMBWA F O, AVOLIO B J, ZHU W. How transformational leadership weaves its influence on individual job performance: the role of identification and efficacy beliefs[J]. Personnel psychology, 2008, 61: 793-825.

[260] WALUMBWA F O, CROPANZANO R, HARTNELL C A. Organizational justice, voluntary learning behavior, and job performance: a test of the mediating effects of identification and leader - member exchange[J]. Journal of organizational behavior,2009,30(8):1103-1126.

[261] WALUMBWA F O, CROPANZANO R, GOLDMAN B M. How leader-member exchange influences effective work behaviors: social exchange and internal-external efficacy perspectives[J]. Personnel psychology,2011,64(3):739-770.

[262] WALUMBWA F O, MORRISON E W, CHRISTENSEN A L. Ethical leadership and group in-role performance: the mediating roles of group conscientiousness and group voice[J]. The leadership quarterly,2012,23(5):953-964.

[263] WANG A C, TSAI C Y, DIONNE S D, et al. Benevolence-dominant, authoritarianism-dominant, and classical paternalistic leadership: testing their relationships with subordinate performance[J]. The leadership quarterly,2018,29(6):686-697.

[264] WANG J, ZHANG Z, JIA M. Understanding how leader humility enhances employee creativity: the roles of perspective taking and cognitive

reappraisal[J]. The journal of applied behavioral science,2017,53(1): 5-31.

[265] WATSON D,CLARK L A,TELLEGEN A. Development and validation of brief measures of positive and negative affect: the PANAS scales[J]. Journal of personality and social psychology,1988,54:1063-1070.

[266] WANG Q,WENG Q,MCELROY J C,et al. Organizational career growth and subsequent voice behavior: the role of affective commitment and gender[J]. Journal of vocational behavior,2014,84(3):431-441.

[267] WEIGERT A,FRANKS D D. Ambivalence: a touchstone of the modern temper[J]. The sociology of emotions: original essays and research papers, 1989:205-227.

[268] WHARTON A S. The affective consequences of service work[J]. Work and occupations,1993,20:205-32.

[269] WILLIAMS L J, ANDERSON S E. Job satisfaction and organizational commitment as predictors of organizational citizenship and in-role behaviors[J]. Journal of management,1991,17(3):601-617.

[270] WU T Y,HU C. Abusive supervision and employee emotional exhaustion: dispositional antecedents and boundaries [J]. Group organization management,2009,34:143-169.

[271] WRZENSNIEWSKI A , DUTTON J E. Crafting a job: revisioning employees as active crafters of their work[J]. Academy of management review,2001,26:179-201.

[272] YAGIL D. The relationship of abusive and supportive workplace supervision to employee burnout and upward influence tactics[J]. Journal of emotional abuse,2006,6(1):49-65.

[273] YANG F,HUANG X,TANG D,et al. How guanxi HRM practice relates to emotional exhaustion and job performance: the moderating role of individual pay for performance[J]. The international journal of human resource management,2021,32(11):2493-2518.

[274] ZHANG T, WANG Z, LIU G, et al. Teachers' caring behavior and problem behaviors in adolescents: the mediating roles of cognitive

reappraisal and expressive suppression[J]. Personality and individual differences,2019,142:270-275.

[275] ZHANG Y,XIE Y H. Authoritarian leadership and extra-role behaviors:a role-perception perspective[J]. Management and organization review,2017,13(1):147-166.

[276] ZHANG Y,HUAI M Y,XIE Y H. Paternalistic leadership and employee voice in China:A dual process model[J]. The leadership quarterly,2015,26(1):25-36.

[277] ZOU X, INGRAM P. Bonds and boundaries: Network structure, organizational boundaries, and job performance[J]. Organizational behavior and human decision processes,2013,120(1),98-109.

[278] 杜红,王重鸣.领导-成员交换理论的研究与应用展望[J].浙江大学学报(人文社会科学版),2002,32(6):73-80.

[279] 杜鹏程,宋锟泰,汪点点.创新型企业研发人员工作自主性对沉默与建言的影响——角色压力的中介作用[J].科学学与科学技术管理,2014,35(12):158-167.

[280] 侯楠,彭坚.恩威并施,积极执行与工作绩效——探索中国情境下双元领导的有效性[J].心理学报,2019,51(1):121-131.

[281] 侯楠,彭坚,尹奎,等.领导者恩威并施的阴暗面及其治理机制——基于不确定性管理的视角[J].南开管理评论,2019,06:77-87.

[282] 黄旭.战地黄花分外香:对家长式领导研究的质疑与批判[J].管理学季刊,2017,4:33-40.

[283] 金涛.团队悖论式领导与创造力关系研究[D].南京:南京大学,2017.

[284] 林姿葶,郑伯埙,周丽芳.家长式领导之回顾与前瞻:再一次思考[J].管理学季刊,2017,4:1-32.

[285] 李君锐 李万明.工作自主性、心理可得性与员工建言行为:差错反感文化的调节作用[J].中国人力资源开发,2016,(15):66-72.

[286] 李锡元,蔡瑶.威权领导与员工的时间侵占:工作嵌入负面影响的研究[J].商业经济与管理,2018,1:12-18.

[287] 刘善仕,郭劼旋.恩威并施型领导对员工退缩行为的影响——基于自我概念的视角[J].华东经济管理,2021,35(3):121-128.

[288] 刘小禹,周爱钦,刘军.魅力领导的两面性——公权与私权领导对下属创造力的影响[J].管理世界,2018,34(2):112-122.

[289] 刘燕君,徐世勇,张慧.组织情境中矛盾体验研究述评[J].中国人力资源开发,2017,5:46-56.

[290] 刘燕君,徐世勇,张慧,等.爱恨交织:上下级关系矛盾体验对员工主动性行为的影响[J].外国经济与管理,2021,43(5):123-136.

[291] 刘智强,周空,倪佳豪,等.组织内竞合的研究评述与未来展望[J].管理学报,2019,08:1245-1254.

[292] 龙立荣,毛盼盼,张勇,等.组织支持感中介作用下的家长式领导对员工工作疏离感的影响[J].管理学报,2014,08:1150-1157.

[293] 梅哲群,杨百寅,金山.领导-成员交换对组织主人翁行为及工作绩效的影响机制研究[J].管理学报,2014,11(5):675.

[294] 彭正龙,赵红丹.研发团队领导成员交换、心理感知与员工创新[J].科学学研究,2011,29(2):283-290.

[295] 秦伟平,李晋,周路路,等.团队真实型领导对创造力的影响:LMX的跨层作用[J].管理工程学报,2016,30(3):36-43.

[296] 史烽,王兆庆,袁胜军.上下级交换关系矛盾体验与知识隐藏:基于矛盾放大理论[J].中国人力资源开发,2021,38(11):94-105.

[297] 苏中兴.中国情境下人力资源管理与企业绩效的中介机制研究——激励员工的角色外行为还是规范员工的角色内行为?[J].管理评论,2010,22(8):76-83.

[298] 孙锐,李树文.动态环境下科技企业领导成员交换、组织情绪能力与组织绩效关系研究:一个有调节的中介模型[J].科学学与科学技术管理,2017,38(8):167-180.

[299] 孙锐,石金涛,张体勤.中国企业领导成员交换、团队成员交换、组织创新气氛与员工创新行为关系实证研究[J].管理工程学报,2009,23(4):109-115.

[300] 王辉,张翠莲.中国企业环境下领导行为的研究述评:高管领导行为,领导授权赋能及领导-部属交换[J].心理科学进展,2012,(10):1519-1530.

[301] 温忠麟,吴艳,侯杰泰.潜变量交互效应结构方程:分布分析方法[J].心理学探新,2013,33(5):409-414.

[302] 吴杰.阴阳观视角下"恩威并施型"领导与员工创新的非线性关系研究[J].

领导科学,2019,(12):28-31.

[303] 吴坤津,刘善仕,王红丽.年功导向人力资源实践对组织越轨行为的影响:组织政治知觉的中介作用[J].外国经济与管理,2018,40(2):68-81.

[304] 吴志明,武欣.基于社会交换理论的组织公民行为影响因素研究[J].人类工效学,2006,12(2):7-9.

[305] 肖贵蓉,赵衍俊.伦理型领导与员工离职倾向:领导-成员交换的中介作用[J].科学学与科学技术管理,2017,38(3):160-171.

[306] 杨五洲,任迎伟,王毓婧.威权领导对员工工作投入的影响:员工情绪智力的调节作用[J].当代经济科学,2014,36(4):8-14.

[307] 杨自伟,吴湘繁,关浩光.领导-部属交换对员工家庭贬损的影响研究:一个有调节的中介模型[J].心理科学,2014,37(6):1450-1454.

[308] 雍少宏,朱丽娅.益组织行为与损组织行为:中国特征的角色外行为模型及其经验实证[J].管理学报,2013,10(1):12-21.

[309] 于静静,赵曙明,蒋守芬.不当督导对员工组织承诺,职场偏差行为的作用机制研究——领导-成员交换关系的中介作用[J].经济与管理研究,2014,3:120-128.

[310] 俞达,梁钧平.对领导者-成员交换理论(LMX)的重新检验——一个新的理论模型[J].经济科学,2002,1:5-18.

[311] 郑伯埙,黄敏萍,周丽芳.家长式领导及其效能:华人企业团队的证据[J].本土心理学研究,2002,3(1):85-112.

[312] 郑伯埙,周丽芳,樊景立.家长式领导量表:三元模式的建构与测量[J].本土心理学研究,2000,14(3):64.

[313] 钟琳莉.三元家长式领导模式下员工创新行为研究[J].领导科学 2018,14:48-50.

[314] 仲理峰.高绩效人力资源实践对员工工作绩效的影响[J].管理学报 2013,10(7):993-999.

[315] 周浩,龙立荣.家长式领导与组织公正感的关系[J].心理学报,2007,5:909-917.

[316] 朱瑜,钱姝婷.包容型领导研究前沿探析与未来展望[J].外国经济与管理,2014,02,55-64.

附　　录

附录 A　LMXA 测量有效性检验的主要量表

一、请只考虑您和领导关系中积极的一面，忽视消极的一面，请从以下几个方面对您和领导的关系做出评价。我认为我和领导的关系是：		完全不同意	比较不同意	一般	比较同意	完全同意
A1	有趣的	1	2	3	4	5
A2	完美的	1	2	3	4	5
A3	牢靠的	1	2	3	4	5
A4	愉悦的	1	2	3	4	5
A5	良好的	1	2	3	4	5
A6	友好的	1	2	3	4	5
A7	令人感到有希望的	1	2	3	4	5
二、请只考虑您和领导关系中消极的一面，忽视积极的一面，请从以下几个方面对您和领导的关系做出评价。我认为我和领导的关系是：		完全不同意	比较不同意	一般	比较同意	完全同意
B1	糟糕的	1	2	3	4	5
B2	令人感到孤独的	1	2	3	4	5
B3	令人沮丧的	1	2	3	4	5
B4	无聊的	1	2	3	4	5
B5	空虚的	1	2	3	4	5
B6	脆弱的	1	2	3	4	5
B7	痛苦的	1	2	3	4	5

续表

	三、以下是您对您和直接领导的关系的看法,请根据个人的真实情况填答	完全不同意	比较不同意	一般	比较同意	完全同意
C1	我了解我的领导对我的工作成果是否满意	1	2	3	4	5
C2	我的领导了解我在工作上的问题和需要	1	2	3	4	5
C3	我的领导了解我的工作潜力	1	2	3	4	5
C4	当我面临工作问题时,我认为我的领导会用个人权力来帮我	1	2	3	4	5
C5	当我有迫切需要时,我认为我的领导会牺牲自己的利益来帮我	1	2	3	4	5
C6	我对领导很有信心,他/她不在场时我也会替他/她的决策辩护	1	2	3	4	5
C7	我认为我跟领导的工作关系很好	1	2	3	4	5
	四、在以下方面我有着矛盾的想法	完全不同意	比较不同意	一般	比较同意	完全同意
D1	我有时觉得我和领导的工作关系很好,有时我又不这么觉得	1	2	3	4	5
D2	我有时觉得我的领导理解我的问题和需要,有时我又不这么觉得	1	2	3	4	5
D3	我有时觉得我的领导会用他/她的权力帮我解决工作中的问题,有时我又不这么觉得	1	2	3	4	5
D4	我有时觉得我很清楚领导怎么看待我,有时我又不这么觉得	1	2	3	4	5
D5	我有时觉得领导愿意付出代价大力帮助我,有时我又不这么觉得	1	2	3	4	5
D6	有时我觉得我的领导知道我的工作潜力,有时我又不这么觉得	1	2	3	4	5
D7	有时我觉得,如果领导不在场,我会为他的决定辩护,有时我又不这么觉得	1	2	3	4	5

续表

五、请回想在过去一个月中,您在工作中出现下列情感感受的频率,请根据真实情况填答		极少出现	较少出现	一般	较多出现	极多出现
E1	感到兴趣盎然	1	2	3	4	5
E2	感到坚定不移	1	2	3	4	5
E3	感到兴奋	1	2	3	4	5
E4	感到充满热情	1	2	3	4	5
F1	感到忧虑	1	2	3	4	5
F2	感到心烦意乱	1	2	3	4	5
F3	感到恐惧	1	2	3	4	5
F4	感到担心害怕	1	2	3	4	5

附录 B 子研究一的主要量表

	一、以下是您对直接领导的看法，请根据个人的真实情况填答	完全不同意	比较不同意	一般	比较同意	完全同意
A1	我的领导会关心我的日常生活	1	2	3	4	5
A2	我的领导平时会对我嘘寒问暖	1	2	3	4	5
A3	我的领导在我有急难时会及时伸手援助	1	2	3	4	5
A4	我的领导对相处较久的部属会无微不至地照顾	1	2	3	4	5
A5	我的领导对我的照顾会扩及我的家人	1	2	3	4	5
B1	我的领导独立决定单位大小事情	1	2	3	4	5
B2	开会时，总是按领导意思做最后决定	1	2	3	4	5
B3	与领导一起工作带给我很大压力	1	2	3	4	5
B4	当任务无法达成时该领导会斥责下属	1	2	3	4	5
B5	我的领导会截留信息不让下属知道	1	2	3	4	5
	二、以下是您和直接领导在工作中的互动情况，请根据个人的真实情况填答	完全不同意	比较不同意	一般	比较同意	完全同意
C1	我领导经常安排时间和我开会讨论我的工作进展	1	2	3	4	5
C2	我领导经常和我讨论我的工作细节	1	2	3	4	5
C3	我领导经常要求我详细说明工作汇报中的一些内容	1	2	3	4	5
C4	我领导经常让我去他/她的办公室谈论工作问题	1	2	3	4	5
C5	我领导经常向我询问我的同事的工作进展	1	2	3	4	5

续表

三、以下是关于您个体感受的描述，请根据个人的真实情况填答		完全不同意	比较不同意	一般	比较同意	完全同意
D1	我经常改变自己，这取决于我和谁在一起	1	2	3	4	5
D2	我经常感到事情会互相矛盾	1	2	3	4	5
D3	我的世界充满了无法解决的矛盾	1	2	3	4	5
D4	我自身也总是处在不断变化中，此刻的我与昨天的我就不一样	1	2	3	4	5
D5	通常来说，我的行为方式更多的是取决于当下的情况，而不是我的个人喜好	1	2	3	4	5
D6	当我听到针锋相对的两个观点时，我通常两者都赞同	1	2	3	4	5
D7	我有时同时相信两件互相矛盾的事	1	2	3	4	5
D8	我经常发现我的信念和态度会在不同的环境下发生变化	1	2	3	4	5

四、以下是您对您和直接领导的关系的看法，请根据个人的真实情况填答		完全不同意	比较不同意	一般	比较同意	完全同意
E1	我了解我的领导对我的工作成果是否满意	1	2	3	4	5
E2	我的领导了解我在工作上的问题和需要	1	2	3	4	5
E3	我的领导了解我的工作潜力	1	2	3	4	5
E4	当我面临工作问题时，我认为我的领导会用个人权力来帮我	1	2	3	4	5
E5	当我有迫切需要时，我认为我的领导会牺牲自己的利益来帮我	1	2	3	4	5
E6	我对领导很有信心，他/她不在场时我也会替他/她的决策辩护	1	2	3	4	5
E7	我认为我跟领导的工作关系很好	1	2	3	4	5

续表

五、在以下方面我有着矛盾的想法		完全不同意	比较不同意	一般	比较同意	完全同意
F1	我有时觉得我和领导的工作关系很好,有时我又不这么觉得	1	2	3	4	5
F2	我有时觉得我的领导理解我的问题和需要,有时我又不这么觉得	1	2	3	4	5
F3	我有时觉得我的领导会用他/她的权力帮我解决工作中的问题,有时我又不这么觉得	1	2	3	4	5
F4	我有时觉得我很清楚领导怎么看待我,有时我又不这么觉得	1	2	3	4	5
F5	我有时觉得领导愿意付出代价大力帮助我,有时我又不这么觉得	1	2	3	4	5
F6	有时我觉得我的领导知道我的工作潜力,有时我又不这么觉得	1	2	3	4	5
F7	有时我觉得,如果领导不在场,我会为他的决定辩护,有时我又不这么觉得	1	2	3	4	5

附录 C 子研究二的主要量表

员工部分

一、以下是您对您和直接领导的关系的看法，请根据个人的真实情况填答	完全不同意	比较不同意	一般	比较同意	完全同意
A1	我了解我的领导对我的工作成果是否满意	1	2	3	4	5
A2	我的领导了解我在工作上的问题和需要	1	2	3	4	5
A3	我的领导了解我的工作潜力	1	2	3	4	5
A4	当我面临工作问题时，我认为我的领导会用个人权力来帮我	1	2	3	4	5
A5	当我有迫切需要时，我认为我的领导会牺牲自己的利益来帮我	1	2	3	4	5
A6	我对领导很有信心，他/她不在场时我也会替他/她的决策辩护	1	2	3	4	5
A7	我认为我跟领导的工作关系很好	1	2	3	4	5

二、在以下方面我有着矛盾的想法	完全不同意	比较不同意	一般	比较同意	完全同意
B1	我有时觉得我和领导的工作关系很好，有时我又不这么觉得	1	2	3	4	5
B2	我有时觉得我的领导理解我的问题和需要，有时我又不这么觉得	1	2	3	4	5
B3	我有时觉得我的领导会用他/她的权力帮我解决工作中的问题，有时我又不这么觉得	1	2	3	4	5
B4	我有时觉得我很清楚领导怎么看待我，有时我又不这么觉得	1	2	3	4	5

续表

二、在以下方面我有着矛盾的想法		完全不同意	比较不同意	一般	比较同意	完全同意
B5	我有时觉得领导愿意付出代价大力帮助我,有时我又不这么觉得	1	2	3	4	5
B6	有时我觉得我的领导知道我的工作潜力,有时我又不这么觉得	1	2	3	4	5
B7	有时我觉得,如果领导不在场,我会为他的决定辩护,有时我又不这么觉得	1	2	3	4	5
三、以下各题描述了在工作中可能出现的对情绪的处理策略,请根据个人真实情况填答		完全不同意	比较不同意	一般	比较同意	完全同意
C1	我通过改变对我所处环境的思考方式来控制自己的情绪	1	2	3	4	5
C2	当我想少一些负面情绪时,我会改变我对当下情况的思考方式	1	2	3	4	5
C3	当我想感受到更积极的情绪时,我会改变我对当下情况的思考方式	1	2	3	4	5
C4	当我想感受到更积极的情绪(如快乐或喜悦)时,我会改变我的想法	1	2	3	4	5
C5	当我想减少负面情绪(如悲伤或愤怒)时,我会改变我的想法	1	2	3	4	5
C6	当我面对压力时,我会让自己用一种能帮助我保持冷静的方式来思考	1	2	3	4	5
D1	我通过不表达情绪来控制我的情绪	1	2	3	4	5
D2	当我感到负面情绪时,我一定不表达出来	1	2	3	4	5
D3	我会把自己的情绪隐藏起来	1	2	3	4	5
D4	当我感受到积极的情绪时,我会小心地不去表达它们	1	2	3	4	5

四、以下是关于您个人观点的描述,请根据个人的真实情况填答		完全不同意	比较不同意	一般	比较同意	完全同意
E1	领导在做大多数决策时无须咨询下属的意见	1	2	3	4	5
E2	领导对待下属时使用权威和权力非常重要	1	2	3	4	5
E3	领导不需要经常咨询下属的意见	1	2	3	4	5
E4	领导应该避免与下属有工作之外的交往	1	2	3	4	5
E5	下属不应质疑领导的决策	1	2	3	4	5
E6	领导不应将重要任务授权给下属自行处理	1	2	3	4	5

领导部分

一、以下描述了您的下属的工作行为,请根据真实情况填答		完全不同意	比较不同意	一般	比较同意	完全同意
A1	这名员工经常提出如何在工作中以新的或更有效的方式做事的建议	1	2	3	4	5
A2	这名员工经常建议对工作计划作出改变以使其更好	1	2	3	4	5
A3	这名员工经常提出解决与工作有关的问题的建议	1	2	3	4	5
A4	这名员工经常就如何改进工作方法或做法提出建议	1	2	3	4	5
A5	这名员工定期提出新的或更有效的工作方法	1	2	3	4	5

附录 D 子研究三的主要量表

员工部分					
一、以下是您对您和直接领导的关系的看法,请根据个人的真实情况填答	完全不同意	比较不同意	一般	比较同意	完全同意
A1 我了解我的领导对我的工作成果是否满意	1	2	3	4	5
A2 我的领导了解我在工作上的问题和需要	1	2	3	4	5
A3 我的领导了解我的工作潜力	1	2	3	4	5
A4 当我面临工作问题时,我认为我的领导会用个人权力来帮我	1	2	3	4	5
A5 当我有迫切需要时,我认为我的领导会牺牲自己的利益来帮我	1	2	3	4	5
A6 我对领导很有信心,他/她不在场时我也会替他/她的决策辩护	1	2	3	4	5
A7 我认为我跟领导的工作关系很好	1	2	3	4	5
二、在以下方面我有着矛盾的想法	完全不同意	比较不同意	一般	比较同意	完全同意
B1 我有时觉得我和领导的工作关系很好,有时我又不这么觉得	1	2	3	4	5
B2 我有时觉得我的领导理解我的问题和需要,有时我又不这么觉得	1	2	3	4	5
B3 我有时觉得我的领导会用他/她的权力帮我解决工作中的问题,有时我又不这么觉得	1	2	3	4	5
B4 我有时觉得我很清楚领导怎么看待我,有时我又不这么觉得	1	2	3	4	5

续表

二、在以下方面我有着矛盾的想法		完全不同意	比较不同意	一般	比较同意	完全同意
B5	我有时觉得领导愿意付出代价大力帮助我,有时我又不这么觉得	1	2	3	4	5
B6	有时我觉得我的领导知道我的工作潜力,有时我又不这么觉得	1	2	3	4	5
B7	有时我觉得,如果领导不在场,我会为他的决定辩护,有时我又不这么觉得	1	2	3	4	5
三、以下描述了您的工作感受,请根据真实情况填答		完全不符合	比较不符合	一般	比较符合	完全符合
C1	我可以自主决定如何完成工作	1	2	3	4	5
C2	我在工作时有很大的自主权	1	2	3	4	5
C3	我能自行决定自己的工作次序和流程	1	2	3	4	5
四、以下描述了您的工作感受,请根据真实情况填答		完全不同意	比较不同意	一般	比较同意	完全同意
D1	我掌握了完成工作所需要的各项技能	1	2	3	4	5
D2	我自信自己有干好工作上的各项事情的能力	1	2	3	4	5
D3	我对自己完成工作的能力非常有信心	1	2	3	4	5
五、请回想在过去一个月中,您对工作出现下列情绪感受的频率,请根据真实情况填答		极少出现	较少出现	一般	较多出现	极多出现
E1	工作使我的情绪很低落	1	2	3	4	5
E2	一天的工作结束时,我感到筋疲力尽	1	2	3	4	5
E3	我害怕早上起来又要面对新的一天的工作	1	2	3	4	5
E4	我觉得工作太累了	1	2	3	4	5
E5	工作使我感到沮丧	1	2	3	4	5

领导部分

一、以下描述了您的下属的工作行为,请根据真实情况填答		完全不同意	比较不同意	一般	比较同意	完全同意
A1	这名员工充分完成分配的任务	1	2	3	4	5
A2	这名员工履行他/她的工作职责	1	2	3	4	5
A3	这名员工完成公司对他/她的要求	1	2	3	4	5
A4	这名员工符合工作的正式业绩要求	1	2	3	4	5
A5	这名员工参与直接影响其绩效评估的活动	1	2	3	4	5